AF746590

INVESTISSEMENT DIRECT ÉTRANGER ET COMMANDE PUBLIQUE AU GABON

Modalités de rationalisation

Collection « Études africaines »
dirigée par Denis Pryen et son équipe

Forte de plus de mille titres publiés à ce jour, la collection « Études africaines » fait peau neuve. Elle présentera toujours les essais généraux qui ont fait son succès, mais se déclinera désormais également par séries thématiques : droit, économie, politique, sociologie, etc.

Dernières parutions

Mukendi MUKENDI NTANTAMIKA, La réglementation du secteur des hydrocarbures en RDC. Guide de lecture à l'usage du décideur public, de l'entrepreneur et du citoyen, 2022.
Clotaire SAULET SURUNGBA, Les États généraux de la Défense nationale en Centrafrique, 2022.
Augustin RAMAZANI BISHWENDE, Le peuple Bavira : histoire, culture et identités, 2022.
Kouamé Boye Kobenan, Mémoire et devenir des traditions des Yiamantô en Côte d'Ivoire. Les forgerons de Soko, 2022.
Danouchka ASSOUMOU, Justice militaire et violences sexuelles constitutives de crimes internationaux en RDC, 2022.
Tshingi KUENO NDOMBASI, La rue, le peuple et l'État en RDC, 2022.
Rudy MBEMBA-DYA-BO-BENAZO-MBANZULU, Dictionnaire des mots français d'origine bantoue, 2022.
Birama DIOP, Pouvoir et légitimité. L'État africain sur scène, 2022.
Jean-Claude TCHEUWA (dir.), Les organisations internationales africaines. Regards croisés et défis contemporains, 2022.
Charlemagne SEGBEDJI, Afro-brésiliens et processus de patrimonialisation dans le sud du Bénin. De la fin du XIXe siècle à nos jours, 2022.
Guy Saturnin TSÉTSA, Guide pratique de la saisie immobilière en droit Ohada, 2022.
Ben Aymar BINASSOUA YEHOUESSI, L'impôt en Afrique de l'Ouest francophone. L'exemple du Bénin, 2022.
Fatoumata KABA, Le droit minier et le droit au développement des communautés autochtones. L'exemple de la Guinée, 2022.
Nico Shambouy MUAMBI, L'impact de la décentralisation sur les municipalités en Afrique. Stratégies de développement local à Klouékanmè (Bénin), 2022.
Joseph ZIDI, Histoire et usages du nom Kongo, Essai d'interprétation onomastique, 2022.
Mohamed Ousmane KEITA, Le Mali : l'État inachevé, 2022.

Natan Obame Ndong

INVESTISSEMENT DIRECT ÉTRANGER ET COMMANDE PUBLIQUE AU GABON

Modalités de rationalisation

Préface de Nicolas Ligneul

L'Harmattan

5-7, rue de l'Ecole-Polytechnique, 75005 Paris
http://www.editions-harmattan.fr
ISBN : 978-2-14-030159-9
EAN : 9782140301599

**Cet ouvrage est issu d'une thèse soutenue publiquement à l'Université Paris-Est,
le 2 décembre 2020 devant le jury composé de :**

Monsieur **Nicolas Ligneul**, Maître de Conférences en droit public, habilité à diriger des recherches (HDR), Université Paris-Est Créteil Val-de-Marne
Directeur de thèse

Monsieur **Simon Gilbert**, Professeur de droit public, agrégé des facultés de droit, Université Paris-Est Créteil Val-de-Marne
Président du jury

Monsieur **Alexis Essono Ovono**, Professeur de droit public, agrégé des facultés de droit, Université Omar Bongo, Gabon
Rapporteur

Madame **Catherine Prebissy-Schnall,** Maître de Conférences en droit public, habilité à diriger des recherches (HDR), Université Paris Nanterre
Rapporteur

Monsieur **Christophe Leroy,** Maître de Conférences en droit public, habilité à diriger des recherches (HDR), Université de Perpignan Via Domitia,
Examinateur

À Horty, ma mère,
À titre posthume,
Toi qui, bien que partie trop tôt,
as été aux fondements,
au déroulement,
et à l'achèvement,
du travail accompli.

À Éléonore.

À Luc-Bert, mon Grand-Père,
pour l'exemple que tu as été,
pour la motivation que tu as
suscitée,
et pour l'affection profonde que tu
as exprimée.

À Victorine Vicky ÉTOUNE,
avec ma reconnaissance infinie.

À Maître Manuela DIABATÉ,
Au-delà des mots insuffisamment
éloquents pour tout exprimer.

À Aïssatou, pour tout.

À ma famille et pour elle, aussi.

PRÉFACE

Par Nicolas Ligneul
Docteur en droit

Maître de Conférences en droit public à la Faculté de droit de l'Université Paris-Est Créteil, habilité à diriger des recherches (HDR)

Après avoir brillamment soutenu sa thèse de doctorat de droit public, M. Natan Obame Ndong livre un ouvrage sur la rationalisation du traitement de l'investissement direct étranger par la commande publique au Gabon. C'est un grand plaisir de le présenter. D'abord parce que M. Obame Ndong est un bon juriste, courageux et travailleur dont la personnalité à la fois modeste et sympathique est très attachante, mais aussi parce que la lecture de son ouvrage est particulièrement stimulante. Elle ne peut pas laisser indifférent les lecteurs intéressés par les rapports entre droit de l'investissement et droit de la commande publique, en particulier dans le contexte africain.

Adoptant une démarche pragmatique, l'auteur traite des rapports entre droit de l'investissement privé étranger et droit de la commande publique en recherchant l'efficacité normative de la régulation de l'investissement public au Gabon. À la fois dynamique et prospective, l'approche vise à trouver de nombreux équilibres.

L'efficacité normative de la régulation de l'investissement public s'inspire du droit français. Elle prend aussi en considération les spécificités du droit gabonais de la commande publique. Elle repose sur la conciliation entre le droit international de l'investissement privé étranger et le droit interne de la commande publique.

Scientifiquement innovante, la question paraît d'autant plus intéressante que, finalement, les liens entre le droit de l'investissement privé étranger et le droit de la commande publique sur le continent africain sont peu étudiés. Elle est aussi issue de la confrontation de la théorie du droit économique à la pratique administrative. Ce que l'auteur résume par exemple en indiquant que l'ouverture à la concurrence de la commande publique est une réalité consacrée par le droit, mais que seule l'analyse de la mise en œuvre du droit de la commande publique peut permettre de mesurer l'effectivité de la régulation de l'investissement privé étranger au travers de la commande publique gabonaise. Elle nécessite évidemment la garantie et la protection des droits des investisseurs, faute de quoi le développement du Gabon ne peut être que considérablement limité. Les intérêts des acheteurs publics ne peuvent toutefois pas être sacrifiés à ces intérêts. La Commande publique suppose enfin à la fois la protection de l'investisseur et le respect de la transparence, de l'intérêt général et, au-delà de la souveraineté gabonaise.

Grâce à une analyse très documentée et d'une grande rigueur, l'auteur scrute avec précision le droit gabonais de l'investissement privé étranger et le confronte à celui de la commande publique. M. Obame Ndong est particulièrement critique. Il pointe les problématiques de corruption et n'hésite pas à relever de nombreuses illégalités ayant émaillées l'histoire ainsi que des fragilités voire des contradictions actuellement présentes dans le droit gabonais.

Le résultat de l'analyse est sans concession : M. Obame Ndong considère que le régime juridique analysé est irrationnel. En soi, la démonstration de l'irrationalité de ce régime juridique révèle une véritable thèse et un grand courage intellectuel.

Le travail de M. Obame Ndong est un travail d'analyse pertinent et courageux. L'ouvrage est à la fois juridique, dense, engagé et courageux. Dans de nombreux domaines, les analyses de M. Obame Ndong démontrent qu'il a réussi à trouver un équilibre possible entre des objectifs parfois très éloignés, voire contradictoires. Son engagement ne manquera pas de susciter de vives réactions.

L'ouvrage de M. Obame Ndong constitue en réalité non seulement un apport majeur au droit gabonais, mais au-delà aux relations entre l'investissement privé étranger et la commande publique et à la doctrine juridique africaine.

PRINCIPALES ABRÉVIATIONS

AJDA	: Actualité juridique Droit administratif
ACCPUF	: Association des Cours constitutionnelles ayant en partage l'usage du français
ANGT	: Agence nationale des Grands travaux
ANGTI	: Agence nationale des Grands travaux et des infrastructures
CCJA	: Cour Commune de Justice et d'arbitrage
CJUE	: Cour de justice de l'Union européenne
CEMAC	: Communauté économique et monétaire d'Afrique centrale
CIRDI	: Centre international pour le règlement des différends relatifs aux investissements
CNUDCI	: Commission des Nations Unies pour le droit commercial international
CNUCED	: Conférence des Nations Unies sur le commerce et le développement
Coll.	: Collection
ERSUMA	: École Régionale Supérieure de la Magistrature
JCPE	: Jurisclasseur périodique – édition entreprises
ITIE	: Initiative pour la Transparence des Industries Extractives
LGDJ	: Librairie générale de droit et de jurisprudence
MIGA	: Agence Multilatérale de Garantie des Investissements
OHADA	: Organisation pour l'harmonisation en Afrique du droit des affaires
Op. cit.	: Œuvre déjà citée
p.	: Page
PME	: Petite(s) et moyenne(s) entreprise(s)
PMI	: Petites(s) et moyenne(s) industrie(s)
PUF	: Presses universitaires de France
RCADI	: Recueil des Cours de l'Académie de Droit International de La Haye
RDAI	: Revue de Droit des Affaires Internationales
Req.	: Requête
RTDcom.	: Revue trimestrielle de droit commercial et de droit économique
SEM	: Société Équatoriale des Mines
s.	: et suivant(e)
Vol.	: Volume

SOMMAIRE

INTRODUCTION GÉNÉRALE

1. Par l'adoption de sa charte[1] relative aux investissements en 1998, l'État gabonais a souhaité donner à l'endroit des investisseurs étrangers et de l'ensemble des opérateurs économiques exerçant ou souhaitant exercer dans son économie toute activité de leur choix[2], l'assurance d'un changement majeur, d'un changement meilleur. Par ce texte, il énonçait, au-delà de la privatisation[3] entamée deux ans plus tôt, une redéfinition de son rôle dans l'économie[4]. Il entendait faire davantage de place aux opérateurs privés en réduisant son intervention. Il entendait renoncer à l'interventionnisme[5] né de la carence de l'initiative privée[6]. Cela devait avoir pour conséquence de consacrer davantage de liberté aux opérateurs économiques. L'intervention excessive que l'État a entendu réduire devait permettre aux investisseurs directs étrangers d'accéder plus librement aux secteurs d'activité de leur choix. L'économie gabonaise aurait ainsi quitté le dirigisme[7] pour devenir véritablement concurrentielle ; d'autant que l'intérêt général poursuivi par l'État ne s'oppose pas absolument à la concurrence[8]. Au contraire, l'intérêt général visé exige une recherche de proportionnalité et de

---

[1] Loi n° 15/98 du 23 juillet 1998 instituant la charte des investissements en République Gabonaise : Voir Journal officiel n° 8 *bis*, août 1998, p. 5.

[2] Cela reste néanmoins soumis au respect d'éventuelles conditions à remplir qui, pouvant être d'ordre financier, technique ou économique, restent conforme au droit international de l'investissement et à celui de la commande publique.

[3] Loi n° 1/96 du 13 février 1996 fixant les règles de privatisation des entreprises du secteur public en République Gabonaise : Voir Journal hebdomadaire d'informations et d'annonces légales du 17 février 1996, n° 331, pp. 21-22.

[4] Loi n° 15/98 du 23 juillet 1998 instituant la charte des investissements en République Gabonaise, article 3.

[5] JOYE Jean-François, Essai sur les mutations juridiques de l'action économique territoriale, Thèse, Droit, Université de Savoie, 2000, p. 429 et suivantes ; BATTOUE Laurent, Contrats publics et interventionnisme économique, Thèse, Droit, Université Paris XII, 2006 ; KALFLÈCHE Grégory, « Les interventions de la puissance publique en matière économique », *In :* Droit administratif et administration, La documentation française, coll. Series "Les notices", pp. 133-140.

[6] CARTIER-BRESSON Anémone, La carence de l'initiative privée, *In* : L'intérêt général, Mélanges en l'honneur de TRUCHET Didier, Dalloz, 2015, pp. 67-81.

[7] MÉGRET Jacques, Le contrôle par le juge administratif de l'intervention économique de l'État », Rapport de synthèse, Études et documentations, Conseil d'État français : http://aca-europe.eu/colloquia/1970/rapsyn.pdf

[8] VOGEL Louis, Intérêt général et concurrence : la guerre ou la paix ?, *In* : L'intérêt général, Mélanges en l'honneur de TRUCHET Didier, Dalloz, 2015, pp. 674-677.

responsabilité de l'État du fait des lois qu'il adopte[9]. La conciliation est donc possible[10]. Et, à cet effet, le traitement juridique applicable devrait consacrer des conditions à la fois égalitaires et transparentes à tous. En tout état de cause, par cette orientation, l'État a fait le choix d'un principe. Celui de la concurrence. Ce choix et ce principe doit donc être pris au sérieux[11].

2. Cette redéfinition du rôle économique de l'État, au-delà du régime de traitement nouveau qu'elle a introduit en faveur de l'investissement direct étranger, impliquerait aussi une meilleure garantie des intérêts de l'État contractant[12] ou administrateur. L'effet attendu et énoncé par la charte vise donc un équilibre des intérêts privés et publics. Ce cadre concurrentiel est alors considéré comme la réponse adaptée, consolidée par l'adhésion à divers mécanismes internationaux[13] qui garantissent le

---

[9] WACHSMANN Patrick, But d'intérêt général visé, exigence de proportionnalité et responsabilité de l'État du fait des lois, *In :* L'intérêt général, Mélanges en l'honneur de TRUCHET Didier, Dalloz, 2015, pp. 679-688.

[10] PIQUEMAL Alain, Le droit portuaire de la principauté de Monaco, un exemple de libéralisation conciliant l'intérêt général et l'efficacité concurrentielle, *In* : Les métamorphoses du droit, Ouvrage collectif, Hommage à RAINAUD Jean-Marie, L'Harmattan, 2009, pp. 323-337.

[11] KITAEFF Richard, Prendre les principes au sérieux : introduction à la théorie du droit de Ronald DWORKIN, *In* : Les principes et le droit, PONTIER Jean-Marie (*Sous la dir.*), PUAM, 2007, p. 304.

[12] Arrêté n° 000102/*MPH/SG/DGH/DAEJF* du 23 février 2016 portant réorganisation des modalités d'exercice des pouvoirs de l'État contractant dans l'exécution des contrats pétroliers en République Gabonaise : Voir Journal officiel n° 301 du 16 au 23 mai 2016.

[13] La République Gabonaise, pour conforter les principes généraux et droits fondamentaux des investisseurs, adhère aux principaux dispositifs internationaux de garantie des investissements : la République Gabonaise est membre de l'Organisation Mondiale du Commerce, garantissant ainsi les investisseurs sur l'application au Gabon des règles commerciales internationales; la République Gabonaise a conclu des accords bilatéraux et fait partie des traités multilatéraux en matière de garantie des investissements dont celui de l'Agence Multilatérale de Garantie des Investissements (*MIGA*), destiné à garantir les investisseurs contre les risques politiques, et celui instituant le Centre International pour le Règlement des Différends relatifs aux Investissements (*CIRDI*) ; la République Gabonaise adhère à la Convention de New York sur la reconnaissance et l'exécution des sentences arbitrales internationales conclue en 1958 sous les auspices des Nations Unies ; la République Gabonaise dispose d'un mécanisme d'arbitrage s'appuyant sur la Loi type de la Commission des Nations Unies (*CNU*) pour le Droit Commerciale Internationale (*CNUDCI*) sur l'arbitrage commerciale international de 1985 ; la République Gabonaise adhère à l'Organisation pour l'Harmonisation du Droit des Affaires en Afrique (*OHADA*), dont les instances comportent la Cour Commune de Justice et d'Arbitrage (*CCJA*), chargée

traitement de l'investissement direct étranger. Il l'est d'autant plus que le même jour, le 23 juillet 1998, l'État confirme son adhésion à la concurrence en adoptant un texte spécifique sur la concurrence[14], auquel il assortit peu après, une institution[15] de contrôle. Ainsi, l'administration qui incarne l'État est soumise au bloc de légalité induit par la concurrence[16], faisant à cet effet l'objet d'une « révolution copernicienne[17] » qui la fait passer du « piédestal à une logique de marché[18] ». L'administration se banalise[19], du moins au regard des textes.

3. Cependant, environ treize ans après, le décret d'application de la charte[20] des investissements institue un régime de traitement qui instaure la prévalence du ministère de l'Économie et rapproche ainsi ce traitement du régime interventionniste qu'il a entendu réduire par la charte. Finalement, dans la réponse de l'État, le régime de traitement de l'investissement direct étranger est situé entre, d'un côté, une ambition égalitaire et transparente émanant de la portée de la charte et de l'autre, un besoin administratif de maintenir un pouvoir d'intervention sur l'ensemble des activités de la commande publique. Le régime juridique de traitement de l'investissement direct étranger et de gestion de la commande publique semble ne pas avoir échappé au processus de concentration des pouvoirs[21] entre les mains du pouvoir exécutif. Ces deux angles traduisent le dilemme entre le choix de l'innovation et de ses incertitudes lorsque l'État change sa doctrine, et la sécurité des usages, des instruments connus, lorsque ce dernier fait recours à sa doctrine habituelle, même si les conditions d'application de celle-ci ne

---

du règlement des conflits relatifs à l'application du Droit des Affaires dans les pays membres.

[14] Loi n° 014/1998 fixant le régime de la concurrence en République Gabonaise : Voir Journal officiel n° 8 *bis*, août 1998, p. 5.

[15] Décret n° 665/*PR/MEFBP* du 9 août 2004 portant création, attributions et organisation de la direction générale de la concurrence et de la consommation.

[16] LE ROY Marc, L'extension du bloc de légalité administrative, Thèse, Droit, Université François Rabelais de Tours, 2007, 535 p.

[17] MARAIS (DU) Bertrand, Droit public de la régulation économique, Dalloz, 2004, p. 180.

[18] *Ibidem,* p. 181.

[19] LE ROY Marc, *op. cit.,* § n° 2, p. 296.

[20] Décret n° 0673/*PR/MECIT* du 16 mai 2011 portant application de la charte des investissements aux investissements étrangers en République Gabonaise : Voir Journal officiel n° 51 (numéro spécial) du 20 mai 2011.

[21] HERVOUËT François, « Le processus de concentration des pouvoirs par le Président de la République au Gabon », Penant 93, 1983, n° 779, pp. 5-35.

sont plus réunies. Pourtant, il faut choisir. Et ce choix doit être clair et surtout, en mesure de concilier les intérêts des investisseurs directs étrangers et ceux de l'État. Il doit donc consacrer et garantir l'équilibre des intérêts[22] par un régime juridique et institutionnel qui sauvegarde cet équilibre. Ce régime ne peut donc plus être celui qui fait de la commande publique, un domaine réservé à la discrétion de l'administration qui le gérerait « en bon père de famille[23] » en se fondant sur la distinction entre le contrat et l'acte administratif unilatéral[24]. Ainsi, qu'il s'agisse notamment des « contrats internationaux de l'État personne internationale[25] » ou des « contrats de l'État-administration[26] », l'ensemble de ces actes devrait être soumis à la rigueur des principes rationnels de la commande publique, par opposition à toute démarche visant à consolider leur différenciation[27] ; d'autant que l'unité de cette matière résulte, au contraire de l'existence de grands principes fondamentaux, concentrée autour des principes d'égalité, de non-discrimination et de transparence[28].

4. Un tel régime interdit immanquablement tout traitement préférentiel indu, tout avantage susceptible de rompre cet équilibre à la fois entre les investisseurs directs étrangers et entre ces derniers et l'État. Ce régime juridique est ainsi astreint à l'efficacité. Il doit être débarrassé des excès. Surtout que l'inefficacité des dispositifs incitatifs adoptés est encore d'actualité[29], en dépit des déclarations contraires de l'administration[30] qui les met en œuvre. Cela constitue le fondement même, l'opportunité de la présente étude (***Section 1***). Car, lorsque l'État admet sur son territoire des investissements étrangers ou des ressortissants étrangers, personnes physiques ou morales, il est tenu de

---

[22] AJDA, 20 avril 2009, « Une activité d'intérêt public ne doit pas nuire à une activité commerciale », pp. 762- 763.

[23] SUDRES Nelly, « Occupation du domaine privé, ordonnance du 19 avril 2017 et mise en concurrence », AJDA, n° 37/2017, 6 novembre 2017, p. 2113.

[24] BENCHENDIKH François, Droit de la commande publique, Dalloz, 2019, p. 13.

[25] LEMAIRE Sophie, Les contrats internationaux de l'administration, LGDJ, 2005, p. 53.

[26] *Ibidem,* p. 67.

[27] CLAMOUR Guylain, « Le sort des contrats domaniaux », Revue française de droit administratif, mars-avril 2016, pp. 270-272.

[28] DE LA ROSA Stéphane, « Les exclusions », Revue française de droit administratif, mars-avril 2016, p. 227.

[29] ENGONE Kénaelle Cyndie, Les mécanismes d'incitations fiscales à l'investissement des entreprises étrangères en France et au Gabon, Thèse, Droit, Université de Limoges, 2019, p. 436.

[30] *Ibidem,* p. 438.

leur accorder protection et assume certaines obligations quant à leur traitement[31] qui requiert le recours à des principes[32]. Cette protection passe aussi par la protection de leurs intérêts. Ces derniers dépendent à leur tour de la nature du traitement qui leur est appliqué. Parmi les obligations qui s'imposent à l'État, figure alors la rationalisation de son régime juridique et institutionnel, dès lors que celui qu'il applique ne permet plus de remplir son devoir de protection à l'égard de tous les investisseurs situés sur son territoire. Par conséquent, tout problème empêchant cette rationalisation doit être traité et résolu. Avant tout, il doit être reconnu et déterminé. C'est utilement ce que permet le recours à certaines considérations méthodologiques (***Section 2***). La détermination du problème auquel est confronté le traitement de l'investissement direct étranger fait donc partie de la solution applicable à la commande publique[33] satisfaite par l'investissement direct étranger[34]. *A fortiori*, lorsque l'accueil de celui-ci est croissant dans l'économie.

---

[31] LAVIEC Jean-Pierre, Protection et promotion des investissements, Paris, PUF, 1985, p. 86.

[32] ASCENSIO Hervé, Droit international économique, PUF, 2018, p. 275.

[33] C'est-à-dire, à l'ensemble des commandes passées pour le compte de l'État (incluent ses ramifications), que ce soit par incitation particulière ou par appel d'offres et qui ont pour vocation de satisfaire aux besoins de l'État que ce soit en matière de travaux, de services ou de fournitures, sans distinction de secteur d'activité et sans distinction de formes (contrats, conventions, autorisations).

[34] Au sens de l'article 3 du décret n° 0673/*PR/MECIT* du 16 mai 2011 portant application de la charte des investissements aux investissements étrangers en République Gabonaise, on entend par investissement étranger, « le fait pour une entreprise dont le siège ne se situe pas au Gabon ou pour une personne physique étrangère ou de nationalité gabonaise non résidente : soit d'acquérir directement ou indirectement le contrôle d'une entreprise dont le siège social est établi au Gabon, conformément aux articles 174 et 175 de l'acte uniforme de l'*OHADA* sur les sociétés commerciales et le *GIE* ; soit d'acquérir directement ou indirectement tout ou partie d'une branche d'activité d'une entreprise dont le siège social est établi au Gabon ». Cette définition englobe celle consacrée par l'État dans ses traités et accords relatifs à la promotion, au traitement ainsi qu'au traitement de l'investissement direct étranger : Voir, Accord de commerce, de protection des investissements et de coopération technique et scientifique entre le Conseil fédéral suisse et le Gouvernement de la République Gabonaise, conclu le 28 janvier 1972, entré en vigueur par échange de note 18 octobre 1972 (encore en vigueur) et enregistré sur le site internet de la *CNUCED* le 20 février 2020 sous le numéro n° 3624 ; accord pour la promotion et la protection réciproque des investissements entre le Roi d'Espagne et la République Gabonaise conclu le 2 mars 1995 et publié au Journal officiel d'Espagne n° 22 du 25 janvier 2002 (en vigueur) et enregistré sur le site de la *CNUCED* le 20 février 2020 sous le numéro 2644 ; Accord entre le gouvernement du Canada et le Gouvernement

SECTION 1 :
L'opportunité de l'étude

5. L'investissement direct étranger dans la commande publique gabonaise soumet le régime juridique qui l'encadre à la nécessité d'un changement qui aurait vocation à réaliser le dépassement de la relativité normative qui le caractérise (***Paragraphe 1***). Ce changement apparaît comme une conséquence qui met davantage en évidence l'enjeu qui sous-tend le régime ; d'autant qu'ayant vocation à satisfaire une commande publique unique mais dispersée quant aux règles qui s'y appliquent, l'accueil d'investissements directs étrangers de plus en plus nombreux et conséquemment variés au regard de leurs origines, impose à l'État de consacrer et de mettre en œuvre un régime de traitement qui fasse régner les conditions d'une économie véritablement concurrentielle, garantissant un traitement égalitaire et transparent à tous les investisseurs de la commande publique. Ainsi, plus qu'une option, la rationalisation du régime de traitement apparaît comme un enjeu qui pose une véritable exigence (***Paragraphe 2***). Cette exigence

---

de la République d'Arménie pour la promotion et la protection des investissements, conclu à Ottawa le 8 mai 1997, article *XVI*, enregistré sur le site internet de la *CNUCED* le 20 février 2020 sous le numéro 2159 ; Traité entre la République Gabonaise et la République fédérale d'Allemagne relatif à l'encouragement et à la protection mutuelle des investissements de capitaux, conclu à Bonn le 16 mai 1969, expiré le, enregistré sur le site de la *CNUCED* le 20 février 2020 sous le numéro 3639 ; convention relative à la protection, à l'encouragement et à la garantie des investissements signée à Libreville le 13 janvier 1979, expiré le, enregistré sur le site internet de la *CNUCED* le 20 février 2020 sous le numéro 3547 ; Accord portant sur la promotion et la protection des investissements signé à Libreville le 21 juin 2004 entre le Gouvernement du Royaume du Maroc et la République Gabonaise, disponible sur le site internet de la *CNUCED* le 20 février 2020 sous le numéro 978 et publié par le Dahir n° 1-06-162 du 1er ramadan 1432 (2 août 2011) : Voir Journal officiel du Royaume du Maroc n° 6036, Joumada 11433 (5-4-2012). Il en va de même pour ceux qui ne sont pas encore entré en vigueur : Accord entre la République Portugaise et la République Gabonaise sur la promotion et la protection réciproques des investissements, entériné par le décret portugais n° 13/2003 du 27 mars 2003, enregistré sur le site internet de la *CNUCED* le 20 février 2020 sous le numéro 1321 (en vigueur) ; Accord entre la République Libanaise et la République Gabonaise concernant la promotion et la protection réciproques des investissements, conclu à Beyrouth le 20 février 2001, enregistré sur le site internet de la *CNUCED* le 20 février 2020 sous le numéro 1487 ; accord entre la République Gabonaise et la République d'Égypte concernant la promotion et la protection réciproque des investissements, enregistré sur le site de la *CNUCED* le 20 février 2020 sous le numéro 2032.

n'est en réalité qu'une évidence qui n'a pas su être anticipée. Car, à l'image de l'économie africaine en général[35] et de celle de la région *CEMAC*[36] à laquelle appartient l'État gabonais en particulier, le caractère manifestement fragile[37] et extraverti[38] de l'économie de ce dernier qui demeure depuis les années 1960[39] à ce jour, exige un traitement égalitaire des opérateurs économiques étrangers ; d'autant plus que ces derniers sont de plus en plus nombreux, variés et présents dans différents secteurs d'activité.

PARAGRAPHE 1 :
La relativité normative du régime de traitement

6. Le régime juridique et institutionnel adopté pour assurer le traitement de l'investissement direct étranger dans la commande publique est exposé à une relativité dans sa force normative, au regard des contradictions qui le fondent et l'animent ; d'autant que l'ouverture de l'économie à la concurrence (**A**) peine à être encadrée par un régime juridique dispersé et affaibli à la fois par ses propres consécrations et par les principes qui y sont rattachés, au point de donner lieu à un changement d'approche juridique (**B**) que la combinaison inadaptée d'institutions administratives chargées d'en assurer l'exécution ne parvient pas à garantir. Ainsi, traversé par des paradoxes et oppositions aussi bien de forme que de fond, le traitement appliqué à l'investissement direct étranger est condamné à être lui-même dispersé tantôt dans le sens des principes favorables à la concurrence, tantôt vers

---

[35] PEZZINI Mario, MINSAT Arthur, « L'industrialisation de l'Afrique nécessite une approche continentale en association avec les entrepreneurs locaux », *In : «* Quel avenir pour l'économie africaine ? », Annales des mines, août 2019, p. 9.

[36] BIKAI Jacques L., ESSIANE Patrick-Nelson D., « Politique monétaire, stabilité monétaire et croissance économique dans la CEMAC : une approche SVAR bayésienne », Janvier 2018, p. 9.

[37] OBIANG Jean-François, France-Gabon. Pratiques clientélaires et logiques d'État dans les relations franco-africaines, éd. Karthala, 2007, p. 213.

[38] NDJAMBOU Léandre Edgard, « Les réseaux de transport terrestres au Gabon. Bilan et perspectives », Presse universitaire de Bordeaux, les Cahiers d'Outre-mer, 2008, n° 241-242, vol. 61, p. 209 ; MENGUE BIDZO Médard, « Fiscalité et secteur informel au Gabon », Revue internationale des économistes de la langue française, 2018, vol. 3, n° 1, p. 214 ; NDJAMBOU Paterne, Diversification économique territoriale : enjeux, déterminants, stratégies, modalités, conditions et perspectives, Thèse, Université du Québec à Chicoutimi, 2013, p. 194.

[39] BANGO Ange, L'élaboration et la mise en œuvre de la fiscalité dans les pays de la *CEMAC*, Thèse, Droit, Université Jean Moulin Lyon 3, 2009, p. 6.

d'autres qui s'y opposent. La capacité du régime juridique et institutionnel à encadrer efficacement le traitement de l'investissement direct étranger est alors relativisée, neutralisée et ne peut dans ces conditions inspirer durablement confiance à l'ensemble des investisseurs installés ou potentiels.

A. L'ouverture du régime de traitement à la concurrence

7. L'évolution économique du pays structure fortement le régime juridique de traitement de l'investissement direct étranger dans la commande publique. Cela résulte de ce que d'un côté, le fait pour l'État d'accueillir dans son économie de plus en plus d'investisseurs (**1**) de surcroît d'origines différentes, alors même que d'un autre côté, les ressources naturelles qui lui permettent d'attirer ces opérateurs économiques sont en baisse progressive (**2**), exige de l'État d'opérer un changement dans le traitement qu'il applique. En d'autres termes, le fait d'accueillir davantage d'investisseurs alors que les ressources que ces derniers doivent exploiter diminuent, conduit l'État à adopter un traitement égalitaire, transparent et concurrentiel, s'il veut paraître particulièrement fiable et attractif. Surtout que son objectif reste de faire du Gabon un pays industrialisé en attirant dans son économie, et notamment vers les secteurs productifs, les capitaux nécessaires pour mettre en exploitation les ressources naturelles considérables du pays[40].

1. L'accueil d'investissements directs étrangers variés

8. D'Aristote, il est su que le temps est le nombre en mouvement[41]. Cette acception est illustrée en droit, tant lorsque celui-ci fait l'objet de réformes successives, que lorsqu'il s'applique à des personnes diverses, s'efforce à régir des situations différentes. Il se met en mouvement selon que ses sujets et situations se déplacent dans le temps. Il tente sans cesse de les saisir, d'éviter qu'ils ne lui échappent. Il est contraint de s'adapter. Le droit devient ainsi vivant[42]. Dans ce mouvement temporel,

---

[40] MINKO Henri, La fiscalité gabonaise du développement, Bibliothèque africaine et Malgache, Paris, 1981, pp. 47-53.

[41] MOREAU Joseph, « Le Temps selon Aristote », *In :* Revue philosophique de Louvain, Troisième série, Tome 46, n° 9, 1948, pp. 57-84.

[42]ZAGREBELSKY Gustavo, « La doctrine du droit vivant », *In :* Annuaire international de justice constitutionnelle, 2-1986, 1988. L'interruption volontaire de grossesse dans les jurisprudences constitutionnelles européennes. pp. 55-77.

le droit doit assurer sa fonction : celle de régir et même de savoir régir. Cette fonction reste complexe[43]. Elle l'est d'autant plus lorsque ses sujets et situations sont eux aussi en mouvement, lorsqu'ils se succèdent, se renouvellent, revendiquent des traitements différents. Mais, en tout état de cause, le droit doit régir dans le temps. Le temps, en particulier l'histoire, doit être soumise à l'épreuve du droit[44] et dégager de nouvelles perspectives. Le droit gabonais est soumis à cette exigence ; d'autant plus que l'État accueille de manière croissante et variée des investissements directs étrangers. Il ne peut susciter confiance que par la rigueur et la force du droit au regard de ce que la force du droit est « confiance et génératrice de sécurité juridique[45] » et cela passe aussi par le recours à la sanction qui permet également de réduire la complexité[46].

9. Et au fil du temps, il est astreint à régir différents profils d'investissements directs étrangers intégrés dans son économie depuis les années 60[47]. Cet accueil, situé au *XIX*ème siècle, constitue la source qui exacerbe la complexité de la fonction du droit. Car, cette période est généralement considérée comme celle au cours de laquelle les investissements d'origine européenne, pénètrent en premier sur le territoire africain, à travers le commerce et l'exportation de capitaux[48]. Elle a constitué le point de départ d'une politique d'exploitation extérieure, notamment en matière minière[49].

10. Au Gabon, cela s'est précisément traduit par l'implantation de grandes compagnies à chartes et à privilèges[50], de comptoirs et

---

[43] BARRAUD Boris, « La philosophie du droit », La recherche juridique, L'Harmattan, 2016, p. 11.

[44] AJDA, n° 17/2018, 21 mai 2018, « L'histoire à l'épreuve du droit », chronique, p. 973 à 977.

[45] OST François, À quoi sert le droit ? Usages, fonctions et finalités, Bruylant, 2016, 2ème éd., p. 431.

[46] *Ibidem,* p. 434.

[47] N'DIMINA-MOUGALA Antoine-Denis, « La politique étrangère du Gabon de 1960 à 1967 », *In :* Guerres mondiales et conflits contemporains, n° 196, Dossier Afrique : partenariat international et conflits régionaux (Décembre 1999), PUF, pp. 65-88.

[48] MBADINGA Michel, État, entreprises et développement au Gabon. Contribution à une étude géographique, Thèse, Université de Montpellier III, 2006, p. 55.

[49] NGANGO Georges Walter, Les investissements d'origine extérieure en Afrique noire francophone : Statut et incidence sur le développement, Présence africaine, Paris, p. 64.

[50] MBADINGA Michel, *op. cit., supra,* § n° 9, p. 55.

factoreries[51], de sociétés concessionnaires[52] et de grandes compagnies coloniales[53]. Ces investissements sont principalement français. En effet, les débuts des premières missions françaises de reconnaissance et de recherche pétrolières datent de 1931 et ont été financées, non seulement par le Gouvernement Général de l'Afrique équatoriale française (*AEF*), mais également par l'Office national des combustibles liquides. En 1934 a été créé le Service d'Exploration et de Recherches Pétrolières (*SERP*), dont le capital était partagé entre le Gouvernement général de l'*AEF*, l'Office national et la Compagnie Française des Pétroles (*CFP*). L'activité de cet organisme s'était portée d'abord sur la région de Madiela, dans le Fernand-Vaz, puis à la veille de la guerre, en 1938, des forages avaient été effectués le long du *Rembo N'komi*. Ces recherches ont été arrêtées en juin 1940 pour cause d'infructuosité. Après la guerre, le *SERP* a été remplacé le 1er juillet 1949 par la Société pétrolière de l'Afrique équatoriale française (*SPAEF*) à laquelle participaient le Gouvernement général d'*AEF*, la *CFP*, le Bureau de Recherches Pétrolières (*BRP*), la Société de Recherches Minières et Pétrolières Coloniales, et plus tard *FINAREP* et *COFIREP*[54].

11. L'influence de ces recherches sur le régime de traitement desdits investissements directs étrangers commence lorsqu'au début de l'année 1964, la *SPAEF* obtient, sous l'empire de la loi n° 55/61 du 4 décembre 1961 portant code des investissements en République Gabonaise, le renouvellement des concessions d'exploitation d'une durée de 75 ans pour les gisements de l'île *Mandji* et de *Batanga* (partagée avec la société *Mobil*), de cinq ans pour *Alewara* et *Animba.* C'est au cours de la même année que la production pétrolière gabonaise atteignit et dépassa un million de tonnes (*1.058.365 t*). En 1965, c'est 1265 000 tonnes qu'on enregistra, et une double perspective d'accroissement spectaculaire de la production s'affirmait avec l'équipement du gisement marin d'*Anguille* et celui de la zone terrestre de *Gamba.*

12. À cette période, la *SPAEF* disposait de permis de recherche terrestre sur 89 640 km^2, ce qui correspond environ au tiers de la superficie totale du Gabon (*267.667 km^2*) et d'environ 27 000 km^2 de permis en zone marine. Le permis général de recherche couvrait à peu

[51] *Ibidem,* p. 57.
[52] *Ibidem,* p. 61.
[53] *Ibidem,* p. 76.
[54] BOUQUEREL Jacqueline, « Le pétrole au Gabon », *In :* Cahiers d'Outre-mer, n° 78, 20ème année, Avril-Juin 1967, pp. 189-190.

près l'ensemble des bassins sédimentaires du Gabon et était valable jusqu'en 1989[55]. En 1983 intervient la loi n° 14/82 du 24 janvier 1983 portant réglementation des activités de recherche et d'exploitation des hydrocarbures en République Gabonaise qui interdit la signature de nouvelles conventions d'établissement. Pourtant, ces conventions signées en 1964 ont été renégociées à nouveau en 2009[56] et renouvelées en 2014[57]. Ainsi, de 1964 à 2020, c'est-à-dire 56 ans après la signature des premières conventions et concessions, les investissements français demeurent. Ils sont cependant rejoints par d'autres, venant d'autres États. Les investissements chinois sont particulièrement nombreux dans le secteur minier ces dernières années[58]. Même si le retrait des entreprises françaises et leur toute-puissance peuvent être perçus comme un « mythe[59] » au même titre que « la montée inexorable de la

---

[55] *Ibidem.*

[56] ZOLO TOMO Tristan Pamphile, La fiscalité pétrolière au Gabon, éd. Publibook, 2017, p. 79.

[57] Observatoire pluriannuel des enjeux sociopolitiques et sécuritaires en Afrique équatoriale et dans les îles du golfe de Guinée, Projet financé par le Ministère de la Défense de la République Française, Délégation aux Affaires Stratégiques, note n° 9, 25 juin 2014, p. 10.

[58] WENBIN Huang & WILKES Andreas, "Analysis of approvals for Chinese companies to invest *In :* Africa's mining, agriculture and forestry sectors", Center for International Forestry Research, 2011: www.jstor.org/stable/resrep02314.13. Cette implantation s'est opérée par les sociétés Hwazhou Mining Gabon Co. Ltd et Hwazhou Mining Gabon Trading Co. Ltd appartenant au groupe Hwazhou. Puis, le groupe Ningbo Mining Investment Co. Ltd et ses filiales Zhoonghui Mining Investment Development Co. Ltd et de Zhoonghui Mining Industry and Trade Co. Ltd toutes deux spécialisées en matière minière ; le groupe Jiangsu Shengyang Industry à travers sa filiale Gabon Shengyang International Forestry Industry Co. Ltd spécialisée en matière forestière ; le groupe Shandong Longsheng Import & Export Co. Ltd, à travers sa filiale International Timber Transportation and Trade Corporation spécialisée en matière forestière ; le groupe Xianju Jiade Arts & Crafts Co. Ltd à travers sa filiale Gabon Jia De Timber Co. Ltd spécialisée en matière forestière (bois) ; le groupe Wenzhou Timber Group Co à travers sa filiale Gabon Forest Development Co. Ltd spécialisée en matière forestière ; le groupe Guangzhou Dingtian Wood Co. Ltd à travers sa filiale ; le groupe Zhangjiagang Free Trade Zone Ganglin International Trade Co. Ltd à travers sa filiale Gabon Loulin Co. Ltd spécialisée en matière forestière ; le groupe Ahlers (Zhangjiagang Free Trade Zone) International Trading Co. Ltd à travers sa filiale Merry Gabon Co. Ltd spécialisée en matière forestière ; le groupe Shen Zhen Qiyang Industrial Development Co. Ltd à travers sa filiale Hua Peng Wood. Co. Ltd spécialisée en matière forestière (bois).

[59] GAYMARD Hervé, Rapport au Ministre de l'Europe et des Affaires Étrangères et au Ministre de l'Économie et des Finances : relancer la présence économique

puissance chinoise[60] », en tout état de cause, la concurrence s'affirme de plus en plus et l'ambition de « relancer la présence économique française à long terme[61] » en Afrique est de nature à exacerber cette concurrence.

13. La pluralité des secteurs d'activité et l'étendue de la commande publique, c'est-à-dire, qu'il s'agisse des travaux, fournitures ou des services, englobe aussi bien le secteur du bâtiment, de l'eau, de l'énergie, que ceux de la forêt, des mines et des hydrocarbures. Le champ de la commande de l'État est étendu à son domaine public naturel. Cette extension devrait donc permettre à l'État de remplir ses missions[62], ses obligations et devrait être fermement protégée[63]. Les hésitations[64] ne seraient qu'une source d'irrationalités supplémentaires ; d'autant plus que l'ouverture à la concurrence est elle aussi étendue à ce domaine. *A fortiori*, lorsque la plupart de ces secteurs sont animés par des investisseurs d'origines diverses. La consécration d'un régime juridique concurrentiel n'est donc plus une option, mais une exigence. Elle conditionne l'atteinte des objectifs de l'État et la garantie d'un régime juridique pouvant mieux protéger les intérêts des investisseurs ainsi que la qualité du traitement qui leur est applicable. Cette exigence révèle l'insuffisance des traités et accords conclus par l'État, dont la vocation était de garantir un traitement à la fois bénéfique à l'État et aux investisseurs. En d'autres termes, ni le traitement de la nation la plus favorisée, ni le traitement national contenus dans les traités, censés conduire l'État à mieux rassurer les investisseurs, n'a suffi. C'est à juste titre, le constat qu'a su faire le professeur Joshua I.

---

française en Afrique : l'urgence d'une ambition collective à long terme, Avril 2019, p. 15.

[60] *Ibidem,* p. 24.

[61] *Ibidem,* p. 239.

[62] CHAMARD-HEIM Caroline, « Domaine public naturel et décentralisation. Un patrimoine au service des missions de l'État », AJDA, Dalloz, 14 décembre 2009, pp. 2335-2340.

[63] YOLKA Philippe, « Le couteau de Lichtenberg. Remarques sur la protection pénale du domaine publique », AJDA, 14 décembre 2009, pp. 2341-2345.

[64] HANSEN Philippe, « L'instabilité jurisprudentielle en matière d'occupation privative du domaine public », *In :* « Occupation privatives du domaine public : les hésitations de la jurisprudence », pp. 1078-1081 ; DIEU Frédéric, « La règle de l'économie de moyen doit-elle paralyser le pouvoir d'injonction du juge administratif ? », p. 1082- 1089 : AJDA, 8 juin 2009.

Schwartz[65]. Cette insuffisance renouvelle particulièrement les enjeux et les objectifs du régime juridique adopté.

2. L'influence de la baisse des ressources naturelles

14. Le nombre d'investisseurs directs étrangers augmente fortement, les conditions d'une économie concurrentielle se rassemblent et s'exacerbent. Par conséquent, les ressources naturelles et les secteurs d'activité rétrécissent. Ils ne sont plus aussi vastes qu'il y a quatre ou cinq décennies. Au-delà de l'exploitation illégale qui est d'une prégnance très forte[66] et qui réduit de ce fait le champ d'activité et les ressources disponibles, l'exploitation des mines est désormais, comme d'autres secteurs, partagée entre différents investisseurs directs étrangers[67]. Les défis auxquels est confronté l'État ne sont plus seulement liés à la baisse des prix[68] qui, du fait de leur fluctuation[69],

---

[65] SCHWARTZ Joshua I., International Protection of Foreign Bidders Under GATT/WTO Law: Plurilateral Liberalization of Trade in the Public Procurement Sector and Global Propagation of Best Procurement Practices, in Transnational Law of Publics Contracts, AUDIT Mathias, SCHILL Stephan W. (*Sous la dir.*), Bruylant 2016, pp. 79-81 : Ainsi, « The *WTO* and its predecessor and component agreements, the General Agreement on Tariffs and Trade (*GATT*) and the General Agreement on Trade in Services (*GATS*) both excluded since their inception – and still exclude today – the entire field of government procurement from all of the obligations imposed on members of these multilateral trade agreements. Thus, foreign bidders from *WTO* Member nations for government procurement contracts entered by other *WTO* Member nations are not protected either by the basic ''national treatment'' or by the ''most favored nation'' protections of the (*WTO*) regime ». Par conséquent, « They accordingly are subject to discrimination or outright exclusion from government under the law of procuring nation ».

[66] PAILLARD Christophe-Alexandre, « Matières premières africaines : Quels enjeux pour l'économie mondiale et les industries de défense ? », publié *In : Res Militaris*, hors-série : "France : opérations récentes, enjeux futurs", décembre 2016, p. 19 : « Selon des estimations de la Banque Mondiale et du *WWF*, l'exploitation illégale du bois représentait 70 % au Gabon ».

[67] Le principal gisement de manganèse, situé à Moanda dans le sud-est du pays, est exploité par la société Comilog, filiale du groupe métallurgique français *Eramet* et de l'État gabonais. Le groupe chinois *CITIC* exploite également depuis 2012 ce minerai dans la région de *N'djolé*.

[68] ANANI Edem Thierry Géraud, Fluctuations des cours des matières premières : enjeux de soutenabilité. Application à l'Afrique de l'Ouest, Thèse, Sciences économiques, Université Paris-Saclay, 2019, p. 25 et suivantes.

[69] VIBE CHRISTENSEN Benedicte, « L'Afrique face aux défis liés à la faiblesse des prix des produits de base », Banque des Règlements Internationaux, 2016, BIS Papers, n° 87, p. 13 : Accessible sur : www.bri.org

affectent les revenus de l'État[70] dans lesquels les ressources naturelles contribuent à hauteur de 75 %[71]. L'État doit aussi et désormais, pour garantir un cadre attractif qui suscite la confiance des investisseurs directs étrangers, consacrer un régime juridique qui rime avec l'ouverture à la concurrence ; d'autant plus qu'au-delà des dépendances historiques, apparaissent et se développent d'autres[72] qui exacerbent la nature concurrentielle de l'économie. Celle-ci est alors davantage exigeante en raison de la baisse des ressources. Plus ces dernières diminuent, plus le régime juridique doit organiser de manière transparente, détaillée et rigoureuse les règles qui doivent encadrer l'activité économique et la commande publique des secteurs clés tels que celui des mines, des hydrocarbures ou encore de la forêt. L'État est invité par la concurrence à faire preuve d'inventivité[73] dans le régime qu'il consacre pour encadrer sa commande publique. Étant lui-même une invention[74], l'État doit se réinventer.

15. Surtout, lorsque les ressources naturelles objet de la commande publique sont source, du fait de la volatilité de leurs prix[75], de vulnérabilité[76] des partenaires de l'État. Cette invitation à l'inventivité requiert une adaptation de son approche juridique en ce qui concerne la gestion des ressources naturelles[77] et la commande publique qu'elles

---

[70] *Ibidem.*

[71] PAILLARD Christophe-Alexandre, *op. cit.*, p. 16.

[72] CASANOVA Carlos, NIZARD Ruben, « Chine-Afrique : le mariage de raison va-t-il durer ? », *In :* Les publications économiques de *COFACE*, 2018, Classement de la dépendance des exportations vis-à-vis de la Chine, 2006 vs. 2016, Tableau 2, p. 9.

[73] FADLALLAH Ibrahim, LEBEN Charles, TEYNIER Éric, ACHTOUK-SPIVAK Laurie, CAZALA Julien, CREPET DAIGREMONT Claire, FRAPPIER Mathilde, HERMET Alexandre, NANTEUIL (DE) Arnaud, RAFIQ, ARIANNA, « Investissements internationaux et arbitrage », Cahiers de l'arbitrage, 1er décembre 2019, n° 4, p. 705.

[74] BLANQUER Jean-Michel, MILET Marc, L'invention de l'État, Léon Duguit, Maurice Hauriou et la naissance du droit public moderne, éd. Odile Jacob, 2015, 394 p.

[75] ARTUS Patrick, AUTUME (D') Antoine, CHALMIN Philippe, CHEVALIER Jean-Marie, Rapport sur les effets d'un prix du pétrole élevé et volatil », Conseil d'Analyse Économique, France, Paris, 2010, p. 41.

[76] HOMOBONO Nathalie, VIGNOLLES Denis, Rapport à Monsieur le ministre de l'Économie et des Finances, Monsieur le Vice-président du Conseil National de l'Industrie sur l'Analyse de la vulnérabilité d'approvisionnement en matières premières des entreprises françaises, Conseil général de l'économie, de l'industrie, de l'industrie et des technologies, Mars 2019, p. 39.

[77] SINGLA Laure, L'approche juridique contemporaine de la gestion des ressources naturelles mondiales, Thèse, Droit, Université de Perpignan, 2016, p. 311 et suivantes.

suscitent ; ce d'autant que le choix d'un cadre juridique protecteur est désormais dépassé[78] et controversé[79]. Cela induit alors une exigence forte de la qualité des normes[80] et du traitement que celles-ci consacrent pour régir l'action publique économique, la contractualisation publique, la commande publique, afin d'affranchir le régime juridique des contingences liées à la fois au type de normes et au système[81].

16. Cette exigence permettrait d'adapter le régime juridique à la fois à l'accélération de la croissance économique[82] amorcée, au défi persistant de l'industrialisation[83] que l'État considère comme un pilier et souhaite concrétiser par sa stratégie[84], afin d'éviter d'être réduit à la production des matières premières et de succomber dans « une sorte de spirale descendante[85] ». Apprendre à vivre sans pétrole reste une perspective[86]. Par conséquent, parvenir à la satisfaction de cette exigence implique des lois et un traitement de qualité. Car la notion de loi couvre aussi la qualité de celle-ci et doit particulièrement « définir l'étendue et les modalités d'exercice du pouvoir d'appréciation quant à l'application d'une mesure (…) avec une clarté suffisante pour fournir à l'individu une protection adéquate contre l'arbitraire[87] ». Cela implique alors l'insertion non seulement de la transparence dans le régime, mais également de la sécurité juridique permettant aux investisseurs d'agir et de pouvoir défendre leurs intérêts, conformément aux consécrations textuelles établies. La contractualisation publique

---

[78] *Ibidem,* p. 205 et suivantes.
[79] *Ibidem,* p. 257 et suivantes.
[80] SHAHRBABAKI Azadeh Abdollahzadeh, La qualité des normes, Étude des théories et de la pratique, Thèse, Droit, Université d'Aix-Marseille, 2017, p. 18.
[81] *Ibidem,* pp. 65-98.
[82] Banque africaine de développement, Rapport sur les perspectives économiques en Afrique, 2018, p. 37.
[83] LE HENRY Jonathan, Industrialisation en Afrique : réaliser durablement le potentiel du continent, Strategy & pwc, 2019, p. 5.
[84] Plan stratégique Gabon émergent : Vision 2025 et orientations stratégiques 2011-2016, p. 104.
[85] Discours de Monsieur François MITTERRAND, Président de la République Française, lors de la séance d'ouverture de la 14ème conférence des Chefs d'État de France et d'Afrique, sur l'aide au développement des pays africains, le marché des matières premières et le règlement de la dette, Antibes, vendredi 11 décembre 1987, p. 1.
[86] ATENGA Thomas, « Gabon : apprendre à vivre sans pétrole », Éditions Karthala, « Politique africaine », 2003/4 n° 92, pp. 117-128.
[87] BERLAUD Catherine, « Défaut de qualité de la loi ayant permis l'interception des communications d'un avocat turc », Gazette du Palais, 28 juin 2016, n° 24, p. 42.

réalisée dans un tel cadre gagnerait davantage la confiance des investisseurs. Ainsi, la diminution des ressources naturelles constitue pour le régime de traitement de l'investissement direct étranger, un levier, une source utile grâce à laquelle il peut être amélioré du fait de l'ouverture à la concurrence qu'elle suscite, d'une part. Et d'autre part, en raison des exigences qu'elle induit en matière de traitement juridique applicable. Le régime juridique est alors davantage tourné vers l'adoption d'éléments qui accentuent le recours à la concurrence des investisseurs directs étrangers dans la commande publique. Cette opportunité est à saisir.

B. Le changement d'approche juridique

17. Il n'y a pas de doute que l'État gabonais tente d'inventer un régime juridique et institutionnel capable d'accompagner, comme d'autres États africains, sa stratégie et sa dynamique de développement qui lui permettrait de sortir de sa dépendance des matières premières[88]. Cette recherche de solution est constante. Manifestement, elle n'a pas encore abouti. Et finalement, à défaut d'avoir trouvé et « comme l'hyperactivité peut être un symptôme de la dépression[89] », transparaît alors l'idée que la « réformette[90] » ou « la réformite »[91] peut compenser l'asthénie de la vision politique[92], au point de tendre vers un « ras-le-bol normatif[93] ». Car, l'État tente de gouverner en annonçant des réformes en tous sens, qu'il ne mène d'ailleurs pas toujours jusqu'à leur terme ; « la réforme se réduit à l'agitation[94] », sans changement principiel adapté, se traduisant notamment par une réforme « administrative, sans réforme de l'État[95] » et des principes qui

---

[88] Banque africaine de développement, Rapport sur les dynamiques du développement en Afrique, 2018, p. 132.

[89] AYNÈS Laurent, « Réformer sans vision ? », Revue des contrats, 1er décembre 2014, n° 04, p. 585.

[90] MENGUE ME ENGOUANG Fidèle, L'intégration des États membres de la CEMAC, Cours polycopié, *D.E.A* de droit communautaire comparé en *UDEAC/CEMAC*, FSJP, Université de Dschang, 1996-1997, Inédit.

[91] *Ibidem.*

[92] *Ibidem.*

[93] ROBINEAU Yves, Libres propos sur le ras-le-bol normatif, *In* : L'intérêt général, Mélanges en l'honneur de TRUCHET Didier, Dalloz, 2015, pp. 573-578.

[94] *Ibidem.*

[95] OBAME Sylvain-Ulrich, Gabon : la réforme administrative sans la réforme de l'État - Réflexions de 2009 à nos jours, L'Harmattan, 2020, 288 p.

encadrent son action économique. La recherche de solutions n'est d'ailleurs pas qu'économique. Elle s'accompagne de changements dans la stratégie normative en matière de traitement de l'investissement direct étranger et de commande publique. C'est ce qui justifie non seulement le passage d'un code unique des investissements (**1**), à des codes sectoriels divers (**2**), sans que ne soit *in fine* opérée une refondation, un changement utile du régime juridique et institutionnel de traitement de l'investissement direct étranger dans la commande publique.

1. Du code unique des investissements

18. Lorsque d'une part, l'article 1er de l'ordonnance n° 21/67 du 23 mars 1967 portant code des investissements en République Gabonaise a énoncé que « Les dispositions de la loi n° 55/61 du 4 décembre 1961 portant code des investissements dans la République Gabonaise sont, à l'exclusion des dispositions de l'annexe à ladite loi qui restent applicables, abrogées ». Et que, d'autre part, le 23 juillet 1998, a été adoptée la loi n° 15/98 du 23 juillet 1998 instituant la charte des investissements en République Gabonaise, il a été sonné le glas du code unique. Car, en de termes clairs, l'article 5 de ce dernier texte a conséquemment énoncé que « les dispositions antérieures, notamment celles de la loi n° 7/89 du 6 juillet, portant code des investissements en République gabonaise[96] », dernier code général en la matière, sont abrogées. Désormais, dans le flot ininterrompu de normes adopté par l'État, l'investisseur risque de se noyer et « l'adage en vertu duquel nul n'est censé ignorer la loi pourrait bien être relégué au rang de simple proverbe et l'exception d'ignorance (...) devenir la règle[97] ». Car, le remplacement de la loi de 1961 par celle de 1967 fait constater « que bien souvent, les mesures, effectives, de simplification de certaines procédures s'accompagnaient de simple réécriture d'autres dispositions, qui auraient mérité (...) une réflexion de fond plus globale[98] » ; d'autant qu'aucun de ces deux textes n'a apporté dans le traitement de l'investissement direct étranger un principe permettant

---

[96] Voir Journal officiel n° 8 *bis* d'août 1998, p. 6.

[97] Rapport de la commission des lois française, Assemblée nationale, n° 752, Avril 2003.

[98] Conseil d'État français, Rapport public 2006, sécurité juridique et complexité du droit, études et documents, n° 57, Doc.fr.

d'introduire un recours à la mise en concurrence, à un traitement transparent et égalitaire des opérateurs économiques.

19. Au contraire, ces deux textes avaient en commun de consacrer un régime tourné vers l'incitation, les privilèges et avantages de toute nature, sous l'empire du pouvoir discret et discrétionnaire de l'administration. Ces textes prenaient ainsi le caractère de lois « fourre-tout[99] » en ce qu'ils rassemblaient une diversité de mesures à court terme qui ont conduit à une stratégie « dispendieuse[100] » pour l'État à long terme au regard de ce que les conventions signées sur leur fondement peuvent avoir d'autres sources[101], obscures et discrètes. La raison de cette conséquence est le défaut d'une réflexion profondément inscrite dans une orientation qui aurait dû, en raison de l'accession à l'indépendance en 1960, anticiper et prévoir quelques réserves, quelques prudences dans les mesures incitatives consacrées ; d'autant que l'État acquérait alors la possibilité d'insérer dans son économie, des investisseurs autres que français, pour répondre à sa commande publique, construisant ainsi un cadre véritablement concurrentiel.

2. Aux codes sectoriels divers

20. Lorsque la loi n° 002/2019 du 16 juillet 2019 portant réglementation du secteur des hydrocarbures en République Gabonaise qui, abrogeant toutes autres dispositions antérieures contraires, a énoncé que la « loi n° 011/2014 du 28 août 2014 portant règlementation du secteur des hydrocarbures en République Gabonaise est abrogée[102] », elle venait en principe mettre fin aux pratiques discrétionnaires, illégales[103] et particulièrement nuisibles auxquelles

---

[99] GONOD Pascale, « La simplification du droit par ordonnances », *In :* La confection de la loi, rapport du groupe de travail de l'Académie des sciences morales et politiques, sous la direction de DRAGO Roland, Revue internationale de droit comparé, Vol. 57, n° 2, 2005. pp. 544-547.

[100] ESSONO OVONO Alexis, *In :* La fiscalité pétrolière au Gabon, éd. Publibook, 2017, pp. 11-13.

[101] Banque mondiale, Rapport, Analyse de la mobilisation des recettes fiscales en République du Togo, Novembre 2018, p. 57 : « Selon les informations recueillies par la mission, la base légale de ces conventions n'est ni le Code des investissements, ni le CGI ».

[102] Loi n° 002/2019 du 16 juillet 2019 portant réglementation du secteur des hydrocarbures en République Gabonaise, article 298 : Voir Journal officiel n° 27 *ter* du 22 juillet 2019, p. 30.

[103] Voir exemple *infra,* § n° 168.

s'est livrée l'administration de ce secteur. Et la loi de 2014 abrogée a, à son tour abrogé les lois n° 14/74 du 21 janvier 1975, n° 14/82 du 24 janvier 1983 et l'ordonnance n° 36/79/*PR* du 23 décembre 1979, ainsi que toutes autres dispositions antérieures contraires. Il en va autant pour la loi n° 017/2014 du 30 janvier 2015 portant réglementation du secteur minier en République Gabonaise qui a abrogé et remplacé la loi n° 5/2000 du 12 octobre 2000 portant code minier ainsi que toutes autres dispositions antérieures contraires, ou encore de la loi n° 16-01 du 31 décembre 2001 portant code forestier qui a notamment abrogé la loi n° 1/82 du 22 juillet 1982 d'orientation dans le secteur des eaux et forêts en République Gabonaise.

21. L'approche exégétique de ce rappel exprime une recherche de solutions dans la conduite et la gestion de la politique étatique dans les secteurs concernés, d'autant que des conventions conclues sous le régime de ces textes anciens demeurent en vigueur jusqu'à leurs échéances[104] et influencent encore fortement le traitement de l'investissement direct étranger dans la commande publique des secteurs clés. Le choix de traiter l'investissement direct étranger conformément aux règles de chaque secteur a dispersé la lisibilité que le régime juridique et institutionnel avait commencé à bâtir avec la loi n° 55/61 du 4 décembre 1961 portant code des investissements en République Gabonaise qui avait néanmoins le mérite d'unifier et de simplifier le traitement. La faiblesse de cette loi était en revanche, au-delà des avantages excessifs énoncés, d'être fondée sur des principes inadaptés, qu'elle consacrait pour mettre en œuvre la politique étatique. La dispersion a donc induit une source d'inefficacité du régime juridique et institutionnel. L'unification[105] aurait contribué à l'effet inverse.

[104] AKOHOU Dossou Rodrigue, « Exploitation pétrolière en mer et droit international : aspects juridiques et environnementaux pour les États côtiers du Golfe de Guinée », Programme de Bourses de Recherche Nations Unies-Fondation Nippone du Japon, Division des affaires maritimes et du droit de la mer, Bureau des affaires juridiques, nations unies, New York, 2007-2008, p. 62.

[105] Conseil d'État français, Avis 7ème et 5ème Sous-sections réunies, du 29 juillet 2002, n° 246921, publié au recueil Lebon.

PARAGRAPHE 2 :
L'enjeu du régime de traitement : la rationalisation[106]

22. Le régime de traitement est soumis à un enjeu majeur et principal par l'ouverture à la concurrence : la rationalisation. De celle-ci découleraient d'autres. C'est-à-dire, l'attractivité du régime, la confiance des investisseurs, la protection des intérêts de l'État et l'efficacité du régime de traitement en lui-même. En effet, rationaliser le régime y compris sur le plan institutionnel[107] requiert au préalable que soit réalisée l'identification des fondements ou sources qui rendent inefficace le traitement de l'investissement direct étranger dans la commande publique, afin de poser les bases d'une refondation permettant de purger le régime de ces sources d'inefficacité. Celles-ci émaillent l'ensemble du régime aussi bien dans ses aspects normatifs qu'institutionnels. Ainsi, le régime gagnerait dans la rationalisation du traitement qu'il consacre tant de droit que de fait, à l'investissement direct étranger qui opère notamment dans les secteurs minier, forestier, pétrolier et des hydrocarbures ou encore de l'eau et de l'énergie. La commande publique dans son étendue doit alors être régie par les principes qui lui sont propres et non par ceux qui lui sont antinomiques[108].

23. La rationalisation consiste en la mise en cohérence entre les règles qu'implique l'ouverture à la concurrence et les comportements des institutions incarnant l'État. Elle consiste à sortir le régime de

---

[106] La rationalisation est ici comprise et rattachée à l'idée du progrès, de l'efficacité, du résultat permettant à l'État d'atteindre ses objectifs d'attractivité, de traitement qualitatif des investisseurs directs étrangers et de gestion de la commande publique. Elle constitue ainsi l'enjeu de la présente étude, non pas en niant toute logique de rationalité ou de réflexion dans l'adoption du régime juridique longtemps appliqué, mais bien au contraire parce qu'elle permet, après constat, d'en corriger les défauts, les insuffisances, pour atteindre les objectifs fixés. Le caractère rationnel ou irrationnel du régime étudié, voire de l'un de ses aspects est donc lié au résultat constaté ou escompté. Ainsi, le régime serait irrationnel lorsqu'il n'a pas permis le progrès attendu et à l'inverse, il serait rationnel. La rationalisation est donc l'idée d'adapter la méthode aux objectifs visés, d'apporter les ajustements nécessaires en temps utile. Elle s'oppose au *statu quo*, à la sauvegarde des méthodes qui nuisent au régime juridique.

[107] AÏVO Frédéric Joël, « Les constitutionnalistes et le pouvoir politique en Afrique », Revue française de droit constitutionnel 2015/4, n° 104, p. 777.

[108] AMILHAT Mathias, « Le code, les principes fondamentaux et la notion de commande publique. Une copie à revoir ? », AJDA, n° 14/2019, 15 avril 2019, pp. 793-799.

traitement du paradoxe dans lequel il est plongé. Car, le Gabon a adopté, un an après la date formelle de son accession à l'indépendance, son premier texte portant code des investissements[109]. Puis, ce texte est modifié en 1967 par un autre ayant vocation à le rendre plus attractif[110]. Et déjà à cette époque, la Commission des Communautés européennes quelques trois ans après, révèle que l'examen de l'ensemble des codes des investissements des États africains et malgache associés (*EAMA*), parmi lesquels celui du Gabon, fait ressortir que ces textes constituent de manière constante une législation très souple, qui réserve de larges possibilités aux différents gouvernements pour rechercher, au cas par cas, un arrangement particulier, satisfaisant avec les promoteurs, avec les investisseurs.

24. Au besoin, des conventions d'établissement[111] confèrent la possibilité d'étendre les dispositions légales en faveur de l'investisseur au-delà même des limites définies par les divers régimes du code. À cet effet, la Commission conclut qu'il était, *in fine,* possible de soutenir qu'en dernier ressort, « c'est l'intérêt qu'un gouvernement ressentait pour un projet qui déterminait les avantages que celui-ci accordait à l'investisseur[112] ». Ce constat relevait ainsi l'orientation choisie par l'État. Ce dernier a, en cela, fait le choix de déterminer le traitement qu'il appliquerait à l'investisseur au terme d'une négociation directe avec cet opérateur économique. S'écartant des consécrations textuelles, l'État a forgé et ancré le traitement de l'investissement direct étranger en s'appuyant sur la pratique administrative, sur le pouvoir discrétionnaire de l'administration ayant toute compétence pour déterminer et arrêter au gré de ses sensibilités, le traitement applicable. Ce paradoxe est d'autant plus manifeste qu'il permet encore de constater que malgré l'adoption de la loi, l'État et les sociétés pétrolières négocient les termes fiscaux, dans l'indifférence des représentants du contribuable, alors même qu'il a déjà été relevé, d'une

---

[109] Loi n° 55/61 du 4 décembre 1961 portant code des investissements en République Gabonaise : Voir International Legal Materials, Vol. 7, n° 5, septembre 1968, pp. 1071-1086, Cambridge University Press : https://www.jstor.org/stable/20690399.

[110] Ordonnance n° 21/67 du 23 mars 1967 modifiant les dispositions de la loi n° 55/61 du 4 décembre 1961 portant code des investissements en République Gabonaise.

[111] Il s'agit des contrats que conclut l'État avec les investisseurs ayant particulièrement engagés des capitaux quantitativement importants dans l'économie gabonaise.

[112] Commission des communautés européennes, Direction générale de l'aide au développement, Direction de la politique et des études de développement, codes des investissements des États africains et malgache associés, situation au 30 septembre 1971, introduction, dernier paragraphe.

part, non seulement que les incitations négociées avec les investisseurs entachent le climat des investissements en ce qu'elles créent un jeu inégal, mais également que la réduction de la discrétion réduit à son tour les possibilités de corruption et améliore l'environnement global des affaires[113]. Et d'autre part, que l'activité des personnes privées ayant des liens privilégiés avec les personnes publiques constitue une source de restriction à la concurrence[114].

25. Briser l'opposition, le paradoxe qui prévaut entre la théorie formellement consacrée et la pratique effectivement mise en œuvre marquerait l'amorce de la rationalisation du régime et susciterait davantage, d'une part, la confiance[115] des investisseurs directs étrangers et d'autre part la protection des intérêts économiques de l'État, ceux des investisseurs et de l'intérêt général. Car, c'est la capacité de l'État à garantir le respect des mêmes règles par tous et pour tous qui l'érige en destination fiable à long terme. C'est d'ailleurs pour cette raison que les destinations les plus empruntées par les investisseurs directs étrangers sont celles dont les États ont su reconnaître la responsabilité de l'administration[116] dans toute son étendue[117]. Cependant, y parvenir soulève toute la complexité de la fonction essentielle du droit ci-avant relevée[118]. Car, le régime de traitement juridique de la commande publique et particulièrement lorsqu'elle implique des investissements directs étrangers, se confronte à une difficulté majeure : la législation antérieure. Celle qui a longtemps été appliquée et s'est finalement

---

[113] ESSONO OVONO Alexis, *op. cit., supra,* § n° 19, p. 11.

[114] LIGNEUL Nicolas, TAMBOU Olivia, Droit européen du marché, éd. Ellipses, 2006, p. 169.

[115] RIGAUDEAU Pierre-Olivier, « Peut-on objectivement faire confiance à l'Administration », Gazettes du Palais, mardi 6 novembre 2018, n° 38, pp. 13-14.

[116] JACQUEMET-GAUCHÉ Anne, « Le contrat, source de réflexion pour la responsabilité de la puissance publique », *In :* « Responsabilité et contrat administratif », pp. 2528-2531 ; MAZEAUD Vincent, « Brefs regards sur la responsabilité et le contrat en droit privé », pp. 2532-2524 ; BOUSQUET Jérémie, « Les fondements de l'action en responsabilité en présence d'un contrat administratif », pp. 2535-2540 ; HOURSON Sébastien, « Les spécificités de la responsabilité contractuelles par rapport à la responsabilité extracontractuelle », pp. 2541-2545 ; DUBREUIL Charles-André, « La responsabilité contractuelle : quelle originalité du droit administratif ? », pp. 2546-2552 ; KALFLÈCHE Grégory, « Fonder une responsabilité à l'issue du contrat : des questions encore en suspens », pp. 2558-2562 : AJDA, n° 43/2019, 16 décembre 2019.

[117] NANTEUIL (DE) Arnaud, Droit international de l'investissement, éd. A. Pedone, 2017, 2ème éd., pp. 70-84.

[118] Voir *supra,* § n° 8 et suivants.

érigée en culture dans les institutions qui incarnent l'État. De-là résulte le problème principal que le droit doit résoudre en déployant des moyens aussi bien normatifs qu'institutionnels.

26. Le régime juridique qui encadre la commande publique doit s'affranchir d'une certaine contradiction, voire d'une contradiction certaine, sans méconnaître la sécurité juridique[119] qui s'impose à une telle démarche. Il s'agit de la contradiction d'avoir été utilisée dans une concurrence entre États[120], sans s'appliquer à mettre en concurrence les premiers investisseurs directs étrangers qu'il a intégré dans l'économie, s'éloignant ainsi de l'objectif de performance et allant, en conséquence, jusqu'à faire régner « une situation qui pose un problème de crédibilité de l'État vis-à-vis de cet engagement pris dans les années 1990[121] », en faveur de la réforme de l'environnement des affaires. La stratégie a indument été inversée et surtout, conduite de manière partielle. Cela n'est que la conséquence de l'orientation incitative et dispendieuse[122] consacrée par le droit applicable à l'investissement direct étranger à l'aune de l'indépendance formelle de l'État. Car, la conception de l'incitation de l'investissement et de la commande publique à cette période, est erronée et l'insistance sur la réforme du dispositif qui la met en œuvre est de plus en plus récurrente, telle que l'atteste plusieurs

[119] MAMOUDY Olga, « Une balance déséquilibrée », *In :* « Légalité et sécurité juridique, un équilibre rompu ? », pp. 1086-1097 ; POULET Florian, « Sécurité juridique et fermeture du prétoire », pp. 1088-1094 ; ROTOULLIÉ Jean-Charles, « Sécurité juridique et tolérance des illégalités », pp. 1094-1099 ; LANTERO Caroline, « Sécurité juridique et mutation des annulations platoniques », pp. 1100-1107 ; MAMOUDY Olga, « Sécurité juridique et hiérarchisation des illégalités dans le contentieux de l'excès de pouvoir », pp. 1108-1115 » : AJDA, n° 19/2019, 27 mai 2019.

[120] BACCOUCHE Néji, Incitations aux investissements et concurrence entre États, *In :* Où va le droit de l'investissement, désordre normatif et recherche d'équilibre, HORCHANI Ferhat (Sous la dir.), éd. A. Pedone, 2006, pp. 61-71.

[121] NDZANA OLOMO Patrick, « Réformes de l'environnement des affaires au Gabon », L'Harmattan, 2011/2, n° 14, p. 103.

[122] C'est également ce que la Banque mondiale a confirmé dans un rapport portant sur le cas ivoirien qui a également signé des conventions d'établissements en matière d'hydrocarbures : Ainsi que le mettent en évidence les évaluations de dépenses fiscales, les multiples exonérations contenues dans la législation de droit commun, le code des investissements, les codes sectoriels et les conventions d'établissement contribuent de manière décisive à affaiblir les recettes fiscales, notamment les recettes de *TVA* et d'impôt sur les bénéfices. L'octroi systématique des exonérations est incompatible avec une mobilisation efficace des recettes fiscales : Voir Rapport de la Banque mondiale, Côte d'Ivoire, relever le défi de la mobilisation fiscale, Juin 2019, p. 9.

études menées dans d'autres États situés dans des cas similaires[123]. En effet, l'investissement direct étranger correspond à la commande publique dès lors que celle-ci est satisfaite par lui en l'absence ou à défaut d'opérateurs économiques nationaux. En d'autres termes, les opérateurs nationaux sont substitués par les investisseurs directs étrangers et ces derniers doivent, en conséquence être mis en concurrence préalable. Ils sont dans ce cas considérés comme des opérateurs nationaux et doivent être mis en concurrence, afin d'obtenir d'eux les offres économiquement les plus avantageuses pour l'État.

27. Cependant, en dépit de cette convergence, le régime juridique s'est profondément attaché à consacrer une opposition entre la commande publique et l'investissement direct étranger, au point de considérer la première comme un accessoire du second. Ainsi, la commande publique a été considérée comme un avantage à accorder à l'investisseur direct étranger au titre de l'incitation. En effet, au titre de la stratégie incitative en faveur de l'investissement direct étranger amorcée dès la naissance officielle de l'État, la commande publique a été considérée comme un avantage pouvant être octroyé à l'investisseur direct étranger. Dans ce sens, le code des investissements de 1967[124] aménageait la commande publique en faveur des investissements bénéficiant de régimes privilégiés. À cet effet, ce texte disposait au dernier alinéa de son article 22 que « les marchés de l'administration et de l'armée leur seront autant que possible réservés en priorité ». Ainsi, l'incitation a atteint une ampleur majeure, car depuis cette période originelle, l'incitation est quasi-généralisée.

28. Or, la quasi-généralisation de l'incitation à l'investissement se faisant dans un cadre dans lequel le droit de la commande publique était précaire, a conduit à faire du droit de la commande publique un levier dans la stratégie d'attraction d'investisseurs directs étrangers. L'incitation constituait ainsi le principe ou l'objectif à atteindre et dans cette perspective, la commande publique était mobilisée. C'est ce qui expliquera notamment *infra*[125], la persistance de l'entente et l'octroi de

---

[123] Banque mondiale, Rapport, *op. cit.*, § n° 19 : « Le dispositif des incitations à l'investissement, autre poste majeur des dépenses fiscales, pourrait être réformé pour suivre les meilleures pratiques internationales. Concernant spécifiquement les exonérations de *TVA*, de droits de douane et d'IS accordées par projet (conventions ou Code des investissements) ».

[124] Voir chapitre 2 intitulé *« Avantages économiques »*, Section 1 : installations et approvisionnements, article 22.

[125] Voir *infra*, § n° 75 et suivants.

marchés publics de gré à gré. En effet, le dernier alinéa de l'article premier de l'ancien code des investissements du Gabon de 1967 a consacré la convention d'établissement en disposant qu'« en outre des conventions d'établissement peuvent être conclues entre le Gouvernement et les entreprises ». Le caractère synallagmatique de ces conventions est confirmé à l'article 38 de ce même texte qui précise que « toute entreprise agréée à un régime privilégié ou considérée comme particulièrement importante dans les plans de développement économique et social de la nation peut conclure avec le gouvernement une convention d'établissement lui accordant certaines garanties et lui imposant certains engagements ». Cela permet d'observer, une fois de plus que le droit applicable à l'investissement direct étranger a, pour atteindre les objectifs qui lui étaient assignés, utilisé le droit de la commande publique comme instrument, niant ainsi l'autonomie de celui-ci. En d'autres termes, le droit de la commande publique servait d'appui au droit de l'investissement direct étranger.

29. Au-delà de la convergence ignorée et de la considération de la commande publique comme un simple avantage à octroyer à l'investisseur, le régime s'est davantage enraciné contre les exigences de l'ouverture à la concurrence à partir des textes et même des relations qui ont précédé la naissance de l'État. Cet enracinement a posé les fondements du régime de traitement de l'investissement direct étranger qui a conséquemment empêché l'essor du droit de la commande publique et avec lui, l'éloignement de la rationalisation requise. Cela s'est traduit dans les textes, mais aussi dans les principes qui ont accompagnés la mise en œuvre de ces textes. Par conséquent, la rationalisation en ressort particulièrement difficile à établir. La multiplication d'institutions administratives ayant vocation à construire cette rationalisation ne peut qu'être relativisée et ce, quelle que soit sa portée. Car, ni la création de diverses autorités administratives indépendantes, ni même la délégation de cette tâche à une entité étrangère spécialisée[126] n'a pu redresser le traitement de

[126] Il s'agit de la firme *BECHTEL Intl.*, qui est une firme américaine d'engineering et de gestion de projets, et également une entreprise de construction qui a étendu, en juin 2016, son partenariat avec la République Gabonaise, pour mettre en œuvre un plan d'infrastructures évalués à plus de 25 milliards de dollars. Depuis 1898, cette firme a réalisé plus de 25.000 projets à travers 160 pays sur sept continents, comprenant quatre secteurs principaux, à savoir : les infrastructures, la sécurité et l'environnement du nucléaire, le pétrole, le gaz et la chimie ; (iv) et les mines et les métaux. C'est à cette firme qu'a été déléguée la gestion des marchés des grands travaux

l'investissement direct étranger et restaurer la qualité du régime juridique de la commande publique.

30. De même, les efforts budgétaires[127] ne suffisent pas. En effet, que ces derniers soient particulièrement importants en ce qui concerne notamment la promotion des investissements et des partenariats public-privé[128], en particulier dans les secteurs minier[129], forestier[130], des hydrocarbures[131], dans la gestion de la commande publique en général[132] ou encore dans le fonctionnement des institutions[133] censées en assurer l'application, le régime de traitement demeure fragile. Cette fragilité est par ailleurs manifeste car, même les efforts budgétaires consentis en matière de surveillance et de promotion de la bonne gouvernance[134], n'ont pas encore permis de restaurer le cadre juridique et économique. En conséquence, cela est reflété dans les différents classements déterminant la nature du régime de traitement.

31. Selon l'indice *Mo Ibrahim* de la gouvernance en Afrique (*IIGA*) qui fournit une évaluation annuelle de la qualité de la gouvernance dans les pays d'Afrique, le Gabon s'est classé 23ème sur 54 pays en 2015, et 41ème sur 54 en 2017, avec des scores globaux respectifs de 52.2 et 42.4 sur 100. Il suit de là que le pays, dont le score s'est dégradé de

---

d'infrastructure. Cette délégation n'a toujours pas fait ses preuves dans la rationalisation du régime juridique et institutionnel de la commande publique. Il a d'ailleurs été recommandé de limiter son champ d'intervention, pour faire émerger une compétence locale : Voir Banque mondiale, Rapport final portant sur l'Évaluation du système national des marchés publics suivant la méthodologie révisée "Methodology for Assessing Procurement System" (*MAPS*), vol. 1, juin 2019, p. 31.

[127] Loi n° 014/2019 du 22 janvier 2020 déterminant les ressources et les charges de l'État pour l'année 2020, telle que promulguée par le décret n° 00002/PR du 22 janvier 2020 et contrôlée par la Cour constitutionnelle dans sa décision n° 004/CC du 21 janvier 2020 relative à la requête présentée par le Premier Ministre tendant au contrôle de constitutionnalité de la loi n° 014/ 2019 déterminant les ressources et les charges de l'État pour l'année 2020 : Voir Journal officiel n° 51 *bis* spécial du 23 janvier 2020, p. 1 à 59.

[128] *Ibidem,* p. 38, tableau, points n° 13.519 et 27.518.

[129] *Ibidem,* p. 40, tableau, point n° 16.

[130] *Ibidem,* p. 35, tableau, point n° 10.

[131] *Ibidem,* p. 46, tableau, points n° 24.815 et 24.822.

[132] *Ibidem,* p. 39, tableau, point n° 14.570.

[133] Loi n° 014/2019 du 22 janvier 2020 déterminant les ressources et les charges de l'État pour l'année 2020 : Journal officiel, p. 44. Référence est ici faite, non seulement à la Cour constitutionnelle, à la Cour des comptes, au Conseil d'État. Mais également aux autorités administratives indépendantes et de régulation : Voir loi n° 014/2019 du 22 janvier 2020, Journal officiel, p. 31.

[134] *Ibidem,* p. 33, tableau, point n° 8.358.

+11.2 points depuis 2011, ne fait pas partie des trois (3) pays qui ont amélioré leur score dans les quatre catégories de l'IIGA au cours de la dernière décennie[135]. Bien plus encore, selon l'indice de perception de la corruption de Transparency international, le Gabon a été classé 124ème sur 180 pays en 2018, avec un score de 31 points sur 100, en recul par rapport aux années précédentes. Il est toujours dans la zone rouge depuis 2012 (score inférieur à 50 %), et depuis 2012, le constat d'une détérioration de son score qui est passé de 35 sur 100 en 2012 à 32 sur 100 en 2017[136] est fait. Il était placé au 167ème rang sur un total de 190 pays en 2018 dans le classement *Doing Business*[137], avant d'en occuper le 169ème sur 190 pays en 2019[138].

32. Toutes ces considérations établissent la survivance d'une irrationalité certaine dans le régime de traitement de l'investissement direct étranger et de manière générale, dans le régime qui encadre la commande publique. L'éviction indispensable de cette irrationalité exige fondamentalement que l'étendue de celle-ci soit appréhendée. Il s'agit d'identifier le problème dans sa profondeur, dans son mécanisme de conservation, afin d'éclairer les bases de sa résolution. En d'autres termes, identifier dans le détail, bien loin des déductions générales habituelles, les effets induits par l'enracinement de l'irrationalité dans le régime juridique et institutionnel, permettent d'éclairer la nature et la portée de l'effort de rationalisation à fournir.

---

[135] Banque mondiale, *op. cit.,* § n° 29, p. 28.

[136] *Ibidem.*

[137] Banque mondiale, *Doing Business 2018*. Reforming to Create Jobs. Comparing Business Regulation for Domestic Firms in 190 Economies, p. 4.

[138] Banque mondiale, *Doing Business 2019.* Training for Reform. Comparing Business Regulation for Domestic Firms in 190 Economies, p. 5.

SECTION 2 :
Considérations méthodologiques

33. Les contradictions qui traversent et caractérisent le régime juridique et institutionnel à travers lequel s'opère le traitement de l'investissement direct étranger dans la commande publique appellent à déterminer, au préalable, le champ concerné par la présente étude. Il est alors fondamental d'appréhender et de clarifier les différents secteurs ainsi que les types de contrats et actes concernés par l'étude entreprise. La délimitation du sujet et l'indication des méthodes utilisées (***Paragraphe 1***) permet ainsi de restituer la pertinence et l'intérêt de l'étude qui repose fondamentalement sur la prise en compte plus large des contrats publics. Sans cette délimitation, l'intérêt de l'étude est perdu, d'autant que la séparation jusqu'à présent entretenue entre d'une part, les marchés publics et, d'autre part, les contrats miniers ou encore pétroliers est la source du traitement irrationnel de l'investissement direct étranger. L'étude trouve donc son sens sur une considération large de la contractualisation publique qui permet alors d'étendre le champ des notions même de commande publique et d'investissements directs étrangers.

34. En conséquence, supprimer ou du moins réduire fortement la distinction classique par laquelle le régime juridique se dévoie est la finalité, la perspective ouverte ou du moins mise en évidence par l'étude. Cette approche soulève alors une problématique inédite dans l'action publique économique de l'État dont la réponse, la proposition, la thèse soutenue résulte d'un plan bipartite fondé sur le dépassement non seulement des contradictions, des irrationalités du régime juridique et institutionnel, mais également de l'exclusion des contrats conclus dans les secteurs clés minier, forestier, de l'eau, de l'énergie ou encore des hydrocarbures (***Paragraphe 2***).

PARAGRAPHE 1 :
Délimitation du sujet et méthodes utilisées

35. Le champ d'étude est théoriquement vaste et induit de ce fait des difficultés pratiques potentielles. Ces dernières ne sont pas insurmontables mais pourraient l'être si la démarche visant leur dépassement n'est pas amorcée. Pour déterminer le cadre dans lequel doit s'inscrire cette démarche et éclairer les aspects permettant rigoureusement de la conduire, la délimitation précise du sujet (**A**) ainsi que l'adoption d'une méthode plurielle (**B**) qui prend en compte les racines et les développements les plus récents de l'action publique économique, de la contractualisation publique, éclairent alors le raisonnement et donnent conséquemment la grille de lecture de l'étude.

A. Délimitation du sujet :

36. La présente étude repose sur une approche à la fois extensive et assimilatrice des notions et régimes juridiques d'investissement direct étranger et de commande publique dont les définitions générales méritent d'être immédiatement posées[139] pour éclairer le raisonnement à ce stade. Ainsi, aux termes des traités et accords relatifs à l'investissement conclus par l'État gabonais, la notion d'investissement direct étranger correspond aux « concessions de droit public, y compris les concessions de prospection et d'exploitation[140] » ou encore aux « concessions contractuelles ou de droit public y compris celles relatives à la recherche et à l'exploitation des ressources naturelles[141] ». La notion de commande publique quant à elle correspond à l'ensemble des commandes passées par l'État ou une personne publique en vue de satisfaire ses besoins en matière de travaux, de fournitures ou de services, indifféremment du secteur d'activité concerné[142]. La satisfaction de ces besoins s'opère moyennant des contrats auxquels s'appliquent certains principes : les principes rationnels, autour desquels s'articule l'enjeu de la présente étude[143]. L'imbrication ou la convergence des deux notions exige une méthode d'étude extensive. Extensive parce qu'elle postule pour que soit dépassée la distinction, la séparation des régimes de traitement consacrés et appliqués d'un côté à l'investissement direct étranger et en particulier dans les secteurs clés actuels de l'économie portés par les ressources naturelles. Et de l'autre,

---

[139] Une analyse détaillée et approfondie de ces notions, éléments fondamentaux de la thèse, est opérée *infra* : Voir § n° 395 et suivants.

[140] Accord entre l'Union économique belgo-luxembourgeoise et le Gabon concernant l'encouragement et la protection réciproque des investissements entrée en vigueur le 28 mai 2005, article 1-e.

[141] Accord entre le Gouvernement du Royaume du Maroc et le Gouvernement de la République Gabonaise portant sur la promotion et la protection des investissements, article 1-e.

[142] Voir l'analyse détaillée *infra,* § n° 407 s.

[143] Voir *supra* § n° 22 et suivants.

aux marchés publics[144] et aux concessions relatives aux travaux, à la fourniture ou aux services y compris en matière minière[145], pétrolière[146], forestière[147], hydroélectrique[148] ou encore de représentation[149]. Cette distinction exclut alors les contrats miniers, les conventions d'établissement, les contrats de partage de production. Mais aussi les permis, les autorisations d'exploration et d'exploitation.

37. La présente étude postule pour une approche contraire qui ne serait pas restrictive, mais extensive et inclusive. C'est-à-dire qu'elle s'étendrait aux deux types d'instruments d'action publique économique que sont le contrat ou la convention d'une part, et l'acte administratif unilatéral à travers le permis ou l'autorisation d'autre part, au moyen desquels l'action publique économique est conduite, la commande publique passée et le traitement de l'investissement direct étranger assuré. Ainsi, l'étude menée prend en compte et analyse ces principaux moyens par lesquels l'État s'engage et contracte, soit en engageant les deniers publics immédiatement disponibles. Soit, en engageant les

---

[144] Décret n° 00027/*PR/MEPPDD* du 17 janvier 2018 portant code des marchés publics, article 2, Journal officiel n° 385 *bis* du 15 février 2018 : Il s'agit de l'ensemble des marchés qui peuvent être exécutés par un investisseur direct étranger. Cela inclut alors, marché de clientèle, marché de commande, marché à tranches, marché à lots, marché clé-en-main, marché à prix unitaires, marché à prix forfaitaire, marché à prix mixte, marché à prix provisoire, marché de conception-réalisation, marché de fournitures, marché de prestations intellectuelles, marché de programme, marché sur dépenses contrôlées, le marché de services, marché de travaux, marché de type mixte, contrat-cadre, concours, accords-cadres, les contrats de partenariat public-privé.

[145] Loi n° 017/2014 du 30 janvier 2015 portant réglementation du secteur minier en République Gabonaise, spécifiquement aux articles 3, 147 et suivants : Journal officiel du 29 mai 2015, n° 254 *bis* spécial.

[146] Loi n° 002/2019 du 16 juillet 2019 portant réglementation du secteur des hydrocarbures en République Gabonaise, article 294 : Journal officiel n° 27 *ter* du 22 juillet 2019.

[147] Arrêté n° 00640-08-*MEFEPA* du 08/10/2008, fixant les modalités d'attribution des concessions forestières par adjudication : Voir Journal officiel n° 3, mars 2009, p. 7.

[148] Du 13 juillet 2017 portant désignation du concessionnaire pour la conception, la construction, l'exploitation des aménagements hydroélectriques de *Ngoulemendjim* et de *Dibwangui* : Voir Journal officiel du 24 au 30 août 2017, n° 362 ; Décret n° 00086/*PR/MEE* du 17 mars 2017 approuvant l'Avenant n° 8 relatif à la poursuite de la gestion déléguée du service public de production, de transport et de distribution de l'eau potable et de l'énergie électrique : Journal officiel du 16 au 23 mars 2017, n° 341.

[149] Arrêté n° 14/*MCPMEADS* du 18 mars 2015 fixant les conditions de délivrance de l'agrément relatif aux contrats de concession ou de représentation en République Gabonaise.

deniers publics potentiels tirés de l'exploitation des ressources naturelles. Elle aboutirait alors à l'assimilation. Celle-ci consisterait à rassembler les moyens de l'action publique économique sous un régime commun qui en garantisse l'attractivité et l'utilité pour l'État et l'intérêt général.

38. Constituent alors les deux bornes limitatives de la présente étude, les notions d'investissement direct étranger et de commande publique. Mais aussi les régimes juridiques rattachés à celles-ci et précisément les principes consacrés et les mécanismes de traitement appliqués, incluant conséquemment et nécessairement les institutions chargées de leur mise en œuvre[150]. En conséquence, l'étude menée s'étend aux notions d'investissement direct étranger, de commande publique, à leurs fondements qui peuvent être de nature politique, économique, voire monétaire. Elle s'étend également aux principes et mécanismes juridiques utilisés pour en assurer la mise en œuvre ainsi qu'aux institutions compétentes, chargées de l'application desdits principes et mécanismes. Elle exclut en revanche, les procédures d'appels d'offres qui sont notamment mises en œuvre dans les secteurs clés concernés. Car celles-ci se situent dans un cadre qui reste certes à consolider, mais qui n'en demeure pas à *minima* rationalisé en ce que déjà inscrit dans la perspective de rationalisation escomptée. À l'inverse, elle s'intéresse fondamentalement aux procédures, aux mécanismes appliqués dans lesdits secteurs, dont le régime juridique et institutionnel s'oppose et évince les principes et procédures rationnels de la commande publique. Elle s'intéresse à ces régimes d'exception qui s'avèrent finalement, par leur récurrence, leur constance et leur ancrage, être des régimes de principe, tout au moins des régimes prépondérants.

B. Méthodes utilisées :

39. La conduite de la présente étude s'appuie fondamentalement sur l'observation et l'analyse des faits, pratiques et consécrations juridiques qui concernent tant le traitement de l'investissement direct étranger que la commande publique, afin d'en tirer les conséquences. C'est-à-dire, des perspectives nouvelles, différentes, voire opposées aux usages et régimes appliqués jusqu'à lors, pour en dégager une principale orientation qui pourrait être perçue comme une refondation du régime juridique et institutionnel. Partir d'observations et des analyses de

[150] Cet aspect fait l'objet d'une étude approfondie dans un autre ouvrage à paraître.

celles-ci pour tirer la nécessité, voire l'impérativité d'une règle générale, d'une perspective principale et principielle rend utile le recours à une approche inductive (**1**). Et pour restituer le sens entier de celle-ci, s'impose conséquemment la prise en compte des faits, pratiques et consécrations juridiques sur une période étendue et dans les différents secteurs d'activité concernés.

40. Cela implique la prise en compte de l'évolution spatio-temporelle du traitement de l'investissement direct étranger dans la commande publique. Cette étude emprunte alors une approche généalogique ou chronologique (**2**), sans pour autant succomber à l'exégèse des textes. Et pour en vérifier l'applicabilité et inscrire la perspective proposée dans la globalisation des échanges et du droit qui est inévitable et nécessaire en tant qu'elle permet d'éviter à la fois toute rupture avec le droit d'autres États, *a fortiori* avec le droit international des investissements et spécifiquement avec les attentes des opérateurs économiques, est alors utilisée une approche comparative (**3**) tant sur le plan juridique qu'institutionnel et la présente étude tire par-là même l'une de ses principales caractéristiques.

2. Une approche inductive :

41. Le régime juridique et institutionnel appliqué à l'investissement direct étranger dans la commande publique conduit, après analyse et observation à dépasser la « loi de Hume[151] » qui revendique la séparation des faits et des valeurs. En effet, cette loi pose l'impossibilité de procéder à des inférences logiques entre les faits, c'est-à-dire, ce qui est, et les valeurs, c'est-à-dire ce qui doit être. Bien qu'elle soit admise comme méthode d'élaboration du droit[152], cette loi succombe dans la présente étude à l'évidence que le droit est un produit social[153] qui trouve la source de son amélioration dans l'observation du droit positif[154]. Le dépassement rationnel des formalismes juridiques[155] n'est possible qu'après observation de l'inefficacité du régime consacré et

---

[151] HUME David, Traité de la nature humaine, Paris, Aubier, 1946 : http://classiques.uqac.ca/classiques/Hume_david/traite_nature_hum_t3/hume_traite_nature_hum_t3.pdf, Livre III, Partie I, Section I, p. 109.
[152] CHAMPEIL-DESPLATS Véronique, Méthodologies du droit et des sciences du droit, Dalloz, 2014, pp. 112- 113.
[153] *Ibidem,* p. 171.
[154] BATIFFOL Henri, La philosophie du droit, 1960, PUF, Paris, p. 16.
[155] CHAMPEIL-DESPLATS Véronique, précitée, p. 187.

mis en œuvre et permet de transcender la négation du progrès et du sens de l'histoire. Cela permet d'éviter, comme l'a indiqué Léon Duguit qui a qualifié de « méthode déplorable[156] », le fait de dédaigner les faits et tenter « de les faire entrer de force dans des cadres arrêtés d'avance[157] ».

42. Alors, contrairement à l'approche déductive qui, fondée sur des principes établis d'avance[158] se borne à en tirer des conséquences et conclusions, l'approche inductive permet à la présente étude de prendre en compte l'évolution du régime juridique et institutionnel gabonais tant dans ses circonvolutions que dans ses restructurations cohérentes, afin de dégager une perspective qui ne soit, ni la répétition des irrationalités consacrées dans les codes et lois antérieurs, ni la proposition d'un dogme nouveau. Au contraire, le régime de traitement de l'investissement direct étranger a une histoire en droit gabonais. Celle-ci permet d'éclairer les analyses qui peuvent en être faites, d'en évaluer la pertinence et l'efficacité. En cas d'impertinence et d'inefficacité, d'en tirer les conséquences et de formuler à partir de ces prémices infructueuses, des principes qui permettraient d'adapter le régime juridique aux ambitions de l'État et aux exigences de ses partenaires et cocontractants. Cette approche éclaire et identifie les bases de « déploiement d'un différencialisme adaptateur[159] », qui n'est alors pas la négation de la tendance à l'universalisme qui marque le droit. Par conséquent, la proposition n'est pas formulée uniquement à partir du sens des textes eux-mêmes[160]. Elle l'est aussi non seulement à partir de la fonction et de la finalité des textes[161], mais également à partir du sens conféré par les institutions, notamment les juges[162].

43. Ainsi, le régime de traitement de l'investissement direct étranger dans la commande publique est lui-même la source de la solution proposée. Car, celle-ci est construite à partir des failles et irrationalités qu'il dégage et qu'il a dégagé dans le temps et dans les différents secteurs d'activité concernés par la présente étude. Par l'approche inductive, la proposition faite risque moins d'être en déphasage avec la

---

[156]DUGUIT Léon, « Le droit constitutionnel et la sociologie », RIE 1889, p. 4 à 5, consulté sur http://gallica.bnf.fr/ark:/12148/bpt6k5455007s.

[157] *Ibidem.*

[158] *Ibidem.*

[159] BUI-XUAN Olivia, Le droit français entre universalisme et différencialisme, Economica, 2004, p. 281.

[160] CHAMPEIL-DESPLATS Véronique, précitée *supra* § n° 41, p. 384.

[161] *Ibidem,* p. 387

[162] *Ibidem,* p. 390.

réalité du régime juridique et institutionnel, d'autant que les perspectives qu'elle permet d'ouvrir sont inhérentes aux fondements même du régime. Cette approche requiert une analyse à la fois large des sources du régime de traitement et une étude approfondie des pratiques qui le mettent en œuvre. Cela étend immanquablement le sens de la norme qui n'est alors plus que formelle, mais aussi informelle et n'en demeure pas moins source de normativité du traitement de l'investissement direct étranger et de la commande publique. Feindre cet aspect ferait succomber la présente étude à l'incapacité à saisir l'intégralité de la norme juridique, mais aussi la norme de fait qui est elle-même souvent favorisée par la nature et les insuffisances de la norme juridique formelle. Cela confirme alors l'existence d'un « positivisme par-delà les normes[163] » qui peut justifier « le passage de la théorie structurelle à la théorie fonctionnelle qui est également le passage d'une théorie formelle à une théorie sociologique[164] ».

44. Apparaît ainsi dans l'approche inductive la nécessité de connaître la réalité et la complexité du champ d'étude qui lui confèrent en retour, une certaine pluridimensionnalité[165]. C'est tout le sens du choix de cette approche qui explique et expose mieux l'état du régime juridique et institutionnel au moyen duquel s'opère le traitement de l'investissement direct étranger dans la commande publique. C'est un régime complexe traversé et rythmé par des contradictions qui imposent de le décomposer et de le recomposer[166].

---

[163] *Ibidem,* p. 120 à 122.

[164] BOBBIO Norberto, De la structure à la fonction, Paris, Dalloz, 2012, p. 36.

[165] *Ibidem,* p. 168.

[166] *Ibidem,* p. 297.

2. Une approche généalogique :

45. Le passé peut être source de normes juridiques[167], de leur légitimité[168] et même de leur fragilité[169]. Prendre en compte la chronologie ou la généalogie du régime juridique et institutionnel au moyen duquel le traitement de l'investissement direct étranger est opéré n'est qu'une conséquence directe de l'approche inductive ci-avant retenue et exposée. En effet, dès lors que l'approche inductive postule à la formulation d'une perspective nouvelle, différente, susceptible de permettre le dépassement des irrationalités consacrées ou mises en œuvre dans le traitement de l'investissement direct étranger et la gestion de la commande publique, cette approche requiert que le régime sur lequel s'appuie ledit traitement soit appréhendé, qualifié, défini. Cela n'est alors possible qu'après une étude des fondements et déclinaisons de ce régime et une prise en compte de leur évolution dans le temps et dans les secteurs d'activité concernés par l'étude menée. Ainsi, la méthode inductive implique la méthode chronologique qui permet de maîtriser les racines ainsi que l'étendue du régime de traitement de l'investissement direct étranger dans la commande publique.

46. C'est la raison pour laquelle, tant les premiers textes spécifiquement réservés à l'investissement direct étranger, adoptés par l'État dès son accession formelle à l'indépendance, et même les relations nouées sur le plan coopérationnel qui sont de nature à influencer par leur portée le traitement réservé aux investisseurs directs étrangers, même s'il ne s'agit que de certains d'entre eux, que les textes les plus récents, sont pris en compte. Car, ensemble, ces références établissent le sens de l'histoire du droit gabonais sur l'aspect particulier traité dans la présente étude. Ce sens qui, après observation, permet de qualifier et de déterminer la nature du régime juridique consacré et mis en œuvre, fait partie intégrante de la solution proposée. Ce sens est consubstantiel à la proposition formulée et justifie ainsi le raisonnement inductif utilisé ; d'autant que ce dernier a comme base, l'évolution défaillante du régime juridique et institutionnel au moyen duquel s'effectue le traitement de l'investissement direct étranger dans la commande publique.

---

[167] MACAYA LIZANO Ariana, Histoire, mémoire et droit : les usage juridiques du passés, Thèse, Droit, Université de Paris 1 Panthéon Sorbonne, 2014, p. 337.
[168] *Ibidem,* p. 231.
[169] *Ibidem,* p. 595.

47. Ainsi, par l'étude de la généalogie du droit adopté en matière de traitement de l'investissement direct étranger, sont facilitées les grilles de compréhension des rapports entre l'investissement direct étranger et la nature du traitement qui lui est appliqué et qui lui a longtemps été appliqué, tous les secteurs d'activité concernés par cette étude confondus. L'approche généalogique ou chronologique n'est d'ailleurs pas nouvelle et encore moins spécifique à la présente étude. Elle a pu servir de base à l'émergence du droit de la commande publique en permettant d'étudier le développement tant de l'objet que des parties dans les marchés publics[170]. Elle a alors permis de poser les bases d'un dépassement de la conception classique de la contractualisation publique en s'appuyant sur la chronologie des textes, des pratiques pour formuler une autre, susceptible de donner davantage de cohérence au régime juridique et institutionnel adopté. Par elle, certaines contradictions sont mises en évidence, la justification de certaines réformes éclairée, la timidité ou encore les hésitations face à certaines pratiques, expliquée. De cet ensemble de considérations résulte l'importance d'étudier le régime dans ses aspects majeurs qui sont à la fois d'ordre historique, conceptuel, institutionnel, juridique et économique.

3. Une approche comparative :

48. Comparer peut être source d'erreur, voire d'imperfection[171], d'autant que cela peut soulever des difficultés dont l'ignorance risque de conduire aux contresens les plus graves. Pour autant, il faut reconnaître que la question de la commensurabilité des droits se pose[172]. Elle est à la source de réformes juridiques majeures, voire des différents profils que prend la mondialisation du droit[173] et des études comparées ont bien souvent été à l'origine de changements juridiques structurels,

[170] KALFLÈCHE Grégory, Des marchés publics à la commande publique : L'évolution du droit des marchés publics, Thèse, Droit, Université Panthéon-Assas Paris 2, 2004, 765 p.

[171] LEGRAND Pierre, Le droit comparé, PUF, 2009, Que sais-je ?, 3ème éd., 2009, pp. 31-32.

[172] GLENN H. Patrick, « Legal Traditions of the World, Sustainable Diversity in Law », Oxford University Press, 2ème éd., 2004, p. 44 et suivantes.

[173] HALPERIN Jean-Louis, Profils des mondialisations du droit, Dalloz, 2009.

notamment en matière contractuelle[174]. En empruntant l'approche comparative, la présente étude vise deux finalités essentielles. Il s'agit d'une part, de souscrire à la convergence des principes et des procédures drainée par la globalisation du droit. Surtout, dès lors qu'il est manifeste que l'économie gabonaise est encore principalement animée par les investisseurs directs étrangers et que ces derniers sont ceux qui répondent de manière prépondérante à la commande publique, *a fortiori* dans les secteurs clés des mines, des hydrocarbures ou encore de l'exploitation forestière. À cet effet, devient alors utile, la vérification des propositions formulées dans d'autres régimes qui ont déjà expérimenté les étapes dans lesquelles se situe le cas gabonais. Par la comparaison, certaines consécrations et pratiques peuvent s'avérer particulièrement efficaces. D'autres, à l'inverse, peuvent être des voies sans issues favorables, qu'il importe alors d'éviter. La deuxième finalité est, d'autre part, la pertinence des choix faits dans la construction du régime juridique et institutionnel. L'approche comparative sert alors non pas de miroir, mais de vitrine.

49. En prenant en compte d'autres régimes, elle permet de comprendre certains changements, certains abandons, certaines abrogations dont les motivations peuvent utilement éclairer la construction du régime juridique et institutionnel gabonais. Mais sans s'y fondre systématiquement et éviter de succomber aux méandres du mimétisme qui peine souvent à produire un métissage utile[175], l'approche comparative permet néanmoins d'éclairer la pertinence des textes adoptés, des réformes entamées ou refoulées, des méthodes utilisées ailleurs pour répondre aux problématiques similaires ou proches de celle traitée dans la présente étude. Ainsi, une étude comparée est menée, au besoin, dans d'autres régimes juridiques et institutionnels, notamment français[176], camerounais, congolais ou encore ivoirien. Il s'agit de références utilisées en raison, non seulement de certains héritages historiques pouvant se traduire par le recours à la

---

[174] USINIER Laurence, « Le rapport Doing Business 2012, la concurrence des systèmes juridiques et l'attractivité du droit français des contrats », Revue des contrats, 1er avril 2021, n° 2, p. 575.

[175] LE ROY Etienne, Les Africains et l'Institution de la Justice : Entre mimétismes et métissages, Dalloz, 2004, 284 p.

[176] Le droit français constitue une base de comparaison majeure dans la présente étude et sa doctrine y est conséquemment exploitée.

transposition[177] ou encore par choix contractuel explicite[178]. Mais également, par la convergence due à l'appartenance à certaines organisations à incidence juridique telles que l'Organisation pour l'harmonisation en Afrique du droit des affaires (*OHADA*), la Communauté des économique et monétaire des États de l'Afrique centrale, (*CEMAC*). La comparaison sert ainsi de support de vérification des propositions formulées et de la possibilité d'adopter, de transposer éventuellement les exemples pertinents.

PARAGRAPHE 2 :
Problématique, thèse soutenue et plan :

50. Au regard des considérations contextuelles qui caractérisent le régime juridique et institutionnel au moyen duquel s'opère le traitement juridique de l'investissement direct étranger dans la commande publique, émerge la problématique (**A**) à laquelle la présente étude propose une réponse, fait une proposition à travers la thèse soutenue (**B**) exposée dans un plan bipartite.

A. Problématique :

51. L'ouverture à la concurrence est désormais, textuellement un fait, une réalité consacrée. Cependant, ce fait reste dépourvu d'une pleine effectivité. Ce défaut d'effectivité est tiré de ce que le cadre économique est effectivement constitué d'investisseurs directs étrangers d'origine diverses et de plus en plus nombreux. Mais tous ces investisseurs ne sont pas traités avec la même rigueur. Certains bénéficient des avantages de l'irrationalité née de la discrétion qui prévaut encore dans le traitement de la commande publique. D'autres sont soumis aux exigences rationnelles du régime normatif. Cette divergence de traitement relativise et ralentit les objectifs d'efficacité,

---

[177] PANGOU-TATY Alphonse, La transposition de la justice administrative française dans les pays d'Afrique noire francophone, Thèse, Droit, Université Paris 12, 2004, 708 p.

[178] L'État gabonais fait souvent explicitement le choix de soumettre les différends qui l'opposent aux investisseurs directs étrangers au droit français. Celui-ci peut être le droit applicable au fond. C'est notamment le cas dans l'affaire tranchée par la Chambre de commerce international, Paris, arbitrage CCI n° 22841/DDA du 19 septembre 2018, *Enka Insaat Ve Sanayi A.S c./ République Gabonaise et Agence nationale des Grands Travaux* : Voir sentence, p. 44, point n° 197 et 198.

d'attractivité et de rationalité escomptés. Comment l'État gabonais peut-il atteindre ses objectifs à travers l'investissement direct étranger qui répond à sa commande publique ?

B. Thèse soutenue et plan :

52. L'atteinte des objectifs d'efficacité, d'attractivité est liée à l'enjeu identifié. En effet, c'est en rationalisant le régime juridique dans ses principes de traitement que les objectifs fixés peuvent être atteints. Le maintien de la contradiction principielle doit donc être dépassé, évincé. La discrétion doit être évincée du régime juridique et faire place aux principes rationnels de la commande publique qui requièrent la transparence, la mise en concurrence préalable des investisseurs ainsi que leur traitement égalitaire. Les privilèges et traitements préférentiels au profit de certains investisseurs doivent alors être supprimés, évincés. Cette éviction ne peut se faire que si les institutions étatiques compétentes mettent en œuvre leurs compétences, conformément aux principes rationnels de la commande publique. La solution est donc fondamentalement institutionnelle[179]. Bien qu'elle implique des consolidations sur le plan juridique.

53. La solution est la rationalisation fondamentalement institutionnelle et accessoirement juridique, du régime de traitement. Car, l'analyse du régime permet d'établir à la fois un dynamisme des principes rationnels[180] et une survivance des principes irrationnels. Autrement dit, le régime sur le plan normatif est relativisé. Il est incohérent. Sa mise en cohérence doit donc être consolidée. C'est à cet effet que doit intervenir la participation des institutions nationales compétentes. Car, bien qu'existantes, certaines plus anciennes que d'autres, les institutions parmi lesquelles le juge, qui, au regard de ce que la capacité des candidats à un marché public doit « obligatoirement et nécessairement[181] » être contrôlée, ont compétence pour rationaliser le traitement juridique de l'investissement direct étranger dans la commande publique en contrôlant les décisions des acheteurs

---

[179] Cet aspect fait l'objet d'un traitement approfondi dans un ouvrage à paraître.

[180] Cet aspect est traité dans un autre ouvrage à paraître.

[181] LE FUSTEC Yvonnick, « L'examen obligatoire et nécessaire de la capacité des candidats à un marché public », Contrats publics n° 201, Septembre 2019, pp. 18-22.

publics[182], restent murées dans un certain mutisme, voire dans un mutisme certain. Or, la rationalisation du dispositif normatif par lequel s'opère le traitement de l'investissement direct étranger exige le dépassement de la relativité des principes juridiques de traitement.

54. L'État pourrait donc atteindre ses objectifs d'efficacité et d'attractivité par la rationalisation. Celle-ci ne peut être atteinte que si les fondements de l'inefficacité normative sont dépassés. Ce dépassement est possible d'autant qu'il existe dans le régime, des fondements de l'efficacité normative à consolider. Cet effort de rationalisation juridique doit impérativement être complété sur le plan institutionnel[183]. Le présent ouvrage se borne à exposer les bases de la démarche de rationalisation en éclairant sur la normativité du régime juridique.

55. Car, cette dernière est inefficace parce que fortement relativisée dans la commande publique. Et ce, malgré la codification[184] des origines constitutionnelles de cette matière, régulièrement connues des juges, soit sous l'angle du traitement équitable[185], de la non-discrimination[186], même potentielle[187] ; soit sous l'angle de l'égalité[188] en générale ou de l'égalité d'accès[189] en particulier ; tous ces principes étant regroupés dans le principe de la légalité républicaine[190]. Les juges ont même relevé que lorsque plusieurs candidats sont en compétition, « les manœuvres, de complaisance ou de négligences coupables, ou

---

182 PEYRICAL Jean-Marc, CAILLOSSE Pierre, « Le juge et l'appréciation des candidatures dans le cadre de la commande publique », Contrats publics n° 201, Septembre 2019, pp. 70-74.

183 Cet aspect fait, comme indiqué précédemment, l'objet d'un traitement approfondi dans un ouvrage à paraître.

184 CLAMOUR Guylain, « La codification des principes constitutionnels dans le Code de la commande publique », Revue des contrats, 12 décembre 2018, n° 04, p. 652.

185 Cour constitutionnelle gabonaise, 28 février 1992, Décision n° 001-CC *sur la loi 14/91 du 24 mars 1992 portant organisation et fonctionnement du Conseil national de la communication*, 1er Bulletin de l'ACCPUF, septembre 1998.

186 *Ibidem.*

187 Cour constitutionnelle gabonaise, 28 janvier 1993, Décision n° 0002-CC *sur le décret n° 2056/PR/MDNSI du 27 novembre 1992 fixant les modalités de délivrance et de renouvellement de la carte nationale d'identité*, § n° 21.

188 Cour constitutionnelle gabonaise, 28 février 1992, Décision n° 001-CC précitée.

189 *Ibidem.*

190 Cour constitutionnelle gabonaise, 28 janvier 1993, Décision n° 0002-CC précitée, § n° 22.

d'excès de zèle[191] » de la part d'institutions publiques au profit de l'un des candidats, sont contraires au principe constitutionnel d'égalité. Pourtant, malgré l'adoption de la loi, l'administration et les sociétés pétrolières négocient les termes fiscaux, dans l'indifférence des représentants des contribuables, tant dans le cadre de conventions d'établissement que des contrats de partage de production, alors même que ces termes fiscaux négociés entachent le climat des investissements, créant ainsi un jeu inégal[192] et une dépréciation du régime juridique et institutionnel dans son ensemble. La normativité du régime juridique de traitement de l'investissement direct étranger dans la commande publique est ainsi relativisée et rendue inefficace. Elle est placée « sous le signe du paradoxe et de l'étrangeté[193] ».

56. Cette relativité, cette inefficacité est due au fait que ce régime de traitement rassemble des contradictions. Celles-ci neutralisent le plein effet des changements rationnels amorcés[194]. En effet, le régime de gestion de la commande publique est dépourvu de son efficacité, de son attractivité et de sa profitabilité d'intérêt général au regard de ce qu'il est structuré d'une part, par la survivance de l'irrationalité née de la discrétion ; d'autant que celle-ci favorise les traitements privilégiés et préférentiels, les avantages et diverses lourdeurs administratives induites par le pouvoir discrétionnaire de l'administration qui gère indument la commande publique des secteurs clés, en « bon père de famille[195] », sans se sentir pleinement et fermement liée par une exigence de transparence, de mise en concurrence ou encore de traitement égalitaire des investisseurs directs étrangers. Il est animé, d'autre part, par l'insertion dynamique de la rationalité induite par les principes de la commande publique qui requièrent transparence, mise en concurrence préalable des investisseurs ainsi que leur traitement égalitaire. Le traitement de la commande publique est ainsi traversé par ce paradoxe qui finit par neutraliser les effets engendrés par les principes rationnels. Ainsi partagé entre des régimes de traitement fermement opposés et contradictoires, les principes de traitement se

---

[191] Cour constitutionnelle gabonaise, 3 décembre 1993, Décision n° 023-93-CC *sur l'arrêté n° 002373/PM/PRACOM/PT du 4 novembre 1993 fixant la répartition du temps d'antenne et de l'espace d'insertion dans les médias de l'État pendant la campagne pour l'élection présidentielle de décembre 1993*, § n° 11.
[192] ESSONO OVONO Alexis, *op. cit., supra,* § n° 19, pp. 12-13.
[193] *Ibidem,* pp. 11.
[194] Cet aspect est conséquemment traité dans un second ouvrage à paraître.
[195] SUDRES Nelly, *op. cit., supra,* § n° 3.

relativisent. Le régime en ressort alors incohérent. L'inefficacité prévaut. Pour atteindre ses objectifs d'attractivité, d'efficacité, l'État doit alors rationaliser son régime principiel de traitement dans la commande publique. Pour y parvenir, il serait utile de consolider l'insertion des principes rationnels dans le régime.

57. Consolider implique qu'il y ait au préalable une amorce, un commencement visant ou tendant vers un objectif particulier. Et dans le régime gabonais, au-delà de l'enracinement de la discrétion[196], il émerge une dynamique constante qui tend vers la rationalisation du traitement de l'investissement direct étranger[197]. Cette dynamique est éparse en ce qu'elle s'adapte elle-même à la dispersion du régime normatif. En effet, lorsqu'en 1998 l'État abroge son code des investissements[198], il fait le choix de consacrer un régime dispersé dans l'ensemble de la législation. Il renonce à un régime concentré dans un code principal. Il fait le choix de régir le traitement de l'investissement

---

[196] La discrétion est consacrée dans le régime de l'action publique économique et dans la gestion de la commande publique depuis les premiers textes relatifs à l'investissement direct étranger. C'est ce qui ressort également de l'observation de la Commission des Communautés européennes quelques trois ans après l'adoption de l'Ordonnance n° 21/67 du 23 mars 1967 modifiant les dispositions de la loi n° 55/61 du 4 décembre 1961 portant code des investissements en République Gabonaise. Elle a observé que l'examen de l'ensemble des codes des investissements des États africains et malgache associés (*EAMA*), parmi lesquels celui du Gabon, fait ressortir que ces textes constituent de manière constante une législation très souple, qui réserve de larges possibilités aux différents gouvernements pour rechercher, au cas par cas, un arrangement particulier, satisfaisant avec les promoteurs, avec les investisseurs. Au besoin, les conventions d'établissement confèrent la possibilité d'étendre les dispositions légales en faveur de l'investisseur au-delà même des limites définies par les divers régimes du code. À cet effet, la Commission conclut qu'il était, *in fine*, possible de soutenir qu'en dernier ressort, c'est l'intérêt qu'un gouvernement ressentait pour un projet qui déterminait les avantages que celui-ci accordait à l'investisseur. Ce constat relevait ainsi l'orientation choisie par l'État. Ce dernier a en cela fait le choix de déterminer le traitement qu'il appliquerait à l'investisseur aux termes d'une négociation directe avec ce dernier. S'écartant des consécrations textuelles, l'État a forgé et ancré le traitement de l'investissement direct étranger en s'appuyant sur la pratique administrative, sur le pouvoir discrétionnaire de l'administration ayant toute compétence pour déterminer et arrêter au gré de ses sensibilités, le traitement applicable : Voir Commission des communautés européennes, Direction générale de l'aide au développement, Direction de la politique et des études de développement, codes des investissements des États africains et malgache associés, situation au 30 septembre 1971, introduction, dernier §.

[197] Cet aspect est traité dans un autre ouvrage à paraître.

[198] Loi n° 15/98 du 23 juillet 1998 instituant la charte des investissements en République Gabonaise : Voir Journal officiel n° 8 *bis*, août 1998, p. 5.

direct étranger selon les spécificités des différents secteurs d'activité. Par ce choix, le traitement de l'investissement direct étranger se retrouve non seulement et notamment, dans les codes des marchés publics, dans le code général des impôts, dans les textes régissant la concurrence, dans la charte des investissements ou encore dans le décret d'application de celle-ci. Il est également étendu à la législation des différents secteurs clés, minier, forestier, de l'eau, de l'énergie ou encore des hydrocarbures. Contrairement à d'autres États qui ont conservé l'usage d'un code spécifique, pour l'État gabonais, la protection de l'investissement direct étranger et l'attractivité du régime peuvent être garanties sans un code spécifique des investissements.

58. Ainsi, bien qu'il ne soit plus fait référence à un code particulier, chaque investisseur est soumis aux textes qui encadrent son activité dans l'ensemble du régime normatif. Les textes relatifs au pétrole et aux hydrocarbures encadrent toute activité relative à ce secteur. Il en va autant pour les mines, la forêt et le reste des secteurs. Par conséquent, le traitement doit être particulièrement organisé par chaque législation sectorielle, en dépit des renvois qui peuvent accessoirement être faits aux textes de portées plus générales, tels que le code général des impôts, le code des marchés publics. Toutes ces législations et réglementations sectorielles se rejoignent néanmoins sur un point fondamental : celui de garantir le traitement dû à chaque investisseur dans le nouveau cadre imposé par l'ouverture à la concurrence. Le défi de ce régime dispersé en plusieurs textes est alors de consacrer et de garantir un traitement similaire, univoque. Certes, les textes doivent s'adapter aux spécificités de chaque secteur, mais pour autant, ils doivent réserver aux différents investisseurs un traitement similaire, un traitement qui permette d'instituer l'émergence d'un certain profil à partir duquel le régime pourrait être favorablement défini.

59. Par analogie, il s'agirait de faire émerger un profil clair comme celui que consacraient l'ordonnance n° 21/67 du 23 mars 1967 et la loi n° 55/61 du 4 décembre 1961 portant code des investissements en République Gabonaise avant elle. C'est-à-dire, un régime orienté vers un traitement précis qui était certes inadapté pour le cas de ces deux anciens textes, en ce qu'excessif et dispendieux, mais qui avait le mérite de donner un profil à partir duquel le régime juridique pouvait être défini. Car, ces deux anciens textes avaient la particularité d'être clairs : ils consacraient un régime de traitement fondé sur l'incitation excessive de l'investissement direct étranger, moyennant des régimes divers de privilèges, d'avantages, de traitements préférentiels. Ils donnaient alors au régime un profil incitationnel animé par la discrétion et la négociation des traitements de gré à gré. C'était le régime de principe.

60. Désormais, bien que la nature du traitement soit en cours d'inversement, il s'agit néanmoins de consacrer un traitement qui soit à la fois attractif, ouvert à la concurrence et mette en évidence que toute dispense générale ou partielle injustifiée aux obligations de publicité et de mise en concurrence est contraire aux principes du droit de la commande publique[199] et reste conséquemment sanctionnée. Car, non seulement la dispense générale de procédures concurrentielles ne signifie pas totale liberté dans la passation[200] de la commande publique, mais aussi et surtout que tous les marchés publics restent soumis aux principes d'égalité et de transparence[201]. Cela permettrait d'intégrer que les principes généraux posés à l'article 5 du code des marchés publics[202], c'est-à-dire, la liberté d'accès à la commande publique, l'égalité de traitement des candidats et la transparence des procédures sont applicables à l'ensemble des marchés publics. Il s'agira d'un rappel[203] constant, d'une « nouvelle posologie[204] » qui ne saurait manquer d'encadrer les contrats de concession, d'autant que ces derniers sont dans le « patrimoine génétique[205] » de la commande publique.

61. Derrière la diversité des textes doit donc émerger le profil d'un régime juridique fondé sur la concurrence des investisseurs directs étrangers. Un régime fermement opposé à la discrétion, aux avantages préférentiels injustifiés, à la prévalence du pouvoir discrétionnaire de

---

[199] Conseil d'État français, 7ème et 2ème sous-sections réunies, 10 février 2010, n° 329100, *M. Perez*, publié au recueil Lebon.

[200] CAR Jean-Christophe, « Une dispense générale aux obligations de publicité et de mise en concurrence est contraire aux principes du droit de la commande publique », Petites affiches, 18 mars 2010, n° 55, p. 8.

[201] Conseil d'État français, Section du Contentieux, 30 janvier 2009, n° 290236, *ANPE*, publié au recueil Lebon.

[202] Décret n° 00027/PR/MEPPDD du 17 janvier 2018 portant code des marchés publics en République Gabonaise : Journal officiel n° 385 *bis* du 15 février 2018, pp. 1-37.

[203] NOGUELLOU Rozen, « Tous les marchés publics sont soumis aux principes d'égalité et de transparence », L'essentiel Droit des contrats, 1er avril 2009, n° 04, p. 4.

[204] KAMAL-GIRARD Mathilde, « Nouvelle posologie pour un remède ancien : l'autonomisation de la libre concurrence dans son versant subjectif », Gazette du Palais, 18 février 2020, n° 07, p. 26.

[205] AKOKA Fanette, « Le contrat de concession dans le patrimoine génétique de la commande publique », Petites affiches, 2 septembre 2019, n° 175, p. 9.

l'administration. Dès lors, l'ensemble des textes de chaque secteur de la commande publique doit converger pour que l'ouverture à la concurrence prévale et que le régime juridique soit perçu tant sur la forme que sur le fond, comme un régime concurrentiel. Les réglementations de tous les secteurs concernés doivent à leur tour converger pour consolider ce profil. Cette convergence mettrait ainsi en cohérence les textes, les secteurs et le régime juridique dans son ensemble. Cela poserait un cadre ouvert, accessible à tous les investisseurs, qui susciterait la confiance des investisseurs directs étrangers et davantage d'efficacité dans la gestion de la commande publique, des secteurs clés et de l'action économique de l'État. La dynamique amorcée dans l'insertion des principes rationnels doit alors être sauvegardée.

62. Pour ce faire, cette dynamique doit s'établir dans l'ensemble du traitement, en commençant fondamentalement par les principes rationnels, desquels découleraient aussi des procédures rationnelles. En d'autres termes, le régime juridique doit consacrer des principes rationnels qui doivent se traduire par des procédures de mise en œuvre toutes aussi rationnelles. Il s'agit d'un impératif. Il l'est d'autant plus que des résistances, des piliers d'irrationalité subsistent. L'ouverture à la concurrence amorcée dans les normes devrait donc être consolidée. Cette consolidation consisterait en une extension des principes et procédures rationnels dans les textes. En conséquence, et à l'inverse, la survivance des principes et procédures rattachés à l'irrationalité née de la discrétion devraient être évincés de la commande publique, particulièrement dans la gestion des secteurs clés. C'est alors que sera amorcé le dépassement nécessaire de la relativité et de l'inefficacité normative. Celle-ci est donc le fait pour l'État de consacrer un régime de traitement ambivalent, dispersé entre rationalité et irrationalité. Cette dernière doit être évincée au profit d'un traitement rationnel fondé sur la mise en concurrence, la transparence, le traitement égalitaire des investisseurs directs étrangers.

63. Cela éviterait que l'administration et les entreprises continuent de conclure des contrats pétroliers dans la discrétion et l'indifférence des représentants des contribuables[206], « privent de garanties légales les exigences constitutionnelles inhérentes à l'égalité devant la commande publique, à la protection des propriétés publiques et au bon usage des

[206] ESSONO OVONO Alexis, *op. cit.*, § n° 19, p. 12.

deniers publics[207] » ; d'autant plus qu'il est établi que cela détériore le climat des affaires[208] et induit diverses lourdeurs qui évincent à la fois la perspective de rationalisation requise du traitement de l'investissement direct étranger et la gestion de la commande publique. Le dépassement est donc une démarche fondée sur un véhicule normatif[209] inédit qui pourrait sans grand doute susciter un débat[210], mais ne manquerait pas d'apporter la rationalisation requise dans la formation et l'exécution des contrats de la commande publique, en induisant notamment de nouvelles pratiques[211].

64. Il est ainsi clair que la rationalisation et l'efficacité du régime juridique passent par la rationalisation des textes. Elle s'appuie sur la tendance lente, mais constante de ces derniers. En effet, l'ensemble de la réglementation des secteurs clés et de la commande publique, en particulier celle relative aux marchés publics, établit une convergence vers les principes qui renforcent l'ouverture à la concurrence de l'ensemble de l'économie. Cette convergence émane de l'évolution de l'ensemble de la réglementation qui ne réserve plus, *stricto sensu*, les principes généraux[212], fondamentaux[213], directeurs[214] de la commande publique souvent perçus comme essentiels[215], uniquement aux seuls marchés publics, concessions et marchés de partenariat. Au contraire, ces principes s'étendent progressivement aux secteurs clés qui en ont longtemps été fermés. La commande publique des marchés publics n'est plus celle qui subit l'insertion de la discrétion rattachée au

---

[207] Conseil constitutionnel français, DC, 26 juin 2003, n° 2003-473, *Loi habilitant le Gouvernement à simplifier le droit.*

[208] ESSONO OVONO Alexis, *op. cit.,* § n° 19, p. 13.

[209] DOUTEAUD Stéphanie, « Le contenu législatif de l'ordre public contractuel », Revue des contrats, 12 mars 2020, n° 01, p. 144.

[210] SENO Maxime, « La réforme du Code des marchés publics : libéralisation de la commande publique et nouvelles pratiques », Gazette du Palais, 1er octobre 2011, n° 274, p. 9.

[211] Revue du droit public : Débat sur l'insertion des contrats de partenariats dans le code des marchés publics, n° 3, 1er mai 2015, p. 569.

[212] GRAVELEAU Philippe, « Conditions de modification par avenant d'une convention de délégation de service public », Gazette du Palais, 20 mars 2017, n° 11, p. 37.

[213] AMILHAT Mathias, *op. cit.,* § n° 22.

[214] BROUSSOLLE Yves, « Ordonnance n° 2018-1074 du 26 novembre 2018 portant partie législative du Code de la commande publique », Petites affiches, 19 mars 2019, n° 056, p. 7.

[215] Cour administrative d'Appel de Paris, 4ème chambre, 21 décembre 2018, n° 18PA01480-18PA01485, inédit au recueil Lebon.

traitement de l'investissement direct étranger. Elle exporte ou transpose désormais et de plus en plus ses principes dans le traitement de l'investissement direct étranger. Le régime juridique est ainsi dans un processus de changement majeur. En cela, les textes amorcent une dynamique dans le traitement qu'ils consacrent aux différents investisseurs. Ils tendent vers davantage de transparence, de mise en concurrence et de traitement égalitaire[216]. Ils rationnalisent le traitement et le régime juridique. Ce dernier gagne progressivement en cohérence.

65. Ainsi, qu'un investisseur exerce une activité en vue de répondre à une commande publique passée pour la satisfaction d'un besoin en matière de bâtiment et construction, de fournitures, ou d'exploration, d'exploitation d'une mine, d'un gisement pétrolier, il tend à être soumis aux mêmes exigences. C'est-à-dire, aux mêmes principes. Ces derniers émanant de la commande publique et non de l'investissement direct étranger. La consécration des principes rationnels de la commande publique vient alors en réponse au besoin de rationalisation, de cohérence et d'efficacité du régime normatif. Cela se consolide d'ailleurs en ce que ces principes s'accompagnent de procédures de même nature qui viennent conséquemment renforcer la dynamique amorcée. Par conséquent, le dépassement de la relativité normative devrait être à la hauteur des changements amorcés. Mais cela, dans un délai plus court, en vue de la sauvegarde de l'intérêt général qui anime[217] la commande publique.

66. Il s'agit d'un changement à amorcer, d'un revirement principiel qu'il faut opérer, d'un revirement qu'il faut surtout assumer. L'exemple est donné par l'État congolais voisin. En effet, ce dernier a abrogé les conventions d'établissement de *Total* et *Eni* conclues en 1968[218]. Il a ainsi mis fin au régime d'exception des deux premières compagnies pétrolières du pays, lesquelles, pendant 52 ans, ont bénéficié des avantages fiscaux et douaniers qui leur avaient été accordés lors de leur installation au Congo[219], et qui n'étaient pas régies, comme les autres compagnies pétrolières installées plus tard, par le code des

---

[216] Loi n° 15/98 du 23 juillet 1998 instituant la charte des investissements en République Gabonaise, Titre I, article 1er, alinéa 3 : Voir Journal officiel n° 8 *bis*, août 1998, p. 6.

[217] CLAMOUR Guylain, *op. cit.,* § n° 55.

[218] FEVILIYE Inès, « Le Congo abroge les conventions d'établissement de Total et Eni conclues en 1968 », L'essentiel Droits africains des affaires, n° 04, p. 7.

[219] LEKEBE OMOUALI Daphtone, « Réglementation des activités dans le secteur pétrolier », L'essentiel Droits africains des affaires, 1er février 2020, n° 02, p. 6.

hydrocarbures de 1994 révisé en 2016[220]. Pour y parvenir, l'État congolais a eu recours à la loi pour harmoniser le cadre juridique de son secteur pétrolier, à la suite de l'échec des négociations réalisées avec ces compagnies historiques. Les exonérations fiscales et douanières spéciales de ces sociétés étant abrogées, le gain pour le pays ne sera pas négligeable. Il sera manifestement favorable à l'État. Cela a pour conséquence d'introduire la perspective d'un traitement égalitaire entre les investisseurs du secteur pétrolier qui seront désormais régis par les mêmes textes, conformément à la fermeté des textes portant abrogation de ces conventions.

67. Car, aux termes de l'article 34 de la loi congolaise n° 42-2019 du 30 décembre 2019, portant loi de finances pour l'année 2020, de la même manière qu'est, d'une part, « abrogée, en vertu de la présente loi, l'ordonnance n° 8-68 du 29 novembre 1968 (…) dite convention d'établissement, signée entre la République du Congo et la société *Agip S.A Spa (Eni)* le 11 novembre 1968 » est également abrogée, d'autre part, en vertu de cette même loi, « l'ordonnance n° 9-68 du 29 novembre 1968 (…) dite convention d'établissement, signée entre la République du Congo et la société *Erap (Total)*, le 17 novembre 1968 ». Cette abrogation a été étendue immanquablement aux nombreuses lois portant approbation des avenants à ces conventions d'établissement adoptées depuis 1968. La loi congolaise n° 42-2019 du 30 décembre 2019, portant loi de finances pour l'année 2020 a ainsi fermement énoncé que désormais, le cadre légal applicable aux différents contrats de concession, de partage de production et à leurs avenants respectifs demeure le code des hydrocarbures, ses textes d'application et toute réglementation nationale applicable au secteur pétrolier. Le régime de traitement dans lequel a longtemps régné la discrétion prend fin. Un acte administratif créateur de droits ne pouvant être abrogé que pour l'avenir[221], commence alors un autre régime. Le dépassement est amorcé.

68. C'est ce changement que requiert le régime juridique gabonais. Ce changement implique immanquablement l'éviction du traitement en vigueur dans la gestion des secteurs clés. C'est-à-dire l'éviction de la discrétion. Cette éviction devrait être remplacée par l'insertion des règles de la commande publique. Il y a là, un changement des règles qui

---

[220] FEVILIYE Inès, « Le nouveau Code des hydrocarbures du Congo-Brazzaville », L'essentiel Droits africains des affaires, 1er janvier 2017, n° 1, p. 4.

[221] Conseil d'État français, 8ème et 3ème chambres réunies, 10 mars 2020, req. n° 437592, mentionné aux tables du recueil Lebon.

doivent régir le traitement de l'investissement direct étranger dans les secteurs clés. Ainsi, aux termes du présent ouvrage, ce revirement des principes ou règles applicables est un préalable nécessaire à la rationalisation du traitement de l'investissement direct étranger dans la commande publique. Cette démarche à emprunter constitue dans son ensemble, une refonte complète[222] de la commande publique et une perspective utile à la rationalisation du régime, du traitement efficace de l'investissement direct étranger dont la constitutionalité, au-delà des débats doctrinaux[223], est établie. La première phase n'est, *in fine*, que la cause de la seconde. Celle-ci étant à son tour la conséquence de la première. Ainsi, la rationalisation du traitement de l'investissement direct étranger passe immanquablement par le dépassement de l'ensemble des irrationalités qui caractérisent le régime normatif. En conséquence, le dépassement devrait consister en une démarche rigoureuse qui, fermement, non seulement évincerait les fondements maintenus de l'inefficacité normative, mais permettrait également de traiter les conséquences engendrées par lesdits fondements. Cependant, il serait difficile d'évincer un vice qui n'est pas utilement et précisément identifié dans un régime caractérisé par l'opacité, le défaut de clarté. Par conséquent, il s'impose au préalable de procéder à une clarification des fondements de l'inefficacité qui ont été maintenus dans le régime, afin de mieux en traiter les conséquences. Cela requiert et ne saurait se faire sans que ne soient utilement effectuées, d'une part, la détermination des principes irrationnels adoptés (***Partie 1***) et d'autre part, l'identification des mécanismes irrationnels appliqués (***Partie 2***) dans la mise en œuvre dudit traitement.

---

[222] MICHON Jérôme, « Refonte complète du droit de la commande publique (II) », Petites affiches, 28 mars 2014, n° 63, p. 7.

[223] ANCEL Pascal, BAZY-MALAURIE Claire, « Table ronde : les réformes du droit des contrats civils et administratifs sont-elles inconstitutionnelles ? », Revue des contrats, 12 décembre 2018, n° 04, p. 655.

PARTIE 1 :

La détermination des principes irrationnels adoptés

PARTIE 2 :

L'identification des mécanismes irrationnels appliqués

PARTIE 1 :
LA DÉTERMINATION DES PRINCIPES IRRATIONNELS ADOPTÉS

69. Le dépassement des principes irrationnels de traitement requiert au préalable la détermination desdits principes. Ces derniers constituent la base, le pilier sur lequel s'appuie le régime de traitement de l'investissement direct étranger. Ils doivent faire l'objet d'un revirement conciliant l'impératif de sécurité juridique qu'implique une telle démarche[224]. Dès lors que le revirement des principes participe à la construction d'un régime permettant de rationaliser l'action publique économique dans les secteurs clés, les principes existants et principalement utilisés dans le cadre du traitement inadapté en vigueur doivent, à cet effet, être appréhendés. Ainsi, le présent chapitre a pour objet de révéler ces principes qui favorisent la prévalence de la discrétion dans la gestion de la commande publique des secteurs pétrolier, minier, forestier, de l'eau ou encore de l'énergie. Cela permet d'en ressortir l'enjeu essentiel qui est d'une part, de situer les angles à refonder et, d'autre part, d'en éclairer utilement les modalités.

70. De la sorte, l'aspect ou le champ du régime devant être réaménagé est connu, mais pas seulement. La manière d'opérer ce réaménagement est également connue. La connaissance de ces deux aspects a particulièrement pour intérêt de répondre aux éventuelles difficultés qui pourraient naître de la maîtrise des principes concernés. En d'autres termes, la méconnaissance, les hésitations ou les arguments souvent invoqués au soutien du maintien de certains principes de discrétion[225] seront d'emblée et *a fortiori* au regard de leur fragilité[226], utilement surmontés. Il s'ensuit alors que l'insertion des principes favorisant la transparence, la mise en concurrence et le traitement égalitaire des investisseurs ne sera, dans ces conditions, que plus

---

[224] LEKEBE OMOUALI Daphtone, *op. cit.*, § n° 66.

[225] LAGELLE Anaïs, Les standards en droit international économique. Contribution à l'étude de la normativité internationale, Thèse, Droit, L'Harmattan, 2014, p. 229 ; LONCLE Jean-Marc, PHILBERT-POLLEZ Damien, « Les clauses de stabilisation dans les contrats d'investissement », RDAI, n° 3, 2009, p. 267.

[226] WEIL Prosper, Les clauses de stabilisation ou d'intangibilités insérées dans les accords de développement économique, *In :* Écrits de droit international, Théorie générale du droit international, Droit des espaces, Droit des investissements privés internationaux, PUF, 2000, p. 334.

évidente. Dès lors, révéler les principes qui favorisent le traitement discret de l'investissement direct étranger dans la commande publique prend toute sa pertinence, toute son utilité.

71. Par cette révélation, le régime de traitement de la commande publique serait mieux éclairé. En conséquence, les conditions d'insertion des règles de transparence, de traitement égalitaire et de mise en concurrence réelle des investisseurs directs étrangers n'en seraient que plus évidentes, plus simplifiées ; d'autant qu'au-delà de la détermination des principes favorisant la discrétion dans les secteurs clés de l'économie, la rationalisation du traitement à opérer serait orientée vers d'autres principes de nature différente. Cela relève donc que le traitement appliqué à l'investissement direct étranger qui exerce dans la commande publique s'appuie bien sur un ensemble de principes. Ces derniers peuvent être répartis en deux groupes constitués d'un côté par les principes irrationnels de base (***Chapitre 1***) et d'un autre côté par les principes irrationnels d'appui à ces principes de base (***Chapitre 2***).

CHAPITRE 1 :

Les principes irrationnels de base

72. Le régime juridique en vigueur dans le traitement de l'investissement direct étranger s'appuie sur plusieurs principes. Composés tant de principes consacrés et appliqués depuis l'ordonnance n° 21/67 du 23 mars 1967 modifiant les dispositions de la loi n° 55/61 du 4 décembre 1961 portant code des investissements en République Gabonaise, que d'autres consacrés par des textes plus récents, les principes favorisant le traitement discret et inadapté de l'investissement dans la commande publique des secteurs clés peuvent être répartis en deux catégories complémentaires. D'un côté les principes qui portent la fondation de la discrétion dans le régime juridique. Aussi anciens que le régime lui-même ces principes se confondent manifestement avec ce dernier. Car, ils ont été consacrés et mis en œuvre dès l'adoption des textes relatifs à la promotion et au traitement de l'investissement direct étranger. À ces principes s'ajoutent, d'un autre côté, d'autres qui assurent plutôt la consolidation de ce traitement discret qu'il faut évincer.

73. Le régime de traitement est ainsi fondé tant sur des principes développés par la pratique étatique, que sur des principes que l'État a dû consacrer pour rassurer les investisseurs concernant toute éventualité pouvant résulter de son action. Il s'agit de deux catégories de principes qui se complètent dans le traitement unique qu'ils insèrent dans le régime. Car, l'État a depuis les premiers textes applicables à l'investissement direct étranger et même bien avant l'indépendance, fait recours de manière constante à un principe, celui de l'entente directe. Ce dernier du fait de sa récurrence a engendré un second principe. Les deux constituent alors les bases principielles sur lesquelles repose la formation des relations économiques entre l'État et ses cocontractants investisseurs directs étrangers. Ces principes employés comme instruments de négociation du traitement applicable dans les secteurs clés sont les principes de formation du traitement (***Section 1***). En y faisant recours, l'État a accordé divers traitements particulièrement favorables aux premiers investisseurs directs étrangers. Au-delà du caractère dispendieux et inadapté des avantages accordés dans le cadre du principe d'entente, il a assorti ce traitement discret d'un principe de sauvegarde du traitement accordé, le principe de stabilisation

(***Section 2***) qui a eu et continue d'avoir pour effet de pérenniser le traitement discret de l'investissement dans le régime, au détriment des principes de transparence, de mise en concurrence et de traitement égalitaire. Ces deux catégories de principes sont à évincer du régime. Ils sont alors dits de base en ce qu'ils constituent et expriment l'ancrage de la discrétion et du gré à gré dans le régime juridique de traitement appliqué à la gestion de la commande publique des secteurs clés.

SECTION 1 :
Les principes de formation du traitement

74. Le recours au principe de l'entente est éclairé par le fait que l'État a fait des secteurs clés un champ de mise en œuvre des régimes privilégiés. La discrétion en ressort comme une conséquence substantielle, permettant à cet effet d'identifier et de définir le principe de l'entente (***Paragraphe 1***). Bien plus, de cette définition résulte conséquemment un effet, une pratique qui consiste en l'adhésion systématique de l'action publique à ce traitement discret. Ce rattachement principiel de l'action publique à la discrétion n'affranchit pas celle-ci du spectre de la corruption, de la lourdeur administrative, etc. Ainsi naît, par cette adhésion systématique, le principe de l'adhésion impertinente (***Paragraphe 2***) qui conforte la nécessité d'évincer ce traitement discret du régime juridique de traitement de l'investissement direct étranger et partant, de la gestion des secteurs clés.

PARAGRAPHE 1 :
Le principe irrationnel de l'entente

75. Le principe de l'entente se définit à partir du fait que les secteurs clés ont bien avant la naissance officielle de l'État, été considérés et consacrés comme le champ des régimes privilégiés et préférentiels (**A**). Cette consécration a eu pour conséquence, jusqu'à la production de la présente étude, de rendre la discrétion inhérente au traitement appliqué à l'investissement direct étranger (**B**). L'entente se confond ainsi aux secteurs clés, s'établissant conséquemment en un principe presqu'inhérent à la gestion des secteurs concernés.

A. Les régimes préférentiels conséquence de l'entente

76. Dès le 1er janvier 1967, date d'entrée en vigueur de l'ordonnance n° 21/67 du 23 mars 1967, le régime juridique de traitement de l'investissement direct étranger s'attache davantage au principe de discrétion, à la préférence, fondée sur des considérations dont le caractère avantageux pour l'État n'est pas nécessairement établi. Contrairement à l'exemple du rejet d'un tel principe, opéré très tôt ailleurs[227], le droit applicable aux secteurs clés faisait au Gabon, bien plus tard, le choix de se construire sous l'empire de l'absence de concurrence, de publicité, dans la discrétion. Le code de l'investissement alors en vigueur soumettait les secteurs d'attraction de l'investissement direct étranger sous ce principe. En effet, conformément à l'article 14 de ce code, les entreprises exerçant des activités minières d'extraction, d'enrichissement ou de transformation de substances minérales et des activités connexes, les entreprises de recherche pétrolière ou encore de production d'énergie étaient toutes susceptibles de bénéficier d'un régime privilégié. Ainsi, le droit applicable à l'investissement n'établissant aucune distinction de régime juridique entre le secteur des mines et celui des hydrocarbures, a aligné la fiscalité pétrolière au droit minier.

77. Le droit minier, régit par la loi n° 15/62 du 2 juin 1962 portant institution du code minier en République Gabonaise établit la convention d'établissement comme moyen principiel de traitement de l'investissement direct étranger. Par voie de conséquence, les textes subséquents s'inscrivent dans la même perspective. En effet, cette dernière, consolidée par la loi n° 14/65 du 4 décembre 1965 portant réforme de la fiscalité minière s'est renforcée notamment avec la loi n° 14/74 du 21 janvier 1975 abrogeant la précédente et portant réglementation des activités de recherche et d'exploitation pétrolière en République Gabonaise. Ce texte ouvre la convention d'établissement à toute société désireuse de rechercher et d'exploiter les hydrocarbures, déterminant également les montants d'impôts, taxes, redevances participations, droits miniers auxquels les investisseurs sont assujettis. D'autres réformes ne manquent pas d'intervenir avec la découverte de gisements pétroliers. À cet effet, l'ordonnance n° 38/79/*PR* du

---

227 JÈZE Gaston, Les principes généraux du droit administratif, M. Giard, 3ème éd., 1934, p. 102 : « l'adjudication est une procédure qui a pour but de présenter à l'agent public compétent pour conclure le contrat un contractant capable, solvable, sérieux, faisant les meilleures conditions et voulant exécuter le contrat projeté ».

23 décembre 1979 intervient afin de fixer à son tour les droits des autorisations, permis et concessions ainsi que la redevance superficiaire, laissant elle aussi le soin aux conventions particulières signées entre l'État et les entreprises exploitantes de fixer les taux de la redevance minière proportionnelle.

78. L'ensemble des textes applicables aux secteurs clés a construit un cadre favorable à la discrétion. En matière d'hydrocarbures par exemple, la législation applicable dans ce secteur est considérée comme unifiée et exhaustive[228] en ce qu'elle reprendrait toutes les dispositions fiscales contenues dans le code général des impôts. Si tel est donc le cas, il ne serait pas exagéré de comprendre que le traitement juridique de l'investissement fondé sur la discrétion conserve encore son influence dans le droit positif et ce, à une portée bien plus étendue. Or, il est soutenu que les lois minières, comme toutes lois fiscales, sont de droit étroit. Ainsi, elles doivent être appliquées à la lettre sans qu'il soit permis, sous prétexte d'interprétation et pour des considérations d'analogie, d'en étendre la portée[229]. Mais bien plus encore, elles régissent les activités minières, définissent les modalités et le régime juridique et fiscal des activités d'exploration, le mode de recouvrement de tous les droits et taxes assis sur l'activité minière.

79. Il en résulte donc que la discrétion subsiste dans le droit positif et caractérise ainsi, immanquablement le traitement juridique réservé à l'investissement direct étranger dans les secteurs clés tel que le révèlent les conventions d'établissement encore vigueur conclues entre l'État gabonais et les sociétés *Total Gabon* le 19 avril 1971, *Shell Gabon* le 19 décembre 1971 et *Perenco* le 10 mars 1975. C'est en effet, ce cadre normatif qui, dans sa pérennisation, a abouti à ce que les secteurs clés auxquels il s'applique soient confondus, assimilés au traitement discret qui en résulte. Un tel cadre ne fait ainsi que révéler les liens entre les secteurs clés, les textes consacrés qui privilégient la concertation entre l'État et les investisseurs, le principe de l'entente qui s'y rattache et le traitement discrétionnaire qui y règne. En tout état de cause, le cadre juridique est favorable à l'entente qui favorise à son tour la discrétion.

---

[228] ZOLO TOMO Tristan Pamphile, *op. cit.*, § n° 12, p. 35.

[229] DIKOUME Albert Léonard, La Fiscalité pétrolière des États membres de la *CEMAC*, Cameroun, Congo, Gabon, Guinée équatoriale, Tchad, Centrafrique, Paris, L'Harmattan, 2008, p. 87.

B. La discrétion inhérente au principe de l'entente

80. Nécessairement distinguée ici de la définition qui lui est donnée en matière commerciale, l'entente prend ici un sens qui s'appréhende par la prise en compte des acteurs qu'elle réunit. Il s'agit des personnes publiques d'une part, et de l'investisseur, opérateur privé d'autre part. Ces différents acteurs, par une concertation, conviennent d'un commun accord à ce que la gestion du secteur clé choisi par l'investisseur, bénéficie, aux fins d'y effectuer toute opération autorisée et nécessaire à l'activité économique, à l'investisseur partie à la concertation. Le rapprochement avec la définition classique de l'entente en droit de la concurrence, bien qu'étant perceptible, n'est donc pas pertinent. En effet, les caractéristiques des acteurs parties à l'entente ici traitée empêchent d'y voir une similitude avec la définition du droit de la concurrence commerciale au regard de ce qu'en cette dernière matière, l'entente est pertinente et identifiable uniquement entre opérateurs économiques. Or, dans le cas de la présente étude et sur ce point en particulier, les personnes publiques sont certes parties à la concertation, mais ne sont pas assimilables à des opérateurs économiques, mais plutôt comme des administrateurs. Il serait en revanche possible de voir dans cette configuration, des rapprochements avec la notion d'aide d'État.

81. Cela étant, l'entente se résumerait donc à une concertation entre les personnes publiques, administrateurs des secteurs clés et l'opérateur étranger souhaitant investir dans au moins l'un des secteurs en cause. Il s'agira pour l'État d'accepter d'ouvrir des négociations avec l'investisseur afin de lui accorder, dans les formes prévues, les droits nécessaires à la réalisation de son activité économique. L'investisseur se prédispose en conséquence à formuler à l'endroit de l'État, une proposition que ce dernier appréciera. Ainsi, l'entente consiste en la négociation entre l'administrateur du secteur clé et l'investisseur qui envisage y investir. Cette caractéristique présentée de la sorte, paraît donc neutre et non moins pertinente pour le traitement et la gestion des secteurs clés. En revanche, ce qui intéresse la présente étude repose sur l'aspect selon lequel, l'entente n'admet aucune perspective de mise en concurrence utile préalable des opérateurs ou investisseurs partie à la concertation ou à la négociation avec l'État.

82. Le propre de l'entente est en effet que l'accord qui conduit à la conclusion du contrat liant les parties soit négocié en dehors de toute manifestation de mise en concurrence. Celle-ci constitue une donnée antinomique de l'entente. C'est d'ailleurs à cet effet que les textes insistent en rajoutant le terme « directe[230] » qui martèle qu'il n'est pas admis dans ce principe de traitement, la possibilité d'y introduire, un canal « indirect » par lequel les propositions formulées par l'investisseur seraient, au préalable, confrontées à celle(s) d'un autre opérateur aux fins d'une comparaison pouvant faire basculer le choix de l'administrateur vers l'offre d'un autre investisseur. Le régime juridique de traitement de l'investisseur est ainsi aménagé de sorte que l'investisseur ait l'assurance d'être le seul à pouvoir obtenir l'autorisation ou le contrat permettant de réaliser son activité économique.

83. Il est à cet effet clair et précis que tout traitement visant à instaurer une mise en concurrence entre l'offre de l'investisseur et celle d'un autre, tomberait sous le coup de l'illégalité et, conformément aux textes applicables, court le risque de connaître une fin inopérante. L'entente centrée sur la négociation directe, sans formalisme procédural particulier, s'impose ainsi dans la gestion des secteurs clés et le traitement juridique de l'investissement direct étranger de manière fondamentale. Dès lors, l'antinomie ne fait donc aucun doute. Mais bien plus encore, le traitement de l'investissement direct étranger par le principe de l'entente directe est si manifeste dans la gestion des secteurs clés que la doctrine en vient à y identifier des dévoiements bien plus alarmants. Dans de telles conditions, l'entente, régnant sur un champ qui s'étend sur l'ensemble des secteurs clés concernés par cette étude, met en évidence la précarité du système de traitement en vigueur.

84. En effet, il a récemment été observé, que malgré l'adoption de la loi, l'État et les sociétés pétrolières négocient les termes fiscaux dans l'indifférence des représentants des contribuables alors même que les incitations négociées avec les contribuables entachent le climat des investissements, créant un jeu inégal[231]. Il est ainsi clair qu'un principe de traitement qui se fonde sur la binarité des acteurs à la consultation, dans le cadre de la valorisation des secteurs porteurs de l'économie et qui, à cet effet exclut systématiquement la perspective d'une confrontation principielle et préalable des offres possibles, revendique au profit de l'investisseur, une garantie plausible d'atteindre ses objectifs, même si ces derniers ne sont pas susceptibles d'assurer l'intérêt le plus avantageux sur les plans socio-économique et

---

[230] Loi n° 002/2019 du 16 juillet 2019 portant réglementation du secteur des hydrocarbures en République Gabonaise, article 36 et suivants : Journal officiel n° 27 *ter* du 22 juillet 2019.

[231] ESSONO OVONO Alexis, *op. cit.*, § n° 19, p. 13.

environnemental. Cela laisse entrevoir la prévalence d'un autre principe.

PARAGRAPHE 2 :
Le principe de l'adhésion impertinente

85. Issu du principe de l'entente (**A**), l'adhésion impertinente s'érige par sa récurrence en principe dans le traitement juridique de l'investissement direct étranger. Tout aussi favorable à la discrétion (**B**), ce principe contribue à fonder celle-ci dans le droit applicable.

A. Un principe issu du principe de l'entente

86. Prenant appui sur le principe de l'entente directe ou gré à gré, l'identification d'un principe systématisé d'adhésion impertinente procède, comme celui sur lequel il s'appuie, à l'affirmation de l'éviction des principes rationnels de la commande publique. En effet, il est classique d'opposer en droit, le contrat de gré à gré au contrat d'adhésion. Cette conception ici entendue nous permet, *a contrario*, d'entrevoir l'existence d'un principe néfaste pour la gestion des secteurs clés, qui résulterait en réalité de l'entente directe. Sans déformer la définition du contrat d'adhésion, il subsiste, au travers du principe de l'entente, l'adhésion par les parties à ce type de traitement, à un accord synallagmatique qui, bien que les liant juridiquement ne conduit pas nécessairement à un accord objectif. Le défaut d'objectivité, causé par le défaut de mise en concurrence et donc de valorisation des propositions, des offres et des contre-offres, fait adhérer les parties à une formule contractuelle non-objective, impertinente pour la rationalisation escomptée dans les secteurs clés et l'action publique économique.

87. Ainsi, l'objectivité, devant résulter de la valorisation préalable des offres et des potentialités des secteurs clés, est marginalisée au profit d'un accord qui, bien que synallagmatique, ne saurait conduire à une gestion optimale et rationnelle des secteurs clés d'une part, et à une dynamisation des potentialités de l'investisseur direct étranger, d'autre part. En d'autres termes, l'État et l'investisseur, après concertation de gré à gré, conviennent d'une formule contractuelle dont les droits et les obligations de chacune des parties ne constituent pas nécessairement la formule pertinente pour la gestion optimale des secteurs concernés. Par conséquent, le principe de traitement de l'entente porte le germe d'une adhésion des deux parties à un accord commun, qui serait éloigné de l'efficience économique et financière recherchée par la contractualisation et la promotion de l'investissement direct étranger. Cela signifie qu'il faut distinguer ici d'une part, l'accord synallagmatique qui lie les parties et d'autre part, l'utilisation optimale possible des secteurs et des potentialités des parties.

88. Cette analyse s'appuie précisément sur le lien intrinsèque entre la discrétion émanant de l'entente qui constitue en soi, en dépit de sa prévalence, une irrégularité appréciable, et l'attachement des parties au cadre discret qu'offre le principe d'entente et duquel résulte l'adhésion systématique des parties. C'est d'ailleurs ce lien qui a pu être établi sur l'irrégularité indissociable entre l'acte administratif et le contrat qu'il autorise. Ainsi, de la même manière que le lien entre l'acte autorisant le contrat et celui-ci n'en supprime pas l'irrégularité, le principe de l'entente ne limite point la portée de la discrétion qu'il occasionne dans la formation des relations juridiques entre l'État et l'investisseur direct étranger. L'impertinence résulte donc de la discrétion qui émane du principe d'entente. La source de l'impertinence est donc ici fondamentale. C'est elle qui indique le fondement de la discrétion. Cette dernière serait donc l'objet que vise l'entente et celle-ci engendrerait l'impertinence répétée. Par conséquent, il convient de retenir que le recours au principe de l'entente fonde la discrétion dans le régime juridique de traitement et expose fondamentalement celui-ci à conduire l'État et les investisseurs dans l'adhésion à un cadre relationnel impertinent.

B. Un principe favorable à la discrétion

89. Par le principe de traitement par entente directe ou de gré à gré, l'État et les investisseurs peuvent, de concert ou par incapacité réciproque, conclure un accord, un contrat permettant la création d'une activité économique, alors même que les conditions fondamentales à l'atteinte de la rationalisation et de l'objectivité escomptées ne sont pas réunies. Il s'agirait-là d'une adhésion bilatérale à un accord non-objectif, impertinent en ce qu'il refléterait certes la volonté des parties et sera donc légal, mais ne saurait répondre à l'objectif consubstantiel à l'activité économique, c'est-à-dire dégager des profits et de la rentabilité, *a fortiori*, en ce qui concerne la gestion et l'exploitation des ressources naturelles. Ces dernières, compte tenu de leur possibilité d'épuisement, requièrent d'ailleurs une gestion qui permette d'atteindre une profitabilité économique et financière proportionnelle aux droits et obligations des parties. L'impertinence, qui traduit ici l'éloignement de l'objectivité, de la rationalité, par tout accord résultant du principe de traitement de l'entente directe, révèle donc une insuffisance de ce type de traitement. Ce dernier présente moins de garantie d'atteindre cette objectivité et cette gestion rationnelle des secteurs clés. Plus précisément, à travers le traitement par discrétion, manifesté au moyen de l'entente directe, les personnes publiques qui administrent les secteurs clés concluraient ou autoriseraient une sous-utilisation des potentialités de l'investisseur et, ce dernier également, bénéficierait à un niveau moins élevé, des potentialités des personnes publiques.

90. En tout état de cause, le traitement par entente directe étant un principe majeur dans le régime juridique, il rendrait possible à chacun de ses usages et de manière systématique et permanente, le principe qui lui est sous-jacent, c'est-à-dire celui de l'adhésion impertinente. À cet effet, il devient possible d'appréhender un niveau d'impertinence de la discrétion. Ce dernier est marqué par le recours au principe de l'entente directe, duquel découle immanquablement et systématiquement le principe de l'adhésion impertinente qui, non seulement réaffirme le caractère inadapté de l'entente directe, mais révèle aussi l'insuffisance des droits et obligations issus d'un tel traitement, car ne permettant pas toujours d'atteindre l'utilisation optimale des relations synallagmatiques formées.

91. Traiter l'investisseur par entente directe ferait naître un principe négatif, qui aboutirait pour les parties à cette entente, à installer un principe de non-objectivité et d'irrationalité de leur relation juridique, dont les insuffisances auraient un impact négatif sur leur relation économique. D'ailleurs, ce qui est visé par la mise en concurrence et qui doit être fondamentalement protégé par l'État n'est pas en premier lieu le contrat, mais la conclusion de ce dernier dans des conditions qui permettent, d'un côté de garantir une concurrence équilibrée sur le marché, un traitement égalitaire des opérateurs et des candidats, mais aussi, d'un autre côté, de s'assurer que les procédures et les principes qui les organisent soient les mieux adaptés pour permettre une meilleure utilisation des deniers publics, notamment par le choix de l'offre économiquement la plus avantageuse. La pertinence du principe de traitement est donc fondamentale, en vue de garantir une meilleure profitabilité de secteurs clés. Adhérer à un principe non-objectif qui est régulièrement usité dans le régime juridique de traitement, finit par installer un principe d'adhésion impertinente. C'est par la récurrence de l'entente directe que l'impertinence de ce principe se mue à son tour en principe. La régularité de l'impertinence fait de celle-ci un principe, *a fortiori*, un principe de traitement qui empêche l'insertion de l'objectivité au travers des principes de mise en concurrence, de traitement égalitaire des investisseurs.

SECTION 2 :
Le principe irrationnel de la stabilisation

92. Le principe de la stabilisation ou de la stabilité, comme celui de l'entente, est consubstantiel au régime de traitement de l'investissement direct étranger par discrétion. Cette consubstantialité est due à son usage dès les premiers textes portant traitement de l'investissement direct étranger et même bien avant ces derniers, conformément aux accords de coopération économique[232] et aux délibérations adoptées avant l'indépendance[233]. Stabiliser les investissements, c'est-à-dire les capitaux étrangers entrant, dans un contexte national caractérisé par la faiblesse budgétaire de l'État, a été très tôt défini comme un élément stratégique. Il a donc fallu s'assurer que les investisseurs qui injectent les capitaux nécessaires dans l'économie nationale puissent bénéficier d'une garantie susceptible de les immuniser, de les protéger contre toute mesure ou législation qui leur serait particulièrement défavorable. L'État a ainsi consacré un régime fortement protecteur au bénéfice de l'investissement direct étranger. Ce régime protecteur a été et demeure assuré par le principe de stabilité. Le régime de ce principe (***Paragraphe 1***) révèle et explique la place particulière qu'il occupe encore dans le traitement discret de l'investissement direct étranger et dans la commande publique des secteurs clés surtout au regard de ses

---

[232] Cet aspect est traité de manière plus approfondie dans un autre ouvrage à paraître.

[233] Délibération n° 39/57 du 24 juin 1957 du Grand Conseil de l'ex-Afrique équatoriale française (*AEF*) instituant une tarification privilégiée à l'importation des produits chimiques inorganiques et organiques à usage industriel ; l'Acte n° 45/62 du 6 décembre 1962 du Comité de Direction de l'*UDE* instituant des taux réduits à l'importation an faveur des matériels d'équipement : Voir ordonnance n° 21/67 du 23 mars 1967 modifiant les dispositions de la loi n° 55/61 du 4 décembre 1961 portant code des investissements en République Gabonaise, article 10, Cambridge University Press, International Legal Materials, Vol. 7, n° 5 (September 1968), pp. 1071-1086, Stable URL: https://www.jstor.org/stable/20690399, consulté le 06 avril 2020, 14h00 UTC.

liens avec le traitement fiscal des investisseurs directs étrangers (***Paragraphe 2***).

PARAGRAPHE 1 : Le régime du principe de la stabilisation

93. Les raisons historiques ayant conduit à l'adoption du principe de la stabilisation en droit des investissements, éclairent la définition donnée à ce principe (**A**). En droit gabonais, la consécration du principe de stabilité (**B**) a été opérée par l'ordonnance n° 21/67 du 23 mars 1967 modifiant les dispositions de la loi n° 55/61 du 4 décembre 1961 portant code des investissements en République Gabonaise. À partir de ce texte, le sens de la notion de stabilité est révélé et, au regard même de ce sens, il ressort que la stabilité n'est pas accordée à tout investisseur. Il y a certaines conditions qui y sont rattachées permettant conséquemment de comprendre que ce principe est accordé aux investissements les plus importants de l'économie, c'est-à-dire aux investisseurs directs étrangers des secteurs clés (**C**).

A. Définition du principe de la stabilisation

94. Stabiliser, c'est-à-dire « fixer quelque chose dans un certain état, l'empêcher de varier[234] », reste le sens premier rattaché à la notion de stabilité. Autrement dit, la stabilité est la conséquence obtenue après l'action de « stabiliser ». Alors qu'il est soutenu que l'État partie au contrat[235] ou à l'accord de développement économique[236] ne saurait circonscrire sa souveraineté à la suite d'un engagement contractuel tel qu'il le fait lorsqu'il souscrit à un traité international[237], « maintenir » et « empêcher de varier » sont donc les actions fondamentales, les finalités de l'action de stabiliser qu'opère l'État lorsqu'il adopte dans sa législation et dans ses contrats, le principe de stabilisation. Rattachée

---

[234] Larousse illustré 2020.

[235] MANN Frederick Alexander, « The Law Governing State Contracts », BYBIL, 1994, pp. 11-33 ; LEBEN Charles, « La théorie du contrat d'État et l'évolution du droit international des investissements », RCADI, vol. 302, 2003, pp. 197-386.

[236] MANIRUZZAMAN A. F. M., « The Relevance of public International Law in Arbitrations Concerning International Economic Development Agreements », Journal of World Inv. & Trade, 2005, n° 2, pp. 263-296.

[237] TEKOU TENE Joël, « L'opposabilité de la clause de stabilisation dans les contrats d'investissements internationaux d'énergie (mines, pétrole et gaz) », Revue des Juristes de Sciences Po, Automne 2013, n° 8, p. 52.

au droit et spécifiquement au traitement de l'investissement direct étranger, la notion de stabilité ne perd pas son sens. Au contraire, ce sens a conduit à l'adoption de la clause de stabilisation et à son rattachement au principe de *pacta sunt servanda* dans la jurisprudence arbitrale[238].

95. L'usage récurent de cette clause a conduit au développement de ce principe qui, d'une certaine manière, évite que la loi puisse tuer la loi[239]. Ce principe consiste non seulement à protéger les sociétés multinationales, investisseurs directs étrangers, contre les aléas législatifs, réglementaires[240] et administratifs[241], mais également à garantir aux investisseurs une « confiance intemporelle[242] », à sauvegarder « l'attractivité de l'écosystème juridique[243] ». Ainsi, au-delà de la diversité des clauses de stabilisation[244] et de la flexibilité reconnue à celles-ci[245], elles ne perdent aucunement leur sens. Cette clause, quelle que soit sa déclinaison, assure la conservation du droit, des avantages accordés sous l'empire d'un texte, dans le temps. Elle

---

[238] *Lena Goldfields, Ltd c/. États-Unis d'Amérique*, 1930 ; *Arabie Saudite c/. Arabian American Oil Company* (ARAMCO); *Texaco Overseas Petroleum Company c/. The Government of the Libyan Arab Republic*, Ad hoc Award of January 19, 1977; *Sapphire International Petroleum Ltd. c/. National Iranian Oil Co.*, 35 ILR 136 (1963).

[239] Pour pasticher l'expression de LAFFER « trop de lois tuent la loi » : Voir SOULAS DE RUSSEL Dominique, RAIMBAULT Philippe, « Nature et racines du principe de sécurité juridique : une mise au point », Revue internationale de droit comparé. Vol. 55 n° 1, Janvier-mars 2003. pp. 85-103.

[240] TEKOU TENE Joël, *op. cit.*, § n° 94, p. 52.

[241] HOEPFFNER Hélène, Droit des contrats administratifs, Dalloz, 2020, 2ème éd., p. 646.

[242] CALMES-BRUNET Sylvia, Du principe de protection de la confiance légitime en droits allemand, communautaire et français, Thèse, Droit, éd. Dalloz, 2001, p. 163.

[243] SAUVÉ Jean-Marc, « L'entreprise et la sécurité juridique », Intervention lors du Colloque organisé par la Société de législation comparée au Conseil d'État le vendredi 21 novembre 2014 : Voir site internet du Conseil d'État français : http://lille.tribunaladministratif.fr/content/download/36571/317151/version/2/file/2014-11-21%20-%20Colloque%20SLC%20-%20L%20entreprise%20et%20la%20securite%20juridique.pdf

[244] MANIRUZZAMAN A.F.M, « The pursuit of stability in international energy investment contracts: A critical appraisal of the emerging trends », Journal of World Energy Law & Business, 2008, Vol. 1, n° 2.

[245] EL KAILANI-CHARIAT Ebtissam, La stabilisation des contrats pétroliers, Thèse, Droit, Université Paris 1 Panthéon Sorbonne, 2017, p. 38.

assure la protection de l'investisseur[246]. Elle constitue une garantie contractuelle[247].

96. Conçue entre les deux guerres mondiales, par les sociétés pétrolières américaines, souhaitant se prémunir contre les risques de nationalisation par les États d'Amérique latine, producteurs de pétrole, la clause de stabilité s'est érigée comme un rempart de protection de l'investissement direct étranger. Ce d'autant que dans les secteurs clés minier et pétrolier, les investissements directs étrangers sont particulièrement importants en termes de capitaux engagés, partant de la phase d'exploration, de production, de transport, jusqu'au stockage et à la distribution[248]. Cela a pour conséquence d'exposer ces investissements à un nombre varié de risques. Ces derniers peuvent être d'ordre politique, économique, juridique. Au-delà des pays de l'Amérique latine, l'origine de ces risques est attribuée plus largement aux pays en développement[249]. Le Gabon y est inclus, *a fortiori*, au regard de ce qu'il constitue un producteur de pétrole et à ce titre, il a même été considéré comme extraordinaire et a été appelé « Émirats africains »[250].

97. Cette ressource naturelle contribue encore, de surcroît, à elle seule à 60 % des ressources budgétaires de l'État[251]. D'ailleurs, les premiers textes relatifs à l'investissement direct étranger ont consacré l'intemporalité du principe de stabilisation en prévoyant particulièrement que les régimes privilégiés et les conventions d'établissement accordés antérieurement, à des entreprises exerçant leur activité en République Gabonaise, demeurent expressément en vigueur. Et que ces régimes et ces conventions pourront, à l'initiative soit du Gouvernement, soit des entreprises intéressées, faire l'objet de négociations en vue de leur adaptation aux dispositions de l'ordonnance

---

[246] ATANASOV Ognyan, Recherche sur la notion d'investisseur protégé par le droit international, Thèse, Droit, Université paris 1 Panthéon-Sorbonne, 2017, p. 19.
[247] EL KAILANI-CHARIAT Ebtissam, *op. cit.,* § n° 95, p. 36.
[248] BERNARDINI Piero, « Stabilization and Adaptation in Oil and Gas Investments», Journal of World Energy Law & Business, 2008, Vol. 1, n° 1.
[249] TEKOU TENE Joël, *op. cit.,* § n° 94, p. 52.
[250] WUNDER Sven, "When the Dutch Disease met the French Connection: Oil, Macroeconomics and Forests in Gabon", Center for International Forestry Research, JSTOR, 2003, p. 1.
[251] MBADINGA Michel, *op. cit.,* § n° 9, p. 248.

n° 21/67 du 23 mars 1967[252]. Il s'agit -là de na nature même du principe de stabilité. Cette consécration prévoyait ainsi formellement, à la fois la survivance des engagements et avantages antérieurs et la possibilité de leur sauvegarde ultérieure. Cette consécration a effectivement été appliquée. C'est ce qui explique principalement dans le droit en vigueur, l'existence des conventions d'établissement et contrats miniers conclus sous l'empire de ces anciens textes des années 60[253].

B. La consécration du principe de la stabilisation

98. L'État a accordé au principe de la stabilisation une place fondamentale dans sa stratégie incitative. Ce principe constitue manifestement, au regard de l'ampleur et de l'insistance des textes, l'un des instruments qui ont constitué les piliers du traitement discret de l'investissement direct étranger. La législation a particulièrement été abondante et particulièrement explicite quant à la consécration de ce principe. En effet, en considérant que toute disposition législative ou règlementaire qui aurait pour effet de contredire les prescriptions législatives qu'elle consacrait serait inapplicable aux entreprises bénéficiaires du régime fiscal stabilisé pendant la durée dudit régime, l'ordonnance n° 21/67 du 23 mars 1967 modifiant les dispositions de la loi n° 55/61 du 4 décembre 1961 portant code des investissements en République Gabonaise, a posé le cadre de la discrétion[254]. Ce cadre concernait tant une stabilisation du régime fiscal particulier que de droit commun[255]. À cet effet, le principe de stabilisation pouvait s'appliquer à la fiscalité particulière des impôts dus par les sociétés fondatrices ou actionnaires des entreprises[256].

99. La consécration de ce principe a été faite de sorte que pendant sa période d'application le régime fiscal stabilisé affranchisse et protège l'entreprise bénéficiaire contre toute aggravation de la fiscalité directe

---

[252] Ordonnance n° 21/67 du 23 mars 1967 modifiant les dispositions de la loi n° 55/61 du 4 décembre 1961 portant code des investissements en République Gabonaise, article 58.

[253] Loi n° 002/2019 du 16 juillet 2019 portant réglementation du secteur des hydrocarbures en République Gabonaise, article 294 : Journal officiel n° 27 *ter* du 22 juillet 2019.

[254] Ordonnance n° 21/67 du 23 mars 1967 modifiant les dispositions de la loi n° 55/61 du 4 décembre 1961 portant code des investissements en République Gabonaise, article 36.

[255] *Ibidem,* article 31.

[256] *Ibidem* article 32.

ou indirecte qui lui serait applicable à la date de départ de l'agrément qui l'accordait, concernant aussi bien l'assiette, les taux que les modalités de recouvrement applicables. Concernant particulièrement les droits et taxes de douane, bien que la stabilisation ne fût applicable qu'au droit fiscal d'entrée et à la taxe sur le chiffre d'affaires à l'importation, elle n'en demeurait pas pour autant utile ; d'autant plus que les matériels et matériaux importés bénéficiant de la stabilisation de ces deux impositions faisaient l'objet d'une liste limitative annexée au décret d'agrément qui marquait fortement la prévalence du pouvoir discrétionnaire de l'administration[257]. Au moyen du principe de stabilité, la législation prévoyait qu'en cas de modification du régime fiscal de droit commun, l'entreprise titulaire d'un régime fiscal stabilisé pouvait demander le bénéfice desdites modifications[258].

100. Conçu pour s'appliquer à l'ensemble du régime normatif, le principe de stabilisation devait empêcher tous les engagements de l'État dans les secteurs clés de varier, de changer. Cela même si les engagements étaient particulièrement dispendieux et désavantageux pour l'État. Car, en ce qui concerne à la fois les conventions d'établissement qui garantissaient la stabilité de certaines conditions juridiques, économiques et financières que les régimes extra-conventionnels, toute disposition législative ou règlementaire qui aurait pour effet de contredire les prescriptions consacrées par l'ordonnance n° 21/67 du 23 mars 1967 serait inapplicable aux entreprises bénéficiaires du régime fiscal stabilisé pendant la durée dudit régime[259]. Au travers du principe de stabilité, l'État a même étendu l'irrationalité de sa stratégie incitative en allant jusqu'à consacrer que toute entreprise existant en République Gabonaise à la date de publication de l'ordonnance invoquée ci-dessus et subissant la concurrence d'une entreprise bénéficiant d'un régime privilégié, pourra solliciter l'octroi de certains avantages listés par l'administration.

101. Dans ces conditions, finalement, en application du principe de stabilité, l'État s'est engagé dans des relations conventionnelles et extra-conventionnelles désavantageuses. En d'autres termes, il s'est manifestement éloigné des exigences et principes rationnels qui doivent guider l'action publique économique. Car, au regard de la nature du régime stabilisé, l'État ne peut se garantir les offres économiquement

---

[257] Ibidem, article 34

[258] *Ibidem,* article 35.

[259] *Ibidem,* article 36.

les plus avantageuses, ni en termes qualitatifs, ni en termes quantitatifs. Il n'a aucune garantie en ce sens. C'est d'ailleurs ce qui a récemment conduit l'État congolais voisin à supprimer définitivement tel que relevé *supra*[260], les conventions d'établissement conclues dans la même période. Les articles 336 de la loi n° 017/2014 du 30 janvier 2015 portant réglementation du secteur minier en République Gabonaise et 294 de la loi n° 002/2019 du 16 juillet 2019 portant réglementation du secteur des hydrocarbures en République Gabonaise illustrent encore l'irrationalité de la stratégie de l'État dans la gestion des secteurs clés. Ces dispositions enferment encore le droit applicable au traitement de l'investissement direct étranger sous l'empire de la discrétion, du traitement inégalitaire, non-concurrentiel et économiquement désavantageux pour l'État.

C. Les bénéficiaires du principe de la stabilisation

102. Le principe de stabilité a, depuis l'ordonnance n° 21/67 du 23 mars 1967 modifiant les dispositions de la loi n° 55/61 du 4 décembre 1961 portant code des investissements en République Gabonaise, la particularité de s'appliquer au bénéfice de toute entreprise agréée à l'un des anciens régimes *IB* ou *II*[261]. Il bénéficie aussi à toute entreprise considérée comme particulièrement importante dans les plans de développement économique et social de la nation et satisfaisant aux conditions requises par les articles 13 à 15 de cet ancien texte. Une telle entreprise peut conclure avec le Gouvernement une convention d'établissement lui accordant certaines garanties et lui imposant certains engagements. Ainsi, ce principe de stabilité profite aux opérateurs économiques qui ont la particularité d'investir des capitaux importants. C'est le cas des opérateurs économiques des secteurs clés minier et pétrolier notamment, dans lesquels les investissements directs étrangers sont particulièrement élevés. Cela présente encore la réalité de l'économie et du régime juridique qui s'y applique. En effet, bien que les secteurs hors pétrole soient dans une dynamique ascendante ces dernières années, ils n'en demeurent pas

---

[260] Voir *supra,* § n° 66.

[261] Ordonnance n° 21/67 du 23 mars 1967 modifiant les dispositions de la loi n° 55/61 du 4 décembre 1961 portant code des investissements en République Gabonaise, article 38.

moins peu concernés par le principe de stabilité. Car, ils apparaissent encore comme « de pâles figurants[262] » dans l'économie gabonaise.

103. En revanche, les secteurs clés minier et surtout pétrolier qui ont encore un poids écrasant sont ceux qui concentrent les principaux investissements directs étrangers parmi lesquels ceux originaires de Chine sont de plus en plus nombreux[263]. Ces secteurs importants captent donc les investissements directs étrangers les plus importants et à ces derniers est accordé le bénéfice du principe de stabilisation, du moins à certains d'entre eux. C'est-à-dire, ceux arrivés plus tôt, dans les années 60. C'est eu égard à ces derniers que les conventions d'établissement, les contrats d'hydrocarbures, les titres pétroliers, les concessions minières et les permis d'exploitation conclus ou délivrés antérieurement à la date de publication de la loi n° 002/2019 du 16 juillet 2019 portant réglementation du secteur des hydrocarbures en République Gabonaise demeurent encore en vigueur jusqu'à leur date d'expiration.

104. Ainsi, à la lumière de l'article 31 de l'ordonnance n° 21/67 du 23 mars 1967 portant code des investissements en République Gabonaise, ces investissements en tant qu'ils permettent non seulement l'exercice d'activités minières d'extraction, d'enrichissement ou de transformation de substances minérales et des activités connexes, mais également des activités de recherche pétrolière, sont encore couverts par le principe de stabilisation. C'est parce qu'ils ont bénéficié de l'effectivité de ce principe que la loi en vigueur consacre encore des régimes d'exception et de traitement inégalitaire, rompant ainsi la concurrence entre les investisseurs, maintenant des monopoles, des oligopoles et conséquemment la discrétion, les risques et pratiques de corruption qui affectent la fiabilité du régime juridique étant ainsi élevés. Et ce, alors même que le but consacré est de fiabiliser ce régime. Ce paradoxe manifeste conforte la nécessité d'évincer le régime de traitement appliqué et d'implanter les principes rationnels de la commande publique, pour enfin éloigner le régime juridique de traitement de l'ombre du concept de « corruption institutionalisée[264] » attribué au monde émergent auquel l'État aspire.

---

[262] MBADINGA Michel, *op. cit., supra,* § n° 9, p. 248.

[263] Voir *supra,* § n° 12.

[264] ZAGAINOVA Anastassiya, La corruption institutionnalisée : un nouveau concept issu de l'analyse du monde émergent, Thèse, Économie et Finances, Université de Grenoble, 2012, 453 p.

PARAGRAPHE 2 :
La fiscalité dans le principe de la stabilisation

105. La législation appliquée dans les secteurs clés, dans sa continuité, confirme que le droit fiscal est un droit d'incitation économique[265]. Et à ce titre, cette brache particulière du droit est utilisée comme un élément permettant de sauvegarder le traitement de l'investissement direct étranger consacré depuis 1960, et cela en dépit de ce qu'elle exige le recours aux principes de transparence[266], et d'égalité[267] et moins de pouvoir administratif discrétionnaire[268]. Le traitement de l'investissement direct étranger en toute discrétion s'appuie, au contraire, fondamentalement sur le droit fiscal. Ce dernier est un pilier majeur du traitement réservé à l'investissement direct étranger dans les secteurs lés concernés. Ce d'autant que la fiscalité constitue la source des principaux avantages incitatifs accordés et, ce n'est ensuite que ces avantages sont protégés contre tout changement défavorable intervenu dans la législation. Finalement, la fiscalité apparaît comme un instrument du principe de stabilisation (**A**) et, conséquemment, un instrument essentiel du traitement discret de l'investissement direct étranger dans les secteurs clés (**B**).

A. La fiscalité, un instrument du principe de la stabilisation

106. En excluant les divers avantages en nature accordés aux investisseurs directs étrangers dans les secteurs clés[269], il est clair que sans les avantages fiscaux, il n'y a ni régime préférentiel, ni traitement d'exception et discrétionnaire, encore moins de régime véritablement incitatif ; d'autant que les textes initiaux, en particulier l'ordonnance n° n° 21/67 du 23 mars 1967 était composé principalement de dispositions fiscales. Celles-ci avaient une finalité constante : accorder aux investissements directs étrangers le maximum d'avantages, afin qu'ils s'établissement sur le territoire national à titre principal, sur le territoire

---

[265] ESSONO OVONO Alexis, *op. cit.*, § n° 19, p. 12.
[266] ENGONE Kénaelle Cyndie, *op. cit.*, § n° 4, p. 533.
[267] *Ibidem,* p. 408.
[268] *Ibidem,* p. 396.
[269] Ordonnance n° 21/67 du 23 mars 1967 modifiant les dispositions de la loi n° 55/61 du 4 décembre 1961 portant code des investissements en République Gabonaise, article 28 : « L'agrément au Régime IB comporte, de droit, la détermination dans le décret d'agrément du montant de la redevance foncière, minière ou forestière qui peut être réduit ou nul ».

régional à titre accessoire. Ces avantages étaient consentis en matière fiscale. Le régime a structuré le traitement de manière processuel. En effet, c'est par la fiscalité que l'incitation se traduit en faveur de l'investisseur.

107. Qu'il s'agisse d'avantages fiscaux portant réduction[270], exemption[271] ou exonération[272], ils ont tous pour finalité d'accorder un avantage à l'investisseur qui en bénéficie. C'est ensuite par le principe de stabilisation que ces avantages sont maintenus et protégés dans le temps. Ainsi, en tout état de cause, la fiscalité est mobilisée pour faciliter au maximum l'installation et l'activité de l'investisseur dans l'économie. Cependant, dès lors que ces avantages ne sont pas accordés à tous les investisseurs et constituent des éléments importants dans le traitement, l'égalité de traitement est rompue, la concurrence est évincée. C'est en effet le cas lorsque l'État renonce, d'abord comme en 2007, à plus de 22 % de ses recettes fiscales intérieures, puis en 2011, à 46,4 % de ses recettes douanières[273].

108. Mais au-delà de la renonciation, c'est la fiscalité elle-même qui fait l'objet de stabilisation. En effet, la législation a établi que pendant sa période d'application, le régime fiscal stabilisé protège l'entreprise bénéficiaire contre toute aggravation de la fiscalité directe ou indirecte qui lui est applicable à la date de départ de l'agrément dont elle bénéficie, tant dans l'assiette et les taux que dans les modalités de recouvrement[274]. Dit autrement, la fiscalité est stabilisée pour que le principe de stabilisation puisse être mis en œuvre. Le régime de traitement a donc conçu la fiscalité comme une composante, un élément préalable qu'il faut déclencher dans un premier temps afin d'avoir, dans un deuxième temps l'effectivité du principe de stabilisation. Il suit de là que qu'en réalité, le principe de stabilisation, fortement dépendant de la fiscalité, n'a de sens que si cette dernière est elle-même stabilisée au préalable.

109. Le traitement s'opère dès lors à travers une double stabilisation. La première s'opère sur la fiscalité elle-même. La deuxième consiste en la protection de la première dans le temps, contre tout changement

---

[270] *Ibidem,* article 10.

[271] *Ibidem,* article 11-d.

[272] *Ibidem,* article 27.

[273] ESSONO OVONO Alexis, *op. cit.,* § n° 19, p. 12.

[274] Ordonnance n° 21/67 du 23 mars 1967 modifiant les dispositions de la loi n° 55/61 du 4 décembre 1961 portant code des investissements en République Gabonaise, article 34.

normatif défavorable au bénéficiaire. Dans ce cadre, s'applique à l'investissement direct étranger une double stabilisation qui converge en une seule. Car, c'est finalement l'avantage fiscal accordé qui, une fois protégé dans le temps contre toute réforme désavantageuse à l'investisseur, confirme que le principe de stabilisation a été effectif. Cela confirme donc la fonction incitative de la fiscalité. Cela confirme surtout que celle-ci constitue un élément du principe de stabilisation qu'elle permet de mettre en œuvre.

110. Le traitement applicable à l'investissement direct étranger révèle ainsi, au regard de la place qu'occupe la fiscalité dans les textes, que sans cette dernière, il n'y a pas principe de stabilisation applicable dans le temps. Car, finalement, la fiscalité se situe à la fois à l'origine et à l'aboutissement du principe de stabilisation. *In fine*, sans la fiscalité, il n'y a pas *in concreto* de principe de stabilité ; d'autant que l'État attire l'investissement direct étranger en accordant des avantages fiscaux au titre de sa stratégie incitative. Ces avantages sont ensuite protégés dans le temps en faveur du bénéficiaire. C'est la sauvegarde desdits avantages fiscaux dans le temps contre les réformes juridiques désavantageuses qui confirme, enfin, l'effectivité du principe de stabilisation. Ce dernier n'est effectivement un principe que lorsque sa mise en œuvre est démontrée.

111. Ainsi, ayant été consacré *de jure*, il faut qu'il soit effectif *de facto* pour prendre toute sa place dans le traitement de l'investissement direct étranger. C'est donc la fiscalité qui constitue le fond du principe, la matière sur laquelle ce principe repose. Ce dernier n'est dès lors que la forme. De manière plus explicite, le principe de stabilité n'est au fond, que la fiscalité stabilisée. Les secteurs clés sont le champ sur lequel s'opère cette stabilisation. En d'autres termes, la fiscalité est un instrument du traitement applicable à l'investissement direct étranger. Cela signifie que la fiscalité fait elle aussi l'objet d'un maniement discret et discrétionnaire qui a pour conséquence d'évincer la rationalité de la gestion de la commande publique des secteurs clés concernés par la présente étude.

B. La fiscalité, un instrument de la discrétion

112. La fiscalité est un instrument du traitement discret de l'investissement direct étranger. Cela résulte de ce que la fiscalité, source majeure des revenus étatiques dans la gestion des secteurs minier, pétrolier et des hydrocarbures en général fait l'objet de négociations discrètes. Elle est utilisée sous l'empire du pouvoir discrétionnaire de l'administration, dans des conditions évinçant toute transparence, tout traitement égalitaire des opérateurs économiques dans ces secteurs. L'État mobilise la fiscalité par l'exonération, par l'exemption ou par la réduction pour affranchir certains investisseurs de certaines charges. En outre, ces dépenses fiscales qui échappent encore à l'autorisation budgétaire, accroissent les risques de corruption de l'administration fiscale[275]. Par conséquent, dès lors que la fiscalité est une source majeure des revenus étatiques dans les secteurs clés, le fait qu'elle fasse l'objet de négociations discrètes, loin de toute transparence pourtant requise, participe à faire de la fiscalité un instrument même du traitement inadapté de l'investissement direct étranger ; d'autant que c'est par la fiscalité que l'investissement direct étranger est attiré dans l'économie. Et c'est à partir de son implantation que lui est appliqué le régime de discrétion qui caractérise l'administration compétente.

113. Ainsi, le poids de la fiscalité dans les revenus de l'État dans les secteurs clés fait de celle-ci un élément déterminant. Elle est déterminante au point que son usage est susceptible d'influencer fondamentalement le traitement de l'investissement. En effet, une fiscalité négociée et contractée dans la transparence est susceptible de rendre transparent le traitement de l'investissement direct étranger qui en bénéficie. Car, elle est à la source même des intérêts en présence. Si cette fiscalité échappe encore à l'autorisation budgétaire qui permettrait pourtant d'éclairer les conditions de sa négociation et les taux réellement appliqués, cela traduit qu'elle n'est pas exempte de tout vice, de tout dévoiement. Elle manquerait donc de sincérité, de fiabilité. Elle devient par conséquent un instrument qui permet de traiter discrètement certains investisseurs, au détriment d'autres. Elle se négocie ainsi au gré de la subjectivité de l'administration, sans que le législateur ne puisse, à minima intervenir *a posteriori* lors du vote budgétaire.

114. Il en va de même pour les juges compétents qui, par leur silence, n'œuvrent pas à éclairer la fiscalité pétrolière ou encore minière. Elle demeure sous l'emprise de la discrétion alors même qu'elle détermine la nature du traitement applicable à l'investissement direct étranger. Dans ces conditions, ce traitement ne saurait qu'être peu fiable, inégalitaire, anticoncurrentiel. Il est exposé à un risque élevé de corruption et de dévoiements divers. Une fois couverte par la discrétion,

---

[275] ESSONO OVONO Alexis, *op. cit.*, § n° 19, p. 13.

la fiscalité affecte le traitement qu'elle accorde à l'investissement direct étranger. Par conséquent, qu'il s'agisse d'une réduction ou d'une exonération de charges que l'État accorde à l'investissement direct étranger, celle-ci est douteuse. Or, la finalité visée par le régime juridique et institutionnel est opposée au doute. Car, le régime tente de rassurer, de susciter la confiance des investisseurs.

115. Toutefois, le traitement mis en œuvre à travers une fiscalité discrète n'attire que la confiance des bénéficiaires, mais pas la confiance de tous, encore moins des investisseurs potentiels. Car, ces derniers ne sont pas affranchis de craintes multiples quant à la variabilité du traitement. Ils sont plutôt invités à douter au lieu de faire confiance. Paradoxe ; d'autant plus la norme doit rassurer par sa clarté, son intelligibilité, sa prévisibilité. Il faut donc qu'elle soit la même et qu'elle soit appliquée à tous avec la même rigueur, tout en sauvegardant aussi, par là-même, les intérêts de l'État. Cela soulève la refondation nécessaire du traitement de l'investissement direct étranger. Les principes d'antan sont dépassés. La protection accordée à l'investisseur hier, ne peut plus être la même aujourd'hui. En d'autres termes, « la sécurité juridique d'hier n'est plus celle d'aujourd'hui[276] ». Aussi, le régime de traitement fiscal d'hier n'est plus celui d'aujourd'hui. Les exigences sont nouvelles. Elles sont plus strictes. Mais elles ont plus efficaces. Il est nécessaire d'amorcer la refondation de l'« écosystème juridique[277] » et institutionnel actuel.

[276] SAUVÉ Jean-Marc, *op. cit.*, § n° 95.
[277] *Ibidem.*

CHAPITRE 2 :
Les principes irrationnels d'appui

116. Les principes irrationnels de l'entente et de la stabilisation sont consolidés dans leur fonction d'éviction des principes rationnels de la commande publique par d'autres principes. Ces derniers sont pour eux des principes d'appui en ce qu'ils leur permettent d'une part de se maintenir dans le régime juridique de traitement, mais aussi, d'autre part, de produire leur effet d'éviction des exigences rationnelles de mise en concurrence, de traitement égalitaire des investisseurs et de transparence. Pour autant, la démarche d'ouverture à la concurrence ne faiblit pas. Au contraire, elle s'étend telle que l'exprime la création de la zone de libre-échange continentale africaine que le Cameroun a d'ailleurs récemment ratifiée[278]. Elle devrait être accompagnée d'une rationalisation des principes qui la portent de manière à évincer la discrétion qui favorise le blanchiment de corruption et/ou de détournement de fonds publics dont sont notamment accusés les dirigeants de l'État dans certaines affaires emblématiques[279]. Elle devrait par ailleurs permettre de rompre avec les irrationalités induites avant la naissance officielle de l'État, d'autant que ces dernières expliquent la nature du régime adopté et consacré postérieurement.

117. En effet, lorsque la jurisprudence[280] révèle qu'une convention relative à l'établissement et au fonctionnement de la société *COMILOG* dans les territoires du Gabon et du Congo conclue entre cette société, les gouvernements du Gabon et du Congo et le chef du groupe de territoires de l'*AEF*, les 24 décembre 1958 et 26 et 27 février 1959, garantissait à ladite société, en cas d'intervention de modifications législatives ou réglementaires en matière de concession minière et de droit des sociétés, le bénéfice des dispositions antérieures, et stipulait également que les éventuelles transformations constitutionnelles à venir « ne modifier[aient] pas la consistance des droits et obligations de

[278] Loi camerounaise n° 2019/010 du 19 juillet 2019, autorisant le Président de la République à ratifier l'Accord portant création de la zone de libre-échange continentale africaine, signé à Kigali le 21 mars 2018.

[279] FEFFER Marc-André, « L'engagement de Transparency dans la lutte contre la corruption », Revue française de finances publiques, 1er septembre 2019, n°147, p. 131.

[280] Cour d'appel de Paris, 28 mars 2019, n° 11/07032.

COMILOG telles qu'elles résult[ai]ent des actes législatifs et réglementaires, des délibérations et des conventions », c'est-à-dire des textes antérieurs à l'accession à l'autonomie des territoires du Gabon et du Congo dans le cadre de la Communauté[281], elle révèle, du moins en partie, la nature et l'étendue du régime de traitement appliqué dans la gestion des ressources naturelles des secteurs clés.

118. Ainsi, c'est bien sur le fondement de l'ordonnance n° 21/67 du 23 mars 1967 modifiant les dispositions de la loi n° 55/61 du 4 décembre 1961 portant code des investissements en République Gabonaise que ce traitement a été consacré et accordé. Cela illustre qu'il existe, au-delà des principes irrationnels abordés dans section précédente, d'autres qui alimentent la discrétion du traitement de l'investissement direct étranger. Ces principes d'appui peuvent même être vus comme contribuant au renforcement des fondements de l'irrationalité du régime. Mais en tout état de cause, pour cette raison, ils doivent être évincés du régime juridique. Cette éviction doit se faire à la racine qui laisse germer le traitement irrationnel dans la commande publique. La rationalisation devrait alors partir du dépassement du principe de l'incitation (***Section 1***) à celui des principes de renforcement (***Section 2***) ; d'autant que, *in fine*, l'incitation au regard de sa constance et de sa transversalité dans le régime juridique, peut être perçue comme un principe.

SECTION 1 :
Le principe irrationnel de l'incitation

119. Rendre le régime juridique cohérent et rationnel ne peut se faire sans prendre en compte le recours à l'incitation. Car cette dernière participe au traitement irrationnel de l'investissement direct étranger. Les textes l'énoncent clairement. En matière minière, au sens du nouveau code minier, la politique nationale en matière de mines repose notamment sur les règles et principes qui incluent l'institution de mesures incitatives aux investissements miniers[282]. Il en va de même en

[281] Au sens des dispositions de l'article 76 de la Constitution française du 4 octobre 1958.

[282] Loi n° 017/2014 du 30 janvier 2015 portant réglementation du secteur minier en République Gabonaise, article 4 : Journal officiel n° 254 *bis* spécial du 29 mai 2015.

matière pétrolière et d'hydrocarbures[283]. Cela révèle que contrairement au foisonnement et à la célérité qu'a connu la recherche des ressources d'hydrocarbures et minières, l'encadrement juridique de la commande publique qui en résulte n'a pas bénéficié d'autant de considération et de rigueur. L'insertion de principes rationnels n'a pas été définie comme utile dès les premiers textes relatifs à l'investissement et à la commande publique. En conséquence, la précarité textuelle initial (***Paragraphe 1***) a constitué et explique le développement de l'incitation comme levier de l'action publique économique dans les secteurs clés (***Paragraphe 2***). *A contrario*, cela exprime le rejet du traitement égalitaire des investisseurs, qui se fait alors dans des conditions inadaptées de non-transparence et sans mise en concurrence réelle.

PARAGRAPHE 1 :
Un principe favorisé par les textes initiaux

120. Le fait, tant historique qu'actuel, que l'incitation soit consubstantielle ou inhérente aux textes applicables aux secteurs clés (**A**), a condamné et continue de condamner le régime juridique à une certaine fragilité. Ce principe induit une certaine influence sur les textes (**B**) qui favorise la discrétion consacrée par les actes administratifs et réglementaires ; d'autant plus qu'une fois consacré dans les textes, l'administration qui exécute le traitement doit mettre en œuvre le régime d'incitation consacré[284]. Un tel cadre n'est pas de nature à favoriser la rationalisation du traitement. Il en est la négation ou du moins le refus, en ce que le traitement consacré sous l'empire ou l'inspiration de l'incitation vise à aligner le droit applicable sur les aspirations variantes et spécifiques aux acteurs, aux investisseurs et non sur des exigences d'égalité, de transparence et de mise en concurrence.

---

[283] Loi n° 002/2019 du 16 juillet 2019 portant réglementation du secteur des hydrocarbures en République Gabonaise, article 3.

[284] Cour administrative d'Appel de Bordeaux, 5ème chambre, 10 mars 2020, n° 18BX01902, Inédit au recueil Lebon.

A. Un principe inhérent aux textes initiaux

121. Avant 1967[285], le régime juridique applicable au traitement des investissements directs étrangers et aux secteurs clés était principalement influencé par des considérations économiques. Ces dernières, manifestes par leur importance, ont posé les bases de la prévalence des actes administratifs et de l'administration qui les édicte, étendant ainsi le champ d'influence du pouvoir discrétionnaire, c'est-à-dire la possibilité pour ce dernier d'accorder des privilèges, des traitements spécifiques, des traitements inégalitaires, non-transparents et sans aucune mise en concurrence préalable des investisseurs directs étrangers.

122. Cette configuration résulte de ce que la loi constitutionnelle n° 4/59 du 19 février 1959 promulguant la Constitution gabonaise[286] et toutes celles qui la précéderont, notamment les lois constitutionnelles n° 68/60 du 14 novembre 1960[287] et n° 1/61 du 21 février 1961, se limitaient à consacrer dans leurs différents titres, des régimes relatifs soit au pouvoir législatif, soit au Gouvernement et au Président de la République avec une répartition des compétences et prérogatives tendant à respecter la diversité d'opinion et d'expression politique de cette période. En revanche, sur le plan économique, les consécrations textuelles y relatives, en dépit de la fragilité de ce domaine, n'ouvraient pas suffisamment le champ d'un traitement fondé sur la prévalence des actes administratifs et réglementaires nécessaires à la mise en œuvre du pouvoir discrétionnaire de l'administration. Une réforme allant dans le sens de la gradation, c'est-à - dire, dans le sens d'introduire davantage de marge de manœuvre au profit de l'administration dans la gestion des secteurs clés, a donc été opérée.

123. C'est à ce titre que la loi n° 55/61 du 4 décembre 1961 a été abrogée par la loi n° 21/67 du 23 mars 1967 ; laquelle a consacré le recours aux traitements préférentiels[288] des investissements directs étrangers afin d'en assurer l'attraction. Au titre de ces consécrations, il

[285] Sous l'empire de la loi n° 55/61 du 4 décembre 1961 portant code des investissements en République Gabonaise.

[286] Voir Journal officiel du 1er juillet 1959, p. 1.

[287] Voir Journal officiel du 25 novembre 1960, p. 701.

[288] La loi n° 21/67 du 23 mars 1967 prévoyait dans son Livre Second intitulé « Régimes privilégiés », en-dehors du régime bref de droit commun, cinq régimes préférentiels, notamment les régimes *IA* et *IB* prévus aux articles 23 à 30, le régime *II* prévu aux articles 31 à 45, les régimes *III* et *IV* prévus aux articles 46 à 61.

était déjà établi[289] dans le régime juridique de traitement et de gestion des secteurs affectés par lesdits textes, que l'investisseur devait être traité de sorte que ses droits et obligations, déterminés directement, au moyen de concertations directes avec les autorités compétentes, lui permettent d'assurer son installation, sa durabilité[290]. La loi de 1967 ci-dessus citée, portant code des investissements en République Gabonaise, a donc consolidé cette perspective. C'est à cet effet qu'elle énonçait à son article 58 relatif aux dispositions diverses que « les régimes privilégiés et les conventions d'établissement accordés (...) pourront, à l'initiative soit du Gouvernement, soit des entreprises intéressées, faire l'objet de négociations en vue de leur adaptation aux dispositions du présent code ».

124. Le cadre de la négociation était d'ores et déjà adopté, fragilisant ainsi la perspective d'un traitement égalitaire par lequel les entreprises dont les capitaux proviennent d'autres États devaient avoir, en bénéficiant de la faculté d'acquérir les droits de toute nature, utiles à l'exercice de leurs activités tels que les droits immobiliers, les droits industriels, des concessions, la participation aux marchés publics dans les mêmes conditions que les entreprises gabonaises[291]. Cette centralisation de l'administration au cœur du traitement a été accentuée par une consécration majeure de ce même texte qui prévoyait en son article 22 qu'aux entreprises entrant dans le régime privilégié concerné, « les marchés de l'administration et de l'armée leur seront autant que possible réservés en priorité ».

125. Ainsi, le cadre privilégié de la négociation directe avec les opérateurs économiques, les investisseurs et candidats de leurs droits et obligations, à l'abri de la transparence, doublé de la possibilité d'octroyer des marchés publics aux investisseurs les plus offrants, a installé la discrétion, le privilège de certains investisseurs et la banalisation d'autres[292]. C'est cette prévalence de l'administration par

---

[289] Par la loi n° 15/62 du 2 juin 1962 qui institue les autorisations, les permis de recherche et d'exploitation des mines solides et liquides.

[290] Cela explique dans une certaine mesure, la terminologie de la Convention d'établissement consacrée par ledit texte et qui, nous le verrons infra n° 191 s., dans le chapitre 2, demeure en vigueur à la date de la présente étude.

[291] Loi n° 21/67 du 23 mars 1967 portant code des investissements en République Gabonaise, article 22.

[292] Cela se fait notamment par voie réglementaire selon les articles 1-e des différents traités et accords en matière d'investissement sans que le juge constitutionnel ne réagisse alors qu'il a déclaré sa compétence dans sa décision n° 16/CC du 15 septembre 1994 sur la Cour administrative et l'a confirmée dans sa décision n°

la discrétion de son pouvoir que les textes subséquents entretiendront ou ne réussiront pas à désinstaller dans les deux branches du droit rassemblées dans cette étude. En dépit de la diversité des textes[293] et même de la redéfinition du rôle de l'État en matière économique, conformément à la loi n° 15/1998 du 23 juillet 1998 instituant la charte des investissements en République gabonaise[294], la discrétion demeure et tend d'ailleurs à se renforcer.

B. L'influence de l'incitation sur les textes

126. L'enracinement de la discrétion dans le traitement des investissements directs étrangers trouve sa justification dans les textes applicables. Cela s'explique en ce que cette fragilité est consacrée par lesdits textes[295]. La fragilité a occasionné l'enracinement de la discrétion dans le traitement juridique des investissements directs étrangers dans les secteurs clés. En effet, l'ordonnance n° 21/67 du 23 mars 1967 portant code des investissements en République Gabonaise a tenté de consacrer un traitement fondé sur l'égalité, c'est-à-dire, un traitement des opérateurs, investisseurs ou candidats. En ce sens l'article 4 de ce texte énonçait que « les entreprises dont les capitaux proviennent d'autres pays ainsi que les succursales d'entreprises ressortissant d'autres pays que le Gabon, ont la faculté d'acquérir les droits de toute nature, utiles à l'exercice de leurs activités (...) dans les mêmes conditions que les entreprises gabonaises ». Cette disposition, complétée par celle de l'article 5 du même texte permettait aux entreprises susvisées ou leurs dirigeants d'être représentés dans les mêmes conditions que les entreprises gabonaises ou les nationaux

---

144/CC du 28 octobre 2002 sur le Conseil d'État. Voir aussi KWAHOU Sylvestre, La justice administrative au Gabon. Essai sur l'exercice de la fonction juridictionnelle en matière administrative, Thèse, Droit, Université de Rouen, 2004, p. 122 s. ; ZEH ONDOUA Jean, « La répartition du contentieux des actes juridiques entre les juges constitutionnel et administratif au Gabon », Afrique juridique et politique, 2008, Vol. 3, n° 1 et 2, pp.78-103.

[293] Tous les textes postérieurs à la loi n° 21/67 du 23 mars 1967 portant Code des investissements en République Gabonaise consacrent la prévalence de la discrétion.

[294] Loi n° 15/1998 du 23 juillet 1998 instituant la charte des investissements en République Gabonaise, préambule, alinéa 3 : Voir Journal officiel n° 8 *bis,* août 1998

[295] La fragilité signifie l'incapacité des textes à construire un régime transparent, durable et consolidé dans le temps. Ce dernier est ainsi exposé à un changement récurrent arrimé aux fluctuations diverses de l'investissement direct étranger et non pas rattaché à un principe stable et effectif dans l'action publique économique.

gabonais dans les assemblées consulaires et dans les organismes assurant la représentation des intérêts professionnels et économiques.

127. Mais bien plus encore, aux termes du même texte[296], dans le cadre de leurs activités professionnelles, les employeurs et travailleurs étrangers étaient assimilés aux nationaux gabonais et ne pouvaient, selon l'article 7 « être assujettis à titre personnel à des droits, taxes et contributions, quelle qu'en soit la dénomination, autres ou plus élevés que ceux perçus sur les nationaux gabonais ». Mais bien rapidement, toutes ces dispositions ont été nuancées par l'article 8 du même texte aux termes duquel « les dispositions prévues aux articles 4 et 7 ci - dessus s'appliquent sous réserve de réciprocité ». En d'autres termes, cette dernière disposition émettait, dans un texte de loi, disposition d'ordre générale, une réserve qui révèle que le régime que consacrait ledit texte s'assimilait déjà à un régime de traitement préférentiel tel qu'il est d'usage courant, notamment dans les conventions et accords bilatéraux[297]. Car, sans réciprocité, un traitement égalitaire, concurrentiel et transparent n'était donc pas admis au profit de tout investisseur direct étranger. Au contraire, les exceptions prévalent.

128. Ainsi, en conférant aux dispositions du code des investissements une portée qui l'assimilerait à un accord bilatéral, le législateur a ouvert la perspective du traitement par discrétion. En effet, le législateur d'alors avait, non seulement consacré un régime qui se révèle aujourd'hui désavantageux et auquel les textes en vigueur hésitent à mettre un terme[298], mais également opéré par ce biais, un alignement des traitements. À cet effet, le cadre discret et particulier qui prévaut dans les relations conventionnelles s'est intégré dans le cadre législatif général. Il s'ensuit notamment que les investissements directs

---

[296] Ordonnance n° 21/67 du 23 mars 1967 portant Code des investissements en République gabonaise, article 6.

[297] Voir Accord conclu entre l'État gabonais et le Gouvernement du Royaume du Maroc portant sur la promotion et la protection réciproques des investissements, dans sa version faite à Libreville, le 21 juin 2004, préambule, alinéa 2 ; accord entre l'État gabonais et l'Union belgo-luxembourgeoise concernant l'encouragement et la protection réciproques des investissements, dans sa version faite à Bruxelles, le 27 mai 2002 et entrée en vigueur depuis le 28 mai 2005.

[298] Voir Loi n° 002/2019 du 16 juillet 2019 portant réglementation du secteur des hydrocarbures en République gabonaise, article 294 : Voir Journal officiel n° 27 *ter* du 22 juillet 2019 ; Loi n° 017/2014 du 30 janvier 2015 portant réglementation du secteur minier en République gabonaise, article 336 : Voir Journal officiel n° 254 *bis* spécial du 29 mai 2015.

étrangers bénéficient sous l'empire de la loi, d'un traitement similaire à celui que lui confèrerait un contrat, un accord, une convention.

129. En conséquence, il n'est pas impertinent de déduire que certaines relations juridiques entre l'État gabonais et d'autres États ou regroupement d'États se sont formées dans des conditions favorables à la discrétion. Il ressort notamment que le régime de traitement consacré par le code des investissements de 1967 a effectivement suscité des intérêts étrangers qui, une fois actés par écrits, s'inscrivent dans le cadre consacré par les textes. C'est le cas du traité signé le 16 mai 1969, en matière d'encouragement, de protection mutuelle d'investissements de capitaux entre l'État gabonais et la République fédérale allemande qui n'a cessé d'être applicable qu'avec l'entrée en vigueur de l'accord d'objet similaire conclu le 15 septembre 1998. De même, à Libreville, le 13 janvier 1979, c'est-à-dire, sous l'empire de la loi n° 14/74 du 21 janvier 1975[299] et l'ordonnance n° 38/79/PR du 23 décembre 1979[300], l'État a signé une convention relative à la protection, à l'encouragement et la garantie des investissements avec le Gouvernement du Royaume du Maroc[301], laquelle n'a cessé qu'avec l'entrée en vigueur d'un accord d'objet similaire, signé à Libreville le 21 juin 2004. Ainsi, l'ordonnance n° 21/67 du 23 mars 1967 portant code des investissements en République Gabonaise a énoncé de faibles bases d'un traitement égalitaire des opérateurs économiques, investisseurs directs étrangers ou candidats, mais n'a pas manqué d'ouvrir une perspective qui a favorisé l'intégration centrale de l'administration et donc du traitement par discrétion dans les secteurs clés.

PARAGRAPHE 2 :
Le développement de l'incitation

130. Le régime de traitement influencé par la prévalence de l'incitation s'étend au regard de ce les secteurs clés constituent un champ du droit de la commande publique auquel devrait s'appliquer une réelle mise en concurrence, un traitement égalitaire des opérateurs économiques en toute transparence. Dans ces secteurs, du fait de l'incitation, les investisseurs bénéficient de dispositifs fondés sur le pouvoir discrétionnaire de l'administration et de celui-ci résultent la

---

[299] ZOLO TOMO Tristan Pamphile, *op. cit.,* § n° 12, p. 33.
[300] *Ibidem.*
[301] Voir convention signée en 2004, article 13-1 relatif aux dispositions finales.

discrétion, la non-transparence, l'absence de mise en concurrence tant dans les secteurs minier, de l'eau et de l'énergie (**A**), que dans le secteur des hydrocarbures (**B**).

A. L'incitation en matière minière, d'eau et d'énergie

131. Il ne saurait y avoir de doute sur l'existence des conventions d'établissement dans le secteur miner et l'incitation qui les caractérise conformément à l'ordonnance n° 21/67 du 23 mars 1967. C'est à ce titre que l'article 4 de la loi n° 017/2014 du 30 janvier 2015 portant réglementation du secteur minier en République Gabonaise a énoncé que la politique nationale en matière de mines repose notamment sur les règles et principes parmi lesquelles figure expressément la promotion et la protection des investissements miniers ainsi que l'institution de mesures incitatives à ces investissements. L'État dispose à cet effet, au-delà d'une possibilité de dérogation[302], d'un droit de jouissance inaliénable sur les ressources minières qui lui garantit, dans les conventions minières en phase d'exploitation, notamment des termes juridiques, fiscaux et économiques favorisant la contribution de l'exploitation minière à son développement économique, sans préjudice des avantages octroyés pour attirer et permettre la rentabilité des investissements miniers en application du principe d'équilibre[303].

---

[302] Aux termes de l'article 3 de la loi n° 017/2014 du 30 janvier 2015 portant réglementation du secteur minier en République gabonaise, il faut entendre par « dérogation » la prérogative que ladite loi reconnait à l'État, par laquelle ce dernier accorde, exceptionnellement, le sursis de certaines règles ou le bénéfice de certains avantages, conformément aux seules modalités déterminées par voie législative et réglementaire.

[303] Loi n° 017/2014 du 30 janvier 2015 portant réglementation du secteur minier en République gabonaise, article 6 : Voir Journal officiel n° 254 *bis* spécial du 29 mai 2015. Aux termes de cet article, il faut entendre par principe d'équilibre, le principe d'ordre public qui régit l'octroi des avantages dans toute convention minière en phase d'exploitation. Ce principe requiert que les avantages, notamment juridiques, fiscaux, douaniers et économiques soient accordés dans le strict respect de l'équilibre global entre la rentabilité de l'investissement pour l'opérateur et sa portée économique pour l'État, notamment en termes de contribution aux finances publiques et au développement socio-économique. Le principe d'équilibre interdit, d'une part, l'octroi d'avantages sans cause, excessifs et préjudiciable au droit de jouissance inaliénable de l'exploitation minière, d'autre part, garantit le droit, pour tout opérateur, à un régime conventionnel favorable aux conditions de rentabilité de son investissement.

132. Pour mettre en pratique cette politique, l'article 2 du décret n° 1018/*PR/MMPH* du 24 août 2011 portant création, attributions et organisation de la Société Équatoriale des Mines (*SEM*) a consacré qu'il est créé et rattaché à la Présidence de la République, en dépit de la tutelle textuellement fractionnée de cette entité[304]. Ce rattachement permet notamment à cette société d'assurer, sous le contrôle des autorités de tutelle, la mise en œuvre de la politique nationale d'incitation et de promotion du secteur minier. Cela passe par l'usage de conventions minières conclu sous le pouvoir discrétionnaire des autorités de tutelles, particulièrement en ce qui concerne le traitement des investissements directs étrangers dans la commande publique dudit secteur. Cette logique n'est que la continuité du régime posé par l'ordonnance n° 21/67 du 23 mars 1967.

133. Le code des investissements de 1967 consacrait la procédure suivant laquelle, tout investisseur souhaitant réaliser ses activités dans les secteurs déterminés[305] devait au préalable, après soumission de son dossier à l'administration compétente, disposer d'une autorisation lui accordant des droits d'activité[306]. Compte tenu de l'importance de cet investissement pour les besoins nationaux, ce dernier pouvait, si l'investisseur en exprimait la volonté, bénéficier de l'un des cinq (5) régimes préférentiels consacrés. C'est à l'issue de l'inscription à l'un desdits régimes qu'une convention minière, c'est-à-dire un contrat, était conclu.

134. Il en est encore de même à la date de la présente étude. En en effet, en contrepartie des avantages fiscaux et douaniers fixés par les dispositions favorables de la loi, tout bénéficiaire d'une convention attachée à un titre minier et tout titulaire d'une autorisation ainsi que les entreprises travaillant pour leur compte, sont tenus d'accorder la

---

[304] Cette tutelle est fractionnée conformément à l'article 5 du décret n° 1018/*PR/MMPH* du 24 août 2011 portant création, attributions et organisation de la Société Équatoriale des Mines qui dispose que « La *SEM* est dotée de la personnalité juridique et jouit de l'autonomie administrative et de gestion financière » et reste aux termes de l'article 6 « placée sous la tutelle technique du ministère des Mines ». La SEM est finalement placée sous une tutelle qui affaiblie son autonomie. Elle est rattachée d'une part à la présidence, d'autre part placée sous la tutelle technique du ministère des Mines. Son autonomie administrative perd ainsi toute portée utile.

[305] Ordonnance n° 21/67 du 23 mars 1967 portant code des investissements en République Gabonaise, article 14.

[306] Il ne s'agissait là que du régime de droit commun.

préférence aux entreprises gabonaise pour tout contrat[307]. La politique incitative lie donc l'acte administratif unilatéral et la convention conclue avec l'investisseur direct étranger. Il s'agit d'un lien d'attachement assumé par la politique nationale d'incitation appliquée dans le secteur minier. Celle-ci tire sa force du privilège du préalable rattaché aux actes administratifs unilatéraux auxquels appartiennent les conventions d'établissement[308] et les contrats miniers qui en résultent.

135. Il s'agit de la reconduction du principe de 1967 au regard de ce qu'un besoin exprimé par l'administration, par l'État et qui, faisant naître au profit des parties, des droits pouvant être exclusifs et des obligations, est satisfait au moyen d'une convention portant concession minière, mais résultant d'une autorisation administrative. Cela participe manifestement à réduire le champ des règles de la commande publique en procédant pour des considérations incitatives, à une modalité d'attribution échappant aux exigences et procédures de droit qui doivent régir la satisfaction des besoins des personnes publiques. Par l'incitation, toute possibilité de mise en concurrence est ainsi écartée dans la gestion des secteurs clé et le traitement des investisseurs directs étrangers se fait donc sans référence réelle et effective à la transparence, à l'égalité de traitement, à la mise en concurrence des opérateurs.

136. C'est sur le fondement de l'incitation que l'article 14 du décret d'application n° 16-01 du 31 décembre 2001 de loi n° 005/2000 du 12 octobre 2000 portant code minier, énonçait donc que « la demande d'un permis de recherche est accompagnée d'un projet de convention minière selon le modèle arrêté par l'administration des mines… ». Sous l'appréciation de l'autorité publique compétente, cela peut aboutir à une concession d'exploitation minière. Il en va de même des demandes de renouvellement. L'incitation est ainsi le motif ou instrument principiel par lequel, la commande publique du secteur minier est régie et mise en œuvre hors du cadre requis à l'action publique économique.

137. Il en ressort que l'incitation continue à influencer le traitement en favorisant dans le secteur minier le recours à des modalités de gestion qui dérogent au champ principiel de la commande publique. Ainsi, dans ce secteur, l'incitation constitue bien plus qu'une stratégie,

---

[307] Loi n° 017/2014 du 30 janvier 2015 portant réglementation du secteur minier en République gabonaise, article 317 : Voir Journal officiel n° 254 *bis* spécial du 29 mai 2015.

[308] SY Demba, La technique des contrats-plan au Sénégal : contribution à l'étude de la contractualisation des relations entre l'État et les entreprises du secteur parapublic, Thèse, Droit, Université Cheikh Anta DIOP, Dakar, 1989, 682 p.

elle se transforme en règle de fond qui transcende les époques et continue de caractériser l'action publique économique ainsi que le droit qui lui est applicable. La même observation est faite au secteur de l'eau et de l'énergie. Ce dernier n'échappe pas à ce régime de discrétion et d'incitation. En effet, la gestion de ce secteur est consécutive au régime de 1967. Il en tire aussi sa source ; d'autant qu'aux termes de l'article 14 de l'ordonnance n° 21/67 du 23 mars 1967 portant code des investissements en République Gabonaise, les entreprises de production d'énergie ont également figuré parmi celles qui pouvaient bénéficier des différents régimes préférentiels consacrés par cette ordonnance.

138. Le monopole de droit ou de fait[309] qui règne encore dans ce secteur couvre le régime d'avantages incitatifs accordés en dépit de la faible qualité du service rendu. La loi n° 024/2016 fixant le régime juridique de la production, du transport et de la distribution de l'énergie électrique et de l'eau potable en République Gabonaise n'a fait que confirmer la portée indument incitative du monopole qu'elle consacre en son deuxième chapitre. Le maintien du monopole en dépit des insuffisances et de la faible qualité du service, établissent que les bases sur lesquelles a longtemps été fondé le traitement de l'investisseur récemment déchu[310] n'étaient pas rationnelles. Elles n'étaient pas conformes aux exigences des règles de la commande publique, vidant ainsi de leur sens, notamment les dispositions relatives à la passation des contrats de délégation[311]. Car, ces derniers sont conclus dans un cadre opposé à une véritable rationalisation des procédures, alors qu'il s'agit d'un secteur de souveraineté[312]. Le contentieux qui en a résulté en exprime mieux la véracité et l'étendue[313].

---

[309] PHILIPPE Alice, Le monopole de fait, éd. L'Harmattan, 2020, 504 p.

[310] Voir affaire *Société d'Energie et d'Eau du Gabon et Veolia Africa c/. République Gabonaise* enregistré le 18 octobre au Secrétariat général du CIRDI, affaire n° ARB/18/36.

[311] Loi n° 024/2016 fixant le régime juridique de la production, du transport et de la distribution de l'énergie électrique et de l'eau potable en République gabonaise, article 8 et suivants : Voir Journal officiel n° 335 du 1er au 07 février 2017.

[312] INDJENDJE NDALA Pierre Daniel, MOUSSONE Emmanuel, « Les opportunités d'investissements directs étrangers au Gabon », L'Harmattan, Revue Marchés et Organisations, 2011, n° 14, p. 65.

[313] Voir affaire *Société d'Energie et d'Eau du Gabon et Veolia Africa c/. République Gabonaise* enregistré le 18 octobre au Secrétariat général du CIRDI, affaire n° ARB/18/36.

B. L'incitation en matière d'hydrocarbures

139. Lorsque le décret n° 1017/*PR/MMPH* du 24 août 2011 portant création, attributions et organisation de la société nationale des hydrocarbures du Gabon venait énoncer que l'entité créée avait notamment pour mission de détenir les participations de l'État dans les gisements d'hydrocarbures et dans le capital des sociétés titulaires des conventions d'établissement, et des contrats de partage de production, il révélait ainsi le lien qui existe entre la promotion des investissements directs étrangers dans ce secteur, l'incitation qui accompagne celle-ci et les conventions d'établissement qui en assurent la traduction. Celles-ci existent fondamentalement dans le secteur des hydrocarbures, en dépit de la réforme ayant tenté de les interdire. En en effet, aux termes de la loi n° 011/2014 du 28 aout 2014 portant réglementation du secteur des hydrocarbures en République Gabonaise[314] les conventions d'établissement et les concessions minières en matière d'hydrocarbures étaient clairement interdites[315]. Mais il s'agit là de dispositions transitoires car cette même loi reconnait en son article 256 que les conventions d'établissement, les contrats d'hydrocarbures, les titres pétroliers, les concessions minières en la matière ainsi que les permis d'exploitation conclus ou délivrés par l'État antérieurement à la date de publication de ce texte demeurent en vigueur jusqu'à leur date d'expiration.

140. Cette loi tente donc de marquer la fin d'un régime de gestion dans ce secteur et le commencement d'un nouveau. Or, là encore, il y a matière à observer une occasion manquée. Car, dans ce nouveau régime consacré, persiste et prévaut l'influence de l'incitation qui reprend, sous des terminologies différentes, le principe originel de la convention d'établissement et de la convention minière consacré par l'ancien code des investissements de 1967. La loi n° 011/2014 du 28 août 2014 abrogée, puis, plus récemment, la loi n° 002/2019 du 16 juillet 2019 portant réglementation du secteur des hydrocarbures en République Gabonaise sont toutes constantes et claires à ce propos en ce qu'elles énoncent à l'alinéa 2 de l'article 2 pour la première et à l'article

---

[314] Loi n° 011/2014 du 28 aout 2014 portant réglementation du secteur des hydrocarbures en République Gabonaise, article 257 : Voir Journal officiel n° 221 du 8 au 15 septembre 2014.

[315] Cette interdiction ferme a changé en s'assouplissant avec la loi n° 002/2019 du 16 juillet 2019 portant réglementation du secteur des hydrocarbures en République Gabonaise : Voir Journal officiel n° 27 *ter* du 22 juillet 2019.

l'alinéa 2 de l'article 3 pour la deuxième que les activités d'hydrocarbures bénéficient de mesures incitatives. À cet effet, ces activités qu'elles soient amont ou aval[316], sont soumises, comme le secteur minier à une autorisation administrative préalable qui peut aboutir par suite, à un contrat.

141. Il s'agit d'un préalable fondamental en l'absence duquel, aucune activité ne peut être menée dans le secteur des hydrocarbures[317]. Plus précisément, concernant l'autorisation, elle est de différents types qu'il convient de relever. En en effet, dans le cadre des activités *amont* qui concernent principalement la prospection[318], l'exploration[319], aucune exclusion faite ici des autres activités qui entrent dans ce cadre, elles correspondent chacune à un régime d'autorisation spécifique. Ainsi la loi prévoit une autorisation de prospection pour les activités de

---

[316] La loi n° 011/2014 du 28 aout 2014, en son article 5, puis l'article 9 de la loi n° 002/2019 du 16 juillet 2019, portant successivement toutes réglementation du secteur des hydrocarbures en République gabonaise définissent la notion d'activités d'hydrocarbures de manière générale. Ces dispositions définissent plus précisément les activités amont comme toutes « les activités de prospection, d'exploration, d'exploitation, de stockage et de transport des hydrocarbures jusqu'au point d'enlèvement » d'une part, et les activités aval notamment comme celles relatives à « a transformation d'hydrocarbures, d'importation, d'exportation, de transport, de stockage et de distribution de produits pétroliers, gaziers, leurs dérivés, ainsi que la formulation des lubrifiants… », d'autre part.

[317] La loi n° 011/2014 du 28 aout 2014 portant réglementation du secteur des hydrocarbures est d'ailleurs expresse en son article 97 qui dispose qu'« à l'exception du contrat de services, les travaux définis dans les autres contrats d'hydrocarbures ne peuvent être entrepris qu'en vertu d'une autorisation délivrée conformément aux dispositions de la présente loi ». La loi n° 002/2019 du 16 juillet 2019 portant réglementation du secteur des hydrocarbures en République gabonaise confirme cette disposition en son article 74.

[318] Ces activités consistent, selon le 19ème point de l'article 5 de la loi n° 011/2014 du 28 août 2014, puis l'article 9, point 6 de la loi n° 002/2019 du 16 juillet 2019 portant réglementation du secteur des hydrocarbures, à la réalisation de travaux d'évaluation prévus dans le contrat d'évaluation technique. Ce dernier étant le contrat conclu entre l'État et un contractant en vue de réaliser tous travaux de prospection préliminaire de reconnaissance superficielle, notamment par l'utilisation de méthodes géologiques et géophysiques.

[319] Ces activités consistent, selon la loi n° 011/2014 du 28 août 2014, puis l'article 9, point 7 de la loi n° 002/2019 du 16 juillet 2019 portant réglementation du secteur des hydrocarbures à la réalisation par le cocontractant de l'État d'activités de recherche aux fins de découverte d'hydrocarbures.

prospection[320], une autorisation exclusive d'exploitation pour les activités d'exploration[321], tout comme elle prévoyait une autre autorisation exclusive de développement et d'exploitation pour ce dernier type d'activité[322]. Pour son alignement au régime de la convention d'établissement, cette loi précise que chacun de ces types d'autorisations conduit à la conclusion d'un contrat dont l'objet se conforme au type d'autorisation accordée. Il en est ainsi du contrat d'exploration et de partage de production prévu aux articles 61 et suivants[323], du contrat d'exploitation et de partage de production prévu aux articles 66 et suivants[324]. Il en était également ainsi du contrat d'exploration prévu aux articles 43 et suivants[325] et du contrat d'évaluation technique prévu aux articles 41 et suivants[326] de la loi de 2014, et enfin du contrat de services prévu par la loi en vigueur[327].

142. Au regard de ce qui précède, tous les types de contrats pétroliers dont l'objet se rapporte indéniablement et manifestement au champ couvert par le droit de la commande publique qui admet, au travers du

---

320 Loi n° 011/2014 du 28 aout 2014 portant réglementation du secteur des hydrocarbures, article 5, point 5, puis l'article 9, point 6 de la loi n° 002/2019 du 16 juillet 2019 portant réglementation du secteur des hydrocarbures.

321 *Ibidem.*

322 Loi n° 011/2014 du 28 aout 2014 portant réglementation du secteur des hydrocarbures, article 5, point 7.

323 Ce contrat définit les conditions dans lesquelles le cocontractant s'engage à réaliser, à ses risques techniques et financiers exclusifs, au nom et pour le compte de l'État, des activités d'exploration et, en cas de découverte, l'exploitation d'hydrocarbures.

324 Ce contrat définit les conditions dans lesquelles le cocontractant s'engage à réaliser, à ses risques techniques et financiers exclusifs, au nom et pour le compte de l'État, des activités de développement et de production d'hydrocarbures et reçoit en contrepartie une quote-part de la production d'hydrocarbures.

325 Loi n° 011/2014 du 28 aout 2014 portant réglementation du secteur des hydrocarbures en République Gabonaise. Dans ce texte ce contrat définissait les conditions dans lesquelles le cocontractant s'engageait à réaliser, à ses risques techniques exclusifs et pour le compte de l'État, des activités d'exploration d'hydrocarbures.

326 Ce contrat définit les conditions dans lesquelles le cocontractant doit réaliser, à ses frais et à ses risques, pour le compte de l'État, les travaux préliminaires de reconnaissance superficielle notamment par l'utilisation de méthodes géologiques et géophysiques.

327 Loi n° 002/2019 du 16 juillet 2019 portant réglementation du secteur des hydrocarbures. Dans ce texte, ce contrat définit les conditions dans lesquelles le prestataire réalise, pour le compte de l'État, les études géosciences, la production d'hydrocarbures ou toutes autres prestations visant à promouvoir le domaine pétrolier.

décret n° 00027/*PR/MEPPDD* du 17 janvier 2018, article 1er que, quel que soit le type de marché qui est consacré[328], ce texte s'applique aux procédures visant, par voie de contrat écrit et à titre onéreux, la satisfaction des besoins des personnes publiques en matière de travaux, de fournitures, de services ou de prestations intellectuelles, sont passés en dehors de ce champ et ce, en vue de sauvegarder l'orientation incitative.

143. L'article 9 de la loi n° 05-2000 du 12 octobre 2000 portant code minier établissait formellement que le déroulement normal d'opérations de recherche et d'exploitation était garanti par une convention minière qui en définissait les conditions techniques et financières spécifiques, conformément aux dispositions juridiques, fiscales, douanières et sociales de ce code avant de confirmer à son second aliéna que « cette convention minière est établie entre l'État et le ou les titulaires du titre minier ». Il est sur cet aspect, clair que l'incitation, omniprésente, constitue *in fine* une règle qui sert à s'affranchir des cadres de principe qui doivent pourtant, participer à l'objectif historique escompté et toujours d'actualité, de rationalisation de la gestion publique. Là se trouve le nœud de la doctrine incitative qu'il est impératif de dénouer. Car la portée cumulée du droit de propriété de l'État sur les ressources naturelles des secteurs clés, de la prévalence de l'administration dans le traitement, de l'usage des actes administratifs unilatéraux, de la persistance à considérer les conventions d'établissement, les contrats qui en émanent comme des actes de gestion, comme des actes unilatéraux en réalité, conforte et établit clairement le régime de continuité du traitement.

144. Par conséquent, les dispositions transitoires ayant énoncé la suppression de la convention d'établissement, en dehors du remplacement du terme « convention d'établissement » par ceux de « contrat de services », « contrat de partage d'exploration », « contrat de production et de partage de production », « contrat d'exploration et de partage de production », « contrat d'évaluation technique » n'ont pas opéré de réforme fondamentale dès lors que prévaut encore, sous l'influence de l'incitation, le principe de la convention d'établissement qui se fonde sur le triptyque chronologique : *demande d'un investisseur, autorisation administrative et contrat*. Car, la convention

[328] Tous les marchés consacrés par ce texte et précisément par cet article réservé aux définitions, peuvent être passés dans le secteur pétrolier et des hydrocarbures bien qu'ayant des objets différents.

d'établissement consistait à un triptyque identique : *demande d'un investisseur, autorisation administrative et convention d'établissement.* Telle qu'articulée et mise en œuvre dans les secteurs clés, l'incitation affecte considérablement le traitement de l'investissement direct étranger. Pour le cas du secteur pétrolier et des hydrocarbures, elle en alimente de manière fondamentale la structure. Celle-ci est posée sur la règle de fond de l'incitation qui, au-delà de ne pas avoir été refondée dans la redéfinition de l'intervention économique de l'État, empêche, aux termes de la charte des investissements, l'incitation à une gestion rationnelle de ressources du pays[329].

SECTION 2 :
Les principes irrationnels de renforcement

145. La réglementation des secteurs clés est conçue de sorte que la stratégie incitative de l'État puisse d'une part garantir, au stade de la formation des relations économiques avec l'investisseur, des avantages qui confortent l'implantation de ce dernier sur le territoire national. C'est le rôle joué par les principes de formation de la discrétion abordés ci-avant[330]. Elle est, d'autre part, assortie de principes qui, venant solidifier davantage la première protection assurée par le principe de l'entente et celui de la stabilisation, permettent de garantir un niveau de protection supplémentaire au traitement discret initial. Cela révèle donc un lien entre les deux catégories de principes. Ce lien est fonctionnel. Les premiers principes et les seconds ont une fonction commune, celle de protéger le traitement discret appliqué à l'investissement direct étranger. Ainsi, requérant pour son renforcement un appui majeur, le principe de discrétion, au-delà de ses principes de base ou de fondation, est soutenu par des principes qui en assurent la consolidation. Deux principes sont mobilisés à cet effet dans le droit applicable aux secteurs clés. Le principe de la prestation de serment (***Paragraphe 1***) y participe en s'instaurant, au même titre que le principe de confidentialité (***Paragraphe 2***) comme un levier fondamental de traitement de l'investissement direct étranger dans les secteurs clés. Ces deux principes viennent ainsi renforcer à la fois la protection accordée aux avantages incitatifs et le traitement discret qui en est la source.

---

[329] Loi n° 15/1998 du 23 juillet 1998 instituant la charte des investissements en République Gabonaise, article 12 : Voir Journal officiel n° 8 *bis*, août 1998.
[330] Voir *supra,* § n° 74 et suivants.

PARAGRAPHE 1 :
Le principe du serment

146. Preuve de la volonté de protéger le traitement et la gestion des secteurs clés auxquels il s'applique, la prestation de serment a été consacrée pour consolider la discrétion, et le traitement inadapté qui règne notamment dans les secteurs minier et pétrolier. L'identification de cette finalité vient précisément de l'ambigüité du serment. N'apparaissant pas expressément dans les premiers textes relatifs au traitement de l'investissement direct étranger, la prestation de serment constitue un principe nouveau (**A**) dont la finalité, favorable à la discrétion (**B**) est révélée par le sens *a priori* ambigu, mais *a posteriori* clairement orienté du serment consacré, ôtant ainsi tout doute sur les motivations de sa consécration et éclairant utilement sur le rôle de ce nouveau principe dans la prévalence de la discrétion dans la commande publique des secteurs clés.

A. Un principe récent

147. La législation applicable avant le 12 octobre 2000 a construit le principe de discrétion autrement, sans consacrer un serment particulier auquel les agents publics seraient soumis. La loi n° 05-2000 du 12 octobre 2000 portant réglementation du secteur minier, au contraire y a notamment contribué par l'introduction de la prestation de serment. La consécration de cette dernière dans les secteurs concernés par la présente étude traduit d'emblée, l'importance de leur place dans le régime juridique et dans l'économie nationale. Ainsi, le serment paraît être une composante fondamentale du régime de traitement, notamment au regard de ce qu'il induit, à l'encontre des agents qui y sont soumis, un ensemble d'obligations strictes qui participe à la consolidation de la discrétion requise dans le traitement de l'investissement direct étranger actuel. C'est à cet effet que les articles 202 *bis* de la loi n° 05-2000 du 12 octobre 2000 portant code minier, puis 15 de la loi n° 011/2014 du 28 août 2014 régissant le secteur des hydrocarbures, énoncent que les agents travaillant dans ces secteurs sont soumis à une prestation de serment.

148. Généralement, pour ne prendre ici que le cas du secteur des hydrocarbures, l'article 15 sus-indiqué prévoit en effet que « les agents commis aux opérations de contrôle sont soumis à l'obligation de prestation de serment». Ce texte, renvoyant aux dispositions réglementaires qui en fixent les modalités, a été complété par le décret n° 0209/*PR/MPH* du 6 avril 2016 fixant les modalités de prestation de serment par les agents de l'administration des hydrocarbures, lequel consacre plus précisément et expressément à son article 2 le serment suivant lequel tout agent concerné doit se prononcer en indiquant que : « Je jure d'accomplir les devoirs de ma charge avec probité et impartialité, de respecter et de faire respecter la réglementation du secteur des hydrocarbures, de veiller au respect des normes et standards généralement admis dans l'industrie pétrolière et de conserver la confidentialité des informations. Je le jure ». Ledit serment, assimilable à celui auquel sont soumis les agents du secteur minier interpelle sur deux aspects tirés de la loi n° 008-2005 modifiant la loi n° 05-2000 du 12 octobre 2000.

149. Le premier aspect concerne la motivation ayant conduit à l'adoption de ce texte modificatif. Tout d'abord l'article 202 de la loi modifiée disposait que les infractions à ce texte étaient « constatées par les agents assermentés » et par tout agent habilité à cet effet. Ensuite, sur le deuxième aspect, ce même texte modificatif introduit dans son article 202 *bis* que « les agents, chargés de la constatation des infractions » à la loi modifiée prêtent serment devant le tribunal du chef-lieu de leur affectation. Il en ressort que les modifications opérées dans la législation déterminent la nature de la compétence des agents du secteur clé concerné, c'est-à-dire, la constatation des infractions commises en violation du texte modifié du 12 octobre 2000. Cependant, si la compétence de ces agents est de contrôler les pratiques des secteurs clés, afin d'y constater d'éventuelles infractions, qu'est-ce qui justifierait donc que ces agents soient par ailleurs soumis à une prestation de serment particulière ? En d'autres termes, quelle est la finalité du serment introduit par la loi n° 008-2005 ? Tel que consacré, ce principe manque de pertinence.

150. La contradiction semble ainsi manifeste. Car, si le législateur souhaitait dès l'année 2005, permettre que les pratiques pouvant enfreindre le respect du code minier notamment, puissent être contrôlées afin d'en constater les éventuelles infractions, son but se serait davantage rapproché de la transparence, de la rationalisation des secteurs concernés. Or, ce même législateur restreint ou asphyxie la constatation de toute infraction par le serment que prêtent les agents auteurs de la constatation. Par conséquent, ces derniers ont compétence pour constater, mais incompétence pour divulguer le résultat de leur constat au regard de ce qu'ils sont tenus à la confidentialité des informations. À ce jour, aucune divulgation ni action judiciaire particulière ne témoigne du contraire.

151. Ainsi, la prestation de serment, d'abord consacrée dans le secteur minier par la loi n° 05-2000 du 12 octobre 2000, a finalement été étendue au secteur des hydrocarbures par la loi n° 011/2014 du 28 août 2014. Ce principe nouveau porte pour finalité d'instaurer dans le traitement de l'investissement direct étranger qui pourrait pourtant se rendre auteur d'une infraction auxdits textes, un cadre discret auquel, même les agents censés en relever les dévoiements sont tenus par serment. Il s'agit d'un principe récent dans le droit applicable dont le champ d'application s'étend à différents secteurs clés et dont la fonctionnalité réelle ne fait pas grand doute et mérite à cet effet d'être traitée et illustrée.

B. Un principe favorable à la discrétion

152. Le serment, consacré comme un principe auquel tout agent compétent dans un secteur clé ne peut déroger, postule à ce que les agents desdits secteurs auxquels il s'applique, soient tenus à un devoir de probité et, surtout d'impartialité. Cette dernière notion, proche de celle de l'égalité de traitement des candidats ou des investisseurs, pourrait être perçue comme un lien d'assimilation avec les principes rationnels de la commande publique. Cependant, ces mêmes agents sont tenus, conformément à ce même serment, à un devoir de confidentialité. Cette dernière notion, telle que démontrée *infra*[331], s'oppose fortement, dans une certaine mesure, à l'assimilation principielle aux principes directeurs de la commande publique. Mais bien plus encore, ce serment porte pour sens que les agents qui y sont soumis doivent être impartiaux dans la confidentialité. En clair, il conforte l'hermétisme déjà manifeste dans les secteurs des hydrocarbures et minier.

153. S'il semble *a priori* exister un cadre protecteur des opérateurs qui interviennent dans les secteurs clés concernés, force est d'appréhender d'un autre côté, la restriction et l'opacité consacrées par ce serment et son refus de s'ouvrir plus largement et plus clairement aux principes de la commande publique. Car, c'est notamment à travers l'hermétisme et le défaut de transparence que prospèrent et se développent durablement les pratiques de corruption, ainsi que d'autres sortes de dévoiements qui fragilisent l'objectif de promotion de

---

[331] Voir *infra,* § n° 157 et suivants.

l'investissement direct étranger et le climat des affaires. De même, le serment s'articule notamment autour de la confidentialité des informations. Cet aspect soulève la nécessité de relever un constat qui en présente la limite. En effet, le régime juridique de discrétion auquel contribue ce serment fait, *a priori,* de l'information relative aux secteurs des hydrocarbures et minier, une donnée fondamentale qui requière une protection renforcée. Si cela peut s'entendre, en revanche, il y prospère une certaine ombre de contradiction. Celle-ci viendrait de ce que ne prévoient pas les textes applicables, mais plutôt de la coopération. Car, le régime de discrétion tente d'attacher davantage de protection aux informations géologiques du sol et du sous-sol issues de la recherche, de l'exploration et de l'exploitation sur le territoire national.

154. Mais en la matière, la pratique non énoncée expressément par les textes concernés rappelle, et même à partir de 1962 que les travaux de recherches minières et pétrolières sont menés, soit majoritairement, soit en partie par des organismes ou équipes d'investisseurs étrangers qui assurent la transmission des résultats de leurs travaux à leurs organismes de tutelle. Par ailleurs, il peut être relevé que l'activité dans les secteurs clés étant portée principalement par des investissements directs étrangers, des informations relatives aux ressources naturelles sont nécessairement transmises, notamment, à des États étrangers d'où proviennent les opérateurs qui investissent au Gabon. Là encore, il ne s'agit pas d'une pratique nouvelle, mais bien de la continuité et de l'extension d'une pratique ancienne qui, logiquement, relativise immanquablement la confidentialité que tente de renforcer la prestation de serment. Ainsi, il serait inconsistant de soutenir que les informations que protégerait le serment le seraient vis-à-vis des États tiers et des investisseurs originaires de ces États.

155. Par conséquent, la portée de la finalité du serment se relativise et se réduit fortement. Cette réduction se limite plus particulièrement au champ interne. Autrement dit, le serment semble consacrer un hermétisme, une opacité, une protection des informations vis-à-vis des acteurs internes qu'étrangers. Il s'agirait en réalité, d'une consécration qui vise à protéger l'action publique économique dans les secteurs concernés, en récusant toute dynamique d'ouverture, de publicité, de transparence, de véritable traitement égalitaire des opérateurs et de rationalisation de la gestion de ces secteurs clés.

156. Il en résulte que le serment constitue davantage une mesure de gouvernance interne qui isole les secteurs clés de la connaissance des acteurs nationaux y compris du citoyen. Par conséquent, ce corolaire de l'entente ne fait que consolider l'enracinement du traitement par discrétion à un principe d'adhésion impertinente dans la gestion des secteurs clés. Plus encore, cette adhésion réaffirme le refus d'une assimilation principielle avec le droit de la commande publique qui pourrait pourtant en assurer la rationalisation. En dépit de ce constat, cette consolidation ne se circonscrit pas à ce principe.

PARAGRAPHE 2 :
Le principe de confidentialité

157. Contrairement à la prestation de serment ci-dessus traitée[332], la confidentialité constitue un principe classique (**A**) que le droit applicable ne semble pas fondamentalement récuser. Bien au contraire, ce principe est assumé (**B**), constituant ainsi un pilier majeur dans le traitement consacré à l'investissement direct étranger dans les secteurs concernés.

A. Un principe classique

158. Venant conséquemment à la suite de l'entente et fondé dans le même contexte que celle-ci, la confidentialité constitue le prolongement de l'entente et un levier de consolidation de l'incitation que toutes ces deux règles tentent de sauvegarder ; alors que, des études démontrent avec insistance que la prépondérance de la confidentialité participe à la dégradation du climat des affaires qui est pourtant, selon de la charte des investissements de 1998, l'objectif fondamental à atteindre. Il n'est pas réfuté de manière absolue que la confidentialité est nécessaire à la protection du secret des affaires[333]. Ce qui est cependant récusé ici, c'est donc la prévalence de l'entente comme règle favorisant une approche incitative déjà prépondérante et inadaptée dans le régime juridique en cause qui s'appuie sur la confidentialité. Cette dernière prend à son tour un caractère prépondérant au lieu d'être rigoureusement encadrée tant pendant la formation du contrat[334], pendant son exécution, qu'après celle-ci.

---

[332] Voir *supra,* § n° 146 et suivants.

[333] BEHAR-TOUCHAIS Martine, « Le contenu du contrat », Revue des contrats, 1er avril 2013, n° 2, p. 756.

[334] Décret n° 00027/PR/MEPPDD du 17 janvier 2018 portant code des marchés publics, articles 85, 86 et 87.

159. La confidentialité se confondant au secret professionnel, est effectivement consacrée et d'usage dans le régime juridique étudié. En effet, la loi n° 05-2000 du 12 octobre 2000 portant code minier dispose à ses articles 48 et 67 qu'à l'expiration d'un permis de recherche non renouvelé ou auquel l'investisseur a renoncé, les travaux ou études réalisés par ce dernier entrent dans le domaine public et qu'à cet effet, l'administration compétente peut disposer des informations y relatives, sans que cet investisseur ne puisse prétendre à une indemnité ou invoquer une quelconque clause de confidentialité. Plus encore, ces informations peuvent être classées confidentielles pendant une durée de dix ans au plus. Le code régissant le secteur des hydrocarbures énonce quant à lui que les agents de l'administration des hydrocarbures sont tenus au secret professionnel. La discrétion, à travers la confidentialité est donc attachée aux informations relatives aux caractéristiques des ressources naturelles, mais pas seulement, elle est également étendue aux contrats et conventions liant l'État à l'investisseur. L'illustration de cette discrétion au moyen de la confidentialité est notamment faite par la pratique révélée par un rapport. Ce dernier indique que la confidentialité, dont les incidences sur le contentieux sont admises[335] en ce qu'elle peut infirmer la compétence du juge[336], est si fortement garantie qu'elle n'est, en fait, pas utilement limitée au regard de ce que les contrats miniers et pétroliers demeurent fermement couverts par le secret et la discrétion y compris après plusieurs années. La délimitation effective de ce principe n'est donc pas encore perçue comme nécessaire[337].

160. En effet, la Direction générale des mines et de la géologie a conclu un contrat avec la société *KPMG*, d'une part pour une mission de préparation et d'animation du séminaire « Enjeux de l'*ITIE* pour l'industrie extractive gabonaise – cas du secteur minier », d'autre part pour une mission de conseil à l'administration en charge des mines pour un « Rapport de plan synthétique de nouvelle adhésion du Gabon à l'*ITIE* ». Ce rapport relève un aspect essentiel sur la confidentialité attachée aux contrats conclus car, le Gabon a été radié en 2013 de l'*ITIE* après son adhésion en 2004. Le Gabon, tenu au titre de son adhésion de

---

[335] Cour d'appel de Paris, 23 octobre 2012, n° 12/04027, *Cubana de Aviacion c/ Me Gorrias, es-qualité de liquidateur de la société Soleil de Cuba.*

[336] BENSAUDE Denis, « Confidentialité du contrat et acceptation de sa clause d'arbitrage par un tiers », Gazette du Palais, 8 janvier 2013, n° 008.

[337] STOFFEL-MUNCK Philippe, « L'après-contrat », Revue des contrats, 1er janvier 2004, n° 1, p. 159.

publier régulièrement un rapport annuel sur les activités relatives au secteur minier, n'a pas respecté les obligations fixées par l'*ITIE*. Parmi ces dernières figurent la publication des contrats miniers et pétroliers. Cela incluait donc les informations et contrats déjà tombés dans le domaine public qui, conformément aussi bien à l'ancienne loi minière n° 05-2000 du 12 octobre, qu'à la nouvelle loi n° 017/2014 du 30 janvier 2015 portant réglementation du secteur minier en République Gabonaise qui a abrogé cette dernière et réduit le délai de confidentialité de certaines informations[338], devraient à cet effet être mises à la disposition du public et publiées, même en partie et de manière prédéterminées dans la réglementation, dans la limite du respect en matière industrielle et commerciale[339] ou du secret des affaires[340] qui ne saurait être absolu ni de fait, ni *via* des clauses perpétuelles insérées dans les contrats[341].

B. Un principe assumé

161. La confidentialité, principe de traitement majeur de l'investissement direct étranger dans les secteurs clés est assumé au regard de ce que c'est le défaut de transparence et de publication des informations relatives aux relations contractuelles entre l'État et les investisseurs opérant dans le secteur extractif, autrement dit, la sauvegarde de la confidentialité et de la discrétion des relations juridico-économiques concernées qui a conduit à la radiation de l'État gabonais de l'*ITIE*. L'État a manifestement, en dépit de la compatibilité possible entre le régime de traitement de l'investissement et le droit administratif[342], des appels doctrinaux[343], des critiques internes[344] et de

---

[338] Loi n° 017/2014 du 30 janvier 2015 portant réglementation du secteur minier en République Gabonaise, article 195.

[339] CADA, Séance du 18 juin 2009, Avis n° 20091693.

[340] Conseil d'État français, Section de l'intérieur, Séance du jeudi 15 mars 2018, Avis n° 394422 sur la proposition de loi portant transposition de la directive du Parlement européen et du Conseil sur la protection des savoir-faire et des informations commerciales non divulgués contre l'obtention, l'utilisation et la divulgation illicites.

[341] SASSOLAS Delphine, « La durée des clause de confidentialité », RTDCom., Juillet-Septembre 2015, p. 625.

[342] LOMBARD Frédéric, « Arbitrage et droit administratif : une incompatibilité de principe ? », Cahiers de l'arbitrage, 1er juillet 2015, n° 2, p. 209.

[343] FERNÁNDEZ-ARMESTO Juan, « La transparence », Cahiers de l'arbitrage, 1er juillet 2012, n° 3, p. 583.

[344] Voir *supra*, § n° 19.

ses obligations vis-à-vis de cette organisation, assumé les conséquences qui frapperaient un tel comportement. L'État n'a pas intégré dans son régime de traitement que l'exigence de transparence y compris en matière arbitrale tend à devenir une idéologie[345] avec laquelle il faut désormais composer. D'ailleurs, en ce sens, le rapport ci-avant invoqué[346], a insisté sur cet aspect au titre de ses recommandations. C'est à cet effet que l'État tente désormais de satisfaire aux nouveaux enjeux de cette organisation qui fixent « une nouvelle norme *ITIE* dite de *Sidney* dont la publication des contrats et licences extractifs, l'information sur les participations de l'État ». L'État s'est donc discrètement opposé à son obligation d'information. Or, celle-ci joue un rôle majeur [347]qui interroge d'ailleurs de plus en plus sur la réduction de la confidentialité des décisions arbitrales en matière d'investissement[348].

162. Le comportement de l'État renseigne manifestement de ce que la discrétion s'étend aux contrats miniers et pétroliers au point que l'administration ait, pour sauvegarder la confidentialité des documents y relatifs, pourtant requis, assumé de ne pas respecter ses engagements. Par conséquent, le choix fait à cette période traduit encore aujourd'hui, non seulement que le régime consacre une part importante d'opacité, mais aussi que la discrétion s'appuyant sur la confidentialité vue comme l'une des principales caractéristiques du traitement de l'investissement et de l'arbitrage[349], continue d'influencer le comportement de l'administration. Ce comportement peut d'ailleurs susciter des interrogations quant à sa portée potentielle, au regard de certains aspects relatifs au contrôle des activités dans les secteurs clés.

163. En effet, alors même que l'article 24 de la loi n° 011/2014 du 28 août 2014 portant code des hydrocarbures dispose premièrement que l'autorité de régulation est notamment chargée de veiller au respect des règles d'objectivité, de transparence et de non-discrimination dans les activités d'hydrocarbures, l'article 26 de ce même texte énonce, que les

---

[345] RACINE Jean-Baptiste, Sur l'idéologie de la transparence en droit de l'arbitrage, *In* : Mélanges en l'honneur du professeur Pierre MAYER, 2015, LGDJ, p. 727 et suivantes.

[346] Voir *supra,* § n° 160.

[347] WEILLER Laura, « L'information en matière d'arbitrage », Petites affiches, 30 avril 2019, n° 086, p. 40.

[348] LABATUT Tifany, « Faut-il rendre publiques les sentences arbitrales ? », Petites affiches, 2 juillet 2020, n° 132, p. 11.

[349] HODGES Paula, « La transparence », Cahiers de l'arbitrage, 1er juillet 2012, n° 3, p. 589.

ressources de cette autorité se composent d'une part, notamment, en dehors des dotations de l'État, des dons et legs et de contributions des partenaires au développement, du produit des droits perçus au titre de la délivrance, du renouvellement, ou de la prolongation des autorisations et d'autre part « d'une quote-part du produit des droits, amendes et autres pénalités revenant à l'État au titre des activités des hydrocarbures ». Il est possible d'en déduire une continuité possible de la confidentialité. Car, la liaison des financements de l'autorité de régulation avec les activités qu'elle est tenue de contrôler expose cette autorité à un conflit d'intérêt, à un risque d'impartialité.

164. Hypothétiquement, il n'est pas exclu que cette autorité construise une constance dans ses décisions, en maintenant les intérêts d'un investisseur qui contribuerait d'une manière importante dans la quote-part qui lui reviendrait. Cette hypothèse, bien que n'étant fondée sur aucun cas concret, relève simplement que la liaison financière entre l'autorité de régulation et les activités des opérateurs qu'elle doit réguler, permet de déduire que la confidentialité pourrait ne pas être levée ou utilement maintenue dès lors que les intérêts de l'autorité elle-même seraient en jeu. En tout état de cause, la confidentialité, au-delà de son existence dans le régime juridique applicable, caractérise le traitement des investisseurs et, constituant une source de déformation des principes de la commande publique, induit une antinomie principielle qu'il convient de rectifier. La rectification est d'ailleurs urgente au regard de la manifestation de la discrétion.

Conclusion de la partie 1 :

165. Le régime juridique moyennant lequel s'opère le traitement de l'investissement direct étranger dans la commande publique des secteurs clés est relativisé, affaibli, rendu inefficace et irrationnel par les principes qui y sont rattachés. Que ce soit le principe de l'entente, ou celui de la stabilité, ils ne sont pas adaptés à un traitement qui se veut rationnel et ouvert à la concurrence. Le principe de l'entente est opposé à la mise en concurrence. Utilisé de manière prépondérante et constante dans la contractualisation publique, le principe de l'entente condamne cette dernière à la discrétion, à divers dévoiements et pratiques, réduisant ainsi la confiance dans le traitement qui y est mis en œuvre. Quant au principe de stabilité, il permet de maintenir dans le temps des régimes préférentiels dispendieux et irrationnels qui fragmentent le traitement égalitaire des investisseurs directs étrangers dans la commande publique des secteurs clés. Ces deux principes sont ainsi deux instruments au moyen desquels le régime juridique est relativisé, rendu inefficace. La prétention de ce dernier à garantir les conditions de transparence et de mise en concurrence est alors évincée.

166. La discrétion a pris la première place et induit les effets principaux qui caractérisent le régime. Ce dernier est manifestement un régime de discrétion. Un régime incohérent, d'autant qu'il n'est pas conforme à l'ouverture à la concurrence posée par les textes. Ainsi, les principes de l'entente et de la stabilité établissent et confirment, par les contradictions qu'ils induisent, la nécessité de leur dépassement. Ils doivent être dépassés. Ils doivent être évincés. Le premier partiellement et conditionné. La relativisation des capacités de l'État à consacrer et à garantir, effectivement un régime concurrentiel, transparent et égalitaire n'en ressort que plus accentuée.

167. Le régime juridique trouverait une force utile en étant débarrassé des principes irrationnels qui l'affectent. L'éviction du principe d'incitation est l'une des sources de cette force. L'éviction du principe injustifié du serment est lui aussi, tout comme celui de la confidentialité, une autre source de cette force. Cette force n'est alors exploitable, mobilisable que si elle est disponible. Au cas contraire, elle ne servirait à rien. Elle serait inutile. Car inexploitable. Pour qu'elle soit exploitable, les conditions préalables à son exploitation doivent être réunies et rendues effectives. Cette effectivité, au regard des nombreuses hésitations, des nombreuses rétractations, voire complaisances, dans la discrétion, ne peut être obtenue que moyennant la conduite avec rigueur et détermination, d'un processus d'éviction des principes qui favorisent, à titre principal ou à titre complémentaire, le développement et la conservation du traitement discret et discrétionnaire de la commande publique. Ainsi, l'inefficacité du régime normatif amorcerait son déclin, sa disparition au profit, *a contrario*, d'un régime objectif, clair et rationalisé par la prévalence des exigences induites par les principes rationnels de la commande publique qui sont de nature à susciter davantage de confiance dans le traitement.

168. Le traitement de l'investissement direct étranger se ferait alors sous l'empire de la transparence des procédures ou des mécanismes à travers le traitement égalitaire de l'ensemble des investisseurs directs étrangers et ce, dans un cadre cohérent et véritablement ouvert à la mise en concurrence. Il serait alors plus rare que l'administration décide, après s'être rendue compte de ses turpitudes internes qui ne traduisent en réalité que la prévalence de son impréparation, d'enjoindre à un investisseur direct étranger chargé d'une commande publique de cesser l'exécution d'un marché[350]. Il serait conséquemment plus rare de constater des mises en chantier non préalablement planifiées[351] et si elles l'étaient, qu'elles se fassent d'une manière moins rigoureuse[352], au point d'avoir pour conséquence préjudiciable, le non-respect par l'administration des échéanciers financiers fixés par contrat[353] qui aboutit non seulement à la condamnation de l'État en instances arbitrales[354], mais également à l'absorption de son budget par le contentieux[355] auquel il s'expose.

---

[350] Cour d'appel de Paris, 25 juin 2019, *Kontinental Conseil Ingenierie c/. La République Gabonaise.*

[351] Cour des comptes gabonaise, Rapport au Président de la République, 2018, p. 62.

[352] *Ibidem.*

[353] *Ibidem.*

[354] Cour d'appel de Paris, 25 juin 2019, *Kontinental Conseil Ingenierie c/. La République Gabonaise*, précitée.

[355] Cour constitutionnelle gabonaise, Décision n° 004/CC du 21 janvier 2020 *relative à la requête présentée par le Premier Ministre tendant au contrôle de constitutionnalité de la loi n° 014/ 2019 déterminant les ressources et les charges de l'État pour l'année 2020, validant la constitutionnalité de la loi n° 014/2019 du 22 janvier 2020 déterminant les ressources et les charges de l'État pour l'année 2020 telle que promulguée par le décret n° 00002/PR du 22 janvier 2020*. À titre illustratif, pour cette année, la part du budget affectée à la gestion du contentieux de l'État est passé de 4.834.118.943 Francs CFA à 5.716.688.325 Francs CFA, soit une augmentation de 882.569.382 Francs CFA : Voir Journal officiel n° 51 *bis* spécial du 23 janvier 2020, p. 39.

PARTIE 2 :

L'IDENTIFICATION DES MÉCANISMES IRRATIONNELS APPLIQUÉS

169. La rationalisation du traitement de l'investissement direct étranger dans la commande publique requiert l'éviction des mécanismes irrationnels qui mettent en œuvre ce traitement inadapté. Ces mécanismes se fondent sur une conception et une articulation qui brouillent le régime juridique et révèlent la prévalence du principe directeur de l'incitation. Saisir l'articulation irrationnelle du traitement appliqué permet d'éclairer la nature et l'étendue du dépassement à réaliser. Car, une importance excessive est accordée à l'acte administratif unilatéral alors même que celui-ci, quelle que soit la forme qu'il prend, constitue une source majeure d'éviction des principes rationnels de la commande publique. Ce d'autant plus que la relation contractuelle ou conventionnelle qui en résulte et qui n'en n'est que le prolongement, est considérée depuis longtemps[356] dans la commande publique des secteurs clés, comme un acte administratif unilatéral, comme un acte d'administration[357] et est à cet effet, indument évincée[358] du champ des principes qui devraient s'y appliquer.

170. Cette conception qui correspond à l'époque où l'enjeu était d'affirmer la souveraineté de l'État[359], incitant ce dernier à agir régulièrement par acte administratif unilatéral[360], demeure et permet de comprendre que l'assimilation de la convention à un acte administratif unilatéral place la relation économique qui en résulte ainsi que le

---

[356] SOURANG Moustapha, La technique contractuelle dans les rapports États-entreprises étrangères : contribution à l'étude des conventions d'établissement conclues par les États africains, Thèse, Droit, Université Bordeaux 1, 1980.

[357] SAMB Seynabou, Le droit de la commande publique en Afrique noire francophone : contribution à l'étude des mutations du droit des contrats administratifs au Sénégal, au Burkina Faso, en Côte d'Ivoire et au Cameroun, Thèse, Droit, Université de Bordeaux, 2015, p. 24.

[358] *Ibidem.*

[359] FERAL François, « Contrat public et action publique » : au cœur d'une administration régulatrice », *In :* Contrats publics : Mélanges en l'honneur du professeur GUIBAL Michel, Montpellier, Presses de la Faculté de droit de Montpellier, 2006, vol. 1, pp. 529-532.

[360] BINYOUM Joseph, « Bilan de 20 ans de jurisprudence de la Cour suprême du Cameroun, première partie, 1957-1965 », Revue camerounaise de droit, 1978, n° 15 et 16, p. 31.

traitement juridique qui s'y applique, dans la discrétion de l'administration. En d'autres termes, cette relation économique est placée hors de la rigueur des principes de transparence, de mise en concurrence et de traitement égalitaire des investisseurs directs étrangers, favorisée par le silence du code des marchés publics qui n'énonce pas le recours à un décret en Conseil d'État pour les cas de marchés pouvant être passés sans mise en concurrence et qui n'échappent pas pour autant aux principes de la commande publique[361]. Cela fait alors réaliser que si l'« oxygénation des procédures[362] » de passation de la commande publique est nécessaire, son excès peut en revanche être fatal. S'explique alors, la sauvegarde du traitement irrationnel favorisée par le renouvellement de cette articulation. Dans ce cas, deux principaux mécanismes devraient conséquemment être évincés, dépassés. D'une part celui de l'assimilation du contrat à un acte administratif unilatéral reposant sur le pouvoir discret et discrétionnaire de l'administration. Et d'autre part, celui de la sauvegarde de la relation économique irrationnelle qui en résulte. Il s'agit -là des deux principaux mécanismes au moyen desquels la gestion des secteurs minier, pétrolier, de l'eau, de l'énergie ou encore de la forêt est écartée de la rigueur des principes rationnels de la commande publique.

171. Le recours à ces mécanismes est celui qui explique le contournement des règles relevé notamment par le Professeur Alexis Essono Ovono[363]. Dès lors, la place desdits mécanismes n'est donc pas moindre dans le régime de traitement et de gestion de la commande publique. Au contraire, l'assimilation irrationnelle des actes de traitement (***Chapitre 1***) permet à l'administration de tisser des relations économiques majeures dans les secteurs clés en procédant d'abord par l'octroi d'actes unilatéraux tels que les permis et autres autorisations avant de consolider ces relations par la conclusion de conventions, de contrats. Ainsi, des contrats peuvent être conclus sans être soumis aux principes rationnels de la commande publique qui exigent le recours à l'appel d'offres et donc à la mise en concurrence des investisseurs, à leur traitement égalitaire dans des conditions de transparence. Après conclusion, ces contrats et relations économiques irrationnels nés de

---

[361] KOEBEL Bruno, « Marchés sans mise en concurrence », Contrats et Marchés publics, août 2019, n° 8-9, commentaire n° 287.

[362] BRACONNIER Stéphane, HECKENROTH Jean-Luc, « Regards croisés : négociation dans les contrats de la commande publique », Contrats et Marchés publics, août 2019, n° 8-9, pp. 1-3.

[363] Voir *supra,* § n° 19, pp. 12-13.

l'assimilation d'actes unilatéraux et de contrats *via* le mécanisme de la demande soumise par l'investisseur, sont alors sauvegardés. Il s'agit finalement d'un mécanisme de sauvegarde de l'assimilation irrationnelle (***Chapitre 2***) qui est introduit dans le traitement de l'investissement direct étranger, au détriment du recours à l'appel d'offres.

CHAPITRE 1 :

L'assimilation irrationnelle d'actes de traitement

172. Le traitement irrationnel de l'investissement direct étranger dans la commande publique s'appuie sur deux bases essentielles. Celles-ci éclairent la liaison faite avec la convention ou le contrat subséquemment conclu. La première base est l'importance conférée à l'acte unilatéral dans l'action publique économique. C'est à travers cette importance ou cette force administrativement légitime de l'acte unilatéral que s'explique l'étendue et la profondeur du traitement irrationnel que ledit acte met en œuvre. Car, dès lors que la typologie des actes administratifs unilatéraux est étendue de sorte qu'elle puisse regrouper aussi bien le terme de décisions, ou selon le cas, les expressions de décisions réglementaires, de décisions individuelles et de décisions ni réglementaires ni individuelles[364], ce type d'acte administratif est une source potentielle et permanente d'éviction des principes rationnels de la commande publique. Surtout que le recours à la négociation tant dans la formation de certains actes administratifs unilatéraux, que dans la formation du contrat, altère la distinction traditionnelle entre ces deux types d'actes[365], de sorte que l'émergence de la « catégorie des actes administratifs unilatéraux négociés[366] » soit particulièrement soutenue. Ainsi, pouvant être négocié sans intégrer l'administré, le citoyen, bien que cela soit possible[367], l'acte administratif unilatéral permet à l'administration d'agir en toute discrétion, sans se sentir contrainte ou astreinte aux exigences de mise en concurrence, de traitement égalitaire ou de transparence. Ainsi, la liaison irrationnelle de l'acte unilatéral au contrat (***Section 1***) justifie l'éviction des principes rationnels de la commande publique dans la convention ou le contrat d'établissement (***Section 2***) qui est d'ailleurs indument considéré comme un acte unilatéral.

---

[364] DELVOLVÉ Pierre, « La dualité des normes, le cas des contrats », Revue du droit public, 1er janvier 2017, n° 1, p. 11.

[365] DEAU Richard, Les actes administratifs unilatéraux négociés, Thèse, Droit, Université d'Angers, 2006, p. 278.

[366] *Ibidem,* p. 444.

[367] PINEL Florian, La participation du citoyen à la décision administrative, Thèse, Droit, Université de Rennes 1, 2018, p. 427.

SECTION 1 :
La liaison de l'acte unilatéral au contrat

173. Le régime juridique est articulé de sorte que le recours à l'acte unilatéral reste prépondérant dans l'action publique économique. Car, les textes confèrent une importance certaine et particulière à l'acte administratif unilatéral (***Paragraphe 1***), alors même que ce type d'acte constitue une source d'éviction des principes rationnels de la commande publique (***Paragraphe 2***). Cette contradiction résulte de la transposition en droit interne, de la conception de l'État dans ses rapports avec d'autres États ou organisations internationales. Celle-ci, fondamentalement inadaptée en droit interne, a influencé et continue d'influencer le régime juridique de traitement de l'investissement direct étranger et la conduite de la commande publique confiée à ce dernier. Un aspect majeur dans cette transposition a été occulté : la nécessité d'affirmer l'État comme personne morale indépendante vis-à-vis des autres États, c'est-à-dire, la souveraineté, « est d'abord une conception politique[368] ». Cette conception est, en droit international précise et exacte[369]. Mais en droit interne, il fallait nécessairement considérer que « la souveraineté n'est rien, ne peut rien être[370] » en ce qu'« elle est un mot commode pour justifier l'arbitraire du pouvoir et pour parer d'un aspect juridique des théories absolutistes[371] » qui permettent, dans le cas gabonais d'affaiblir la conduite rationnelle de la commande publique par la prévalence du pouvoir manifestement étendu de l'administration. Cela aurait dû et devrait permettre que « la fiction juridique[372] » qu'est l'État ne soit dévoyé ou affaibli dans le droit qui l'encadre et le fait exister, dans tous les secteurs. Car, l'État, est protégé par sa juridiction, c'est-à-dire son droit, son droit tout entier[373].

---

368 Voir DUGUIT Léon, citant DESPAGNET en référence à son cour de droit international public, *In :* L'État, le droit objectif et la loi positive, Dalloz, 2003, p. 349.

369 *Ibidem.*

370 *Ibidem.*

371 *Ibidem.*

372 *Ibidem,* citant ESMEIN, p. 351.

373 JELLINEK Georg, L'État moderne et son droit, Deuxième partie, Théorie juridique de l'État, Traduction française par FARDIS Georges, éd. Panthéon-Assas, 2005, p. 574.

Et ce dernier doit s'appuyer sur des principes rationnels qui garantissent ses intérêts ; lesquels incluent le traitement égalitaire, transparent et concurrentiel des investisseurs directs étrangers.

PARAGRAPHE 1 :
L'importance conférée à l'acte unilatéral

174. L'importance de l'acte administratif unilatéral y compris dans sa dimension réglementaire, dans la commande publique des secteurs clés est d'abord révélée par la place que lui confèrent les textes dans le régime de traitement de l'investissement directs étranger (**A**). Cette place permet de comprendre les généralités (**B**) sur les différents types d'actes unilatéraux (**C**) au moyen desquels l'administration assure ce traitement dont la valeur (**D**) est en outre relevée par les textes eux - mêmes. Or, cette place, restant fidèle à la fermeté du droit de propriété de l'État sur les ressources naturelles des secteurs clés[374], induit d'emblée la manifestation de la puissance publique dans le traitement, sa nécessité d'autorité, de pouvoir discrétionnaire et donc d'opposition avec toute perspective de transparence et de limitation.

A. La place de l'acte unilatéral

175. Il ne faut pas longtemps pour s'en convaincre. La valeur de l'acte dépend de la valeur de la personne qui édicte l'acte. Cela est particulièrement manifeste dans les secteurs clés. Car, dans un rapport de cause à effet, les textes qui régissent les secteurs miniers, pétrolier et des hydrocarbures mettent depuis toujours et de manière constante, l'administration compétente, non seulement au centre de la gestion de ces secteurs clés, mais également au cœur du traitement appliqué à la commande publique qui en résulte. Cette place centrale régulièrement

[374] Les textes sont fermes sur le régime de propriété des ressources naturelles des secteurs clés. Aux termes de l'article 10 de la loi n° 002/2019 du 16 juillet 2019 portant réglementation du secteur des hydrocarbures en République Gabonaise « les ressources d'hydrocarbures, les infrastructures essentielles, les études, les données, et les informations du cadastre des hydrocarbures acquises ou réalisées dans le cadre des opérations pétrolières sont la propriété exclusive de l'État. Il en va autant en matière minière, conformément à l'article 6 de la loi n° 017/2014 du 30 janvier 2015 portant réglementation du secteur minier en République Gabonaise qui énonce aussi que « les ressources naturelles, notamment toutes les substances minérales contenues dans le sol, le sous-sol, les eaux continentales et dans le domaine marin du territoire national, demeurent propriété de l'État ».

consacrée à l'administration (**1**) confère par voie de conséquence une importance majeure aux actes administratifs et réglementaires édictés par cette dernière (**2**).

1. La place centrale de l'administration

176. Constante dans l'ensemble de la législation relative aux secteurs clés, la place de l'administration dans le traitement juridique de l'investissement direct étranger est indéniable. Elle corrobore en effet le processus relevé, en faveur du pouvoir exécutif[375]. Cette place émane des premiers textes qui ont posé les fondements de ce traitement et s'étend jusqu'aux dispositions récentes et en vigueur. Ainsi, la demande d'agrément dans les secteurs clés était adressée au ministre de l'Économie nationale[376]. Ce dernier était accompagné dans ce cadre par la Commission des investissements dont il était le Président et qui avait comme membres le ministre des Finances, le ministre spécialement intéressé par l'activité de l'entreprise considérée, quatre représentants de l'Assemblée nationale, le commissaire au plan, le directeur des affaires économiques, le directeur des douanes et droits indirects, le directeur des contributions directes[377]. Le traitement appliqué aux investissements directs étrangers dans les secteurs clés était alors administré par un dispositif regroupant à la fois des personnels du pouvoir législatif ayant adopté les textes applicables et des personnels du pouvoir exécutif chargé d'assurer l'effectivité du traitement dans tous les aspects que ce dernier pouvait impliquer. Cette configuration trouve conséquemment son origine dans l'éviction de l'initiative locale ou nationale[378].

---

[375] HERVOUËT François, *op. cit.*, § n° 3.

[376] Ordonnance n° 21/67 du 23 mars 1967 portant code des investissements en République Gabonaise, article 16.

[377] *Ibidem,* article 17.

[378] DEVEY Muriel, « Le partage des rôles » *In :* Entreprendre au Gabon, Gabon marchés tropicaux et méditerranéens, Numéro hors-série, novembre 1996, p. 12 : L'auteure a particulièrement relevé que « Dans cet univers ''balisé'', il reste peu de place pour l'initiative locale. Il soutient que les « Gabonais ont occupé les places offertes par la politique et par l'administration. Certes, on compte un certain nombre de *PME/PMI* gabonaises qui attestent de la présence d'entrepreneurs nationaux, peu nombreux mais dynamiques. On trouve également des Gabonais dans les activités agricoles et certains d'entre eux détiennent quelques permis forestiers. Mais dans l'ensemble, ils sont sous-représentés dans la sphère économique et dans les postes techniques. La ''*gabonisation*'' des postes de responsabilité s'est limitée aux

177. La législation a elle-même fondé le traitement des investissements directs étrangers sur l'intervention prépondérante de l'administration. C'est ainsi que le ministre de l'Économie nationale et des mines ainsi que le ministre des Finances étaient chargés, chacun pour ce qui le concernait, de l'application de l'ordonnance n° 21/67 du 23 mars 1967 qui prit effet à compter du 1er janvier 1967 et exécutée comme loi de l'État[379]. Mais, bien au-delà des ministres, ce texte donnait la possibilité en cas de manquement grave d'une entreprise aux dispositions du décret d'agrément qui lui était accordé pour le bénéfice du régime *IA*[380] ou du régime *IB*[381], à l'administration compétente de procéder au retrait dudit agrément, faisant même intervenir directement le Président de la République. En effet, les conditions de retrait de l'agrément étaient totalement appréciées par un dispositif administratif clairement hiérarchisé. Ainsi, sur le rapport du ministre de l'Économie nationale, le Président de la République mettait l'entreprise en demeure de prendre les mesures nécessaires pour mettre fin à la situation créée par sa défaillance.

178. À défaut d'effet suffisant dans un délai de soixante (60) jours à compter de la réception de la mise en demeure, le Président de la République faisait procéder à une enquête sur le manquement grave constaté. Sans régularisation, le retrait de l'agrément était effectué. Si cette description paraît lointaine, elle n'a pas pour autant disparu et ni la jurisprudence, ni « la littérature grise de l'administration[382] », c'est-à-dire les circulaires ou lettres officielles, n'établissent de manière manifeste et constante, le développement d'une volonté de s'affranchir de l'empire de la discrétion. La loi n° 011/2014 du 28 août 2014 portant réglementation du secteur des hydrocarbures en République Gabonaise,

---

fonctions politiques, à certaines fonctions administratives, à des fonctions de direction générale des sociétés mixtes ou d'État et, dans le secteur privé, elle n'est réelle qu'au niveau des fonctions administratives ou commerciales ». En d'autres termes, l'auteure a relevé la justification essentielle qui explique l'omniprésence de l'administration dans la gestion des secteurs clés. Elle serait presque devenue culturelle, excessivement, encombrant le traitement de l'investissement direct étranger par ses lourdeurs, par son formalisme prépondérant.

[379] Ordonnance n° 21/67 du 23 mars 1967 portant code des investissements en République Gabonaise, article 61.

[380] *Ibidem*, article 24.

[381] *Ibidem*, article 27.

[382] KOUBI Geneviève (*Sous la dir.*), La littérature grise de l'administration : La grammaire juridique des circulaires, éd. Berger-Levrault, octobre 2015, 175 p.

récemment abrogée[383] reprenait encore cette consécration. Dans ce texte, le ministère de l'économie assurait la mise en œuvre de la politique du gouvernement en matière d'hydrocarbures[384]. Dans le cadre de l'application de cette loi, le ministre était désigné autorité compétente et sous sa tutelle, le contrôle de l'application des textes régissant le secteur des hydrocarbures était assuré par les agents des services de l'administration du ministère en charge des hydrocarbures[385]. Cela n'a pas changé avec la loi n° 002/2019 du 16 juillet 2019 portant réglementation du secteur des hydrocarbures en République Gabonaise[386]. Surtout, lorsque l'ombre du Président de la République a, à nouveau, été implantée dans le Conseil d'administration de l'agence nationale de promotion des investissements du Gabon qui est l'organe d'orientation et de décision en la matière[387].

179. De même, en matière minière, aux termes de la loi n° 05-2000 du 12 octobre 2000, sous l'autorité du ministre chargé des mines, les services des mines et de la géologie veillent à l'application de ladite loi. À ce titre, ils assurent une mission de surveillance et de contrôle par l'élaboration, la collecte, la conservation et la diffusion de la documentation sur le sol et le sous- sol et sur les substances minérales utiles[388]. Cette place de l'administration a été confirmée dans le secteur clé des mines par la loi n° 017/2014 du 30 janvier 2015 portant réglementation du secteur minier en République Gabonaise conformément à laquelle, le ministre assure la conception et la mise en œuvre de la politique du Gouvernement en matière de recherche et d'exploitation des mines et des carrières, l'optimisation et la

---

[383] Loi n° 002/2019 du 16 juillet 2019 portant réglementation du secteur des hydrocarbures en République Gabonaise, article 298 : Voir Journal officiel n° 27 *ter* du 22 juillet 2019, p. 30.

[384] Loi n° 011/2014 du 28 août 2014 portant réglementation du secteur des hydrocarbures en République Gabonaise, article 12 : Journal officiel n° 221 du 8 au 15 septembre 2014.

[385] *Ibidem,* article 13.

[386] Loi n° 002/2019 du 16 juillet 2019 portant réglementation du secteur des hydrocarbures en République Gabonaise, articles 17 et 18 : Journal officiel, p. 7.

[387] Décret n° 169/PR/*MDDEPIP* du 14 mars 2016 fixant les statuts de l'Agence nationale de promotion des investissements, article 5 : Journal officiel n° 307 du 1er au 07 juillet 2016.

[388] Loi n° 05-2000 du 12 octobre 2000 portant code minier en République Gabonaise, article 200 : Voir Journal hebdomadaire d'informations et d'annonces légales n° 437 du 14 au 28 avril 2001, Numéro spécial, pp. 57-68.

valorisation du potentiel minier, l'application des textes du secteur et le contrôle de la conduite des activités minières par les personnes morales et physiques assujetties aux dispositions de ladite loi[389]. D'ailleurs, ce dernier texte étend cette place de l'administration dans le traitement de l'investissement direct étranger et la commande publique des secteurs clés, en consacrant notamment que l'opérateur national[390] agit en son nom et pour le compte de l'État dans le domaine concurrentiel des mines et qu'à cet effet, il exerce ses activités en tenant compte de la stratégie minière nationale qui reste un cadre de commande publique impliquant des achats qui doivent rigoureusement faire l'objet d'une politique de gouvernance y compris en matière de transparence[391] et de lutte contre la corruption et peut, en cas de nécessité être investi de certaines prérogatives dans ce cadre[392].

180. Au regard de sa place centrale dans la gestion de la commande publique des secteurs clés et du traitement qui en résulte, l'administration compétente est immanquablement l'auteure des dévoiements constatés. En effet, alors que les *bonus* pétroliers sont des recettes versées à l'État par les compagnies pétrolières lors des signatures de contrats[393], la Cour des comptes, saisie par la Commission nationale de lutte contre l'enrichissement illicite dans le cadre de sa compétence de contrôle de la gestion des deniers publics[394] a relevé, après un contrôle du ministère des mines, du pétrole et des hydrocarbures[395] qu'il ressort de l'instruction que c'est sur le fondement d'un décret qu'une partie des bonus pétroliers a été affectée à la Présidence de la République, sous le décret n° 00518/*PR* du 06 août 2002, autorisant l'affectation de 5 % des recettes minières et des

[389] Loi n° 017/2014 du 30 janvier 2015 portant réglementation du secteur minier en République Gabonaise, article 26 : Journal officiel n° 254 *bis* spécial du 29 mai 2015.
[390] Société Équatoriale des Mines, en abrégé *SEM.*
[391] GIANNONI Olivier, Stratégie et technique de l'achat public, éd. Berger-Levrault, Janvier 2020, p. 47.
[392] Loi n° 017/2014 du 30 janvier 2015 portant réglementation du secteur minier en République Gabonaise, article 44 : Journal officiel n° 254 *bis* spécial du 29 mai 2015.
[393] Loi n° 002/2019 du 16 juillet 2019 portant réglementation du secteur des hydrocarbures en République Gabonaise telle que promulguée par le décret n° 00112/PR du 16 juillet 2019, article 45 : Voir Journal officiel n° 27 *ter* du 22 juillet 2019, p. 9.
[394] ONDO NGUEMA Nicaise Narcisse, Les institutions supérieures de contrôle des finances publiques au Gabon en référence à la Cour des comptes française au XXème siècle : approche historique et analyse du droit positif actuel, Thèse, Droit, Université Jean Moulin Lyon 3, 2009, p. 11.
[395] Cour des comptes gabonaise, *op. cit.,* § n° 168, section 4, p. 42.

produits pétroliers à la Présidence de la République pour régler des questions de sécurité intérieure et extérieure.

181. Cependant, selon la Cour des comptes, « le décret en cause n'a pas été publié et ne comporte pas toutes les signatures habilitées, notamment celle du ministère des finances. Par conséquent, la Cour relève que ledit décret n'est pas conforme aux normes régissant les textes légaux et réglementaires ». Ainsi, la place centrale de l'administration, doublée par la discrétion dont elle bénéficie, n'est pas de nature à garantir la rationalisation de la commande publique. Surtout, considérant que s'il n'y a pas de petite économie[396] de manière générale, pour l'État, cela prend une résonnance supérieure. *A fortiori,* au regard de ce que les principes rationnels de la commande publique s'étendent fondamentalement à la bonne utilisation des deniers publics qui constitue, conformément à la Constitution, un objectif à valeur constitutionnelle[397] également qualifié d'objectif traditionnel[398] du droit de la commande publique. Et à cet effet, les dévoiements relevés, qu'ils soient relatifs à la constitution irrégulière de fonds politiques[399] ou d'un tout autre motif irrégulier doivent faire l'objet de sanction[400].

2. L'importance de l'acte unilatéral édicté

182. Placer l'administration au centre du traitement de l'investissement direct étranger confère aux actes de gestion qu'elle édicte et accorde, une importance majeure d'autant plus que l'État considère la perspective d'insertion de la mise en concurrence comme un moyen secondaire pour atteindre ses objectifs. En d'autres termes, le fondement de la libre concurrence au Gabon est de considérer que la liberté de la concurrence est un moyen privilégié d'assurer le progrès économique, mais qu'il n'est pas le seul, encore moins la priorité. L'État développe ainsi la théorie de la concurrence-moyen. Il fait alors de la concurrence un instrument d'intervention au service d'objectifs multiples tels que le progrès économique, protection des

---

[396] BONNET Gilles, « Il n'y a pas de petites économies... », Defrénois, 18 juin 2020, n° 25, page 1.

[397] Conseil constitutionnel français, 4 août 2017, n° 2016-736 DC, § 12 et 17, Journal officiel, n° 0184 du 9 août 2016, texte n° 8.

[398] BONTRON Marie-Charlotte, Les fonctions des principes fondamentaux de la commande publique, Thèse, Droit, Université de Montpellier, 2015, p. 56.

[399] Cour des comptes gabonaise, *op. cit.,* § n° 168, p. 42.

[400] Conseil d'État français, 3ème et 8ème chambres réunies, 19 décembre 2019, n° 434071, inédit au recueil Lebon.

consommateurs, et des salariés[401]. Pour autant, il n'adapte pas conséquemment ses procédés administratifs d'intervention[402]. Au contraire, il conserve malgré l'ouverture à la concurrence, ses régimes d'autorisation. Il persiste à maintenir le régime d'autorisation d'occupation du domaine public sous le prisme de son pouvoir discrétionnaire. Cela lui permet alors de faire usage d'actes administratifs unilatéraux, d'actes d'administration au gré de sa sensibilité. Une importance particulière est ainsi accordée aux actes administratifs et réglementaires unilatéraux qui portent le mieux le pouvoir discrétionnaire étatique.

183. C'est dans ce cadre que sont gérés les secteurs clés et pris les actes administratifs et réglementaires nécessaires au traitement appliqué, en toute discrétion, en dépit de l'importance des ressources découvertes. Ainsi, en matière minière, le principal gisement de fer découvert en 1985 à *Bélinga*, au Nord-Est du Gabon, ne saurait y échapper et ce, bien qu'il soit estimé comme l'un des plus grands gisements au monde jamais exploité[403], dont la teneur est de 64 % ; que ses réserves soient de l'ordre d'un (1) milliard de tonnes et que de grandes sociétés minières aient marqué leur intérêt pour son exploitation[404]. *Idem,* en matière d'exploration et développement, en 2010, 92 puits de pétrole ont également été forés, dont 19 de production, 21 d'appréciation et 52 de développement[405]. C'est la conséquence du régime consacré par la loi n° 55/61 du 4 décembre 1961 portant code des investissements et de l'ordonnance n° 21/67 du 23 mars 1967 desquelles la loi n° 15/62 du 2 juin 1962 portant institution du code minier s'est inspirée pour instituer les autorisations, les permis de recherche et d'exploitation des mines solides et liquides, de même qu'elle prévoyait les pouvoirs de tutelle de l'administration sur les sociétés minières et pétrolières. Ce régime continue de régir le traitement des investissements directs étrangers.

---

[401] Contribution du Gabon au Forum mondial sur la concurrence auprès de l'Organisation de Coopération et de Développement Économiques, 15 janvier 2010, *DAF/COMP/GF/WD* (2010)22, session V, p. 2.

[402] SIRINELLI Jean, « La transposition de la directive Services, l'expression d'une nouvelle approche de l'intervention publique en matière économique », Revue du droit public, 11 juillet 2011, n° 4, p. 883.

[403] Initiative pour la transparence dans l'industrie extractive, Rapport sur le Gabon, 2010, p. 18.

[404] *Ibidem.*

[405] *Ibidem,* p. 14.

184. C'est à cet effet que jusqu'en 2010, le régime des permis d'exploitation et des concessions minières est placé sous l'empire juridique de quatre (4) textes de loi : le code minier ancien résultant de la loi n° 15-62 du 2 juin 1962, le code des investissements résultant de l'ordonnance n° 21/67 du 27 mars 1967, le code des impôts résultant de la loi n° 12/73 du 20 décembre 1973, la réglementation des activités de recherche et d'exploitation pétrolière résultant de la loi n° 14/74 du 21 juin 1975[406]. Dès lors, il s'en suit logiquement que les actes administratifs et réglementaires, instruments de mise en œuvre dudit régime sont pris pour l'exécution de la commande publique des secteurs clés. Ainsi, et sur le fondement de la loi n° 15-62 du 2 juin 1962 portant institution du code minier et de la délibération n° 92-58 du 12 novembre 1958 du Grand Conseil de l'Afrique équatoriale française, que l'arrêté n° 20/*MENPM - DMG* du 14 avril 1966, portant autorisation provisoire d'exploiter le puits *AGM*-6 du champ d'*Anguille* a été pris[407], tout comme plusieurs autres actes à sa suite[408].

185. Au regard du régime de gestion et de ce traitement prioritaire par acte administratif et réglementaire unilatéral, apparaît un paradoxe : plus les ressources des secteurs clés sont importantes, plus les actes administratifs et réglementaires unilatéraux pris en toute discrétion, sans mise en concurrence, dans des conditions de non-transparence, de traitement inégalitaire des investisseurs sont récurrents. C'est le propre du régime consacré. C'est le fondement sans lequel les actes administratifs et réglementaires unilatéraux n'auraient qu'une importance mineure dans la commande publique des secteurs clés. Ce fondement est mieux appréhendé et éclairé par les origines historiques de l'acte administratif unilatéral. Cet éclairage explique ensuite la

---

406 *Ibidem*, p. 15 et suivantes.

407 Journal officiel de la République Gabonaise n° 11 du 1er juin 1966.

408 Décret n° 000650/*PR/MMEPRH/SG/DGMG/DEPM* du 18 septembre 2006, portant attribution d'un permis de recherches minières n° G3-223 dit « Manganèse Bembélé » à la société *CICMG S.A*. Décret n° 000820/*PR/MMEPRH/SG/DGMG/DEPM* du 18 octobre 2006, portant attribution d'un permis de recherche minière n° G4-235 dit « Plomb-Zinc-Argent de Kroussou » à la Société *CICM HUAZHOU GABON S.A*. Décret n°000837/*PR/MMEPRH/SG/DGMG/DMC* du 20 septembre 2007, portant institution et attribution d'un permis d'exploitation d'une carrière à la Compagnie Nynoise d'Études et de Travaux (*CNET*) Arrêté n° 000944/*MMEPRH/SG/DGMG/DMC* du 10 octobre 2007, accordant à la société *SOCO-BTP* une exonération de la taxe d'extraction sur les de carrières situées sur le domaine public ou privé de l'État : Voir Journal officiel n° 10, octobre 2007 n° 10, p. 14 et suivantes.

pratique administrative engagée dans l'action publique économique, dans la gestion de la commande publique et le traitement de l'investissement direct étranger dans cette dernière. En effet, dans la formation historique de la théorie de l'acte administratif unilatéral[409], l'existence d'une volonté interne, d'une volonté en soi et d'une volonté psychologique[410] a été exclue. Parmi les partisans de l'existence de la volonté ou de l'autonomie de la volonté figurait Léon Duguit pour qui, c'est la volonté seule qui produit l'effet de droit[411]. L'exclusion a abouti à la dissociation entre la volonté juridique des personnes morales et la volonté psychologique. Le dépassement de la quête d'une volonté psychologique a été favorisé par les échecs des partisans de cette thèse à en faire la démonstration. La thèse de la volonté objective s'est alors imposée.

186. Mais au fond, les deux thèses se rejoignent. Comme le soutenait Léon Duguit, c'est en effet la volonté seule qui produit l'effet de droit. Cela est encore plus manifeste dans le traitement de l'investissement direct étranger dans la commande publique ; d'autant que les textes sont la traduction formelle de la volonté subjective et consensuelle des personnels qui incarnent l'administration et l'État. Il n'y a pas de neutralité axiologique, mais pluralité des pratiques[412]. Ainsi, la nature du traitement appliqué est tributaire de la volonté administrative et étatique. Or, celle-ci se traduit dans la politique menée et dans les textes juridiques qui encadrent cette politique. En l'occurrence, le cas gabonais a été fondé sur la prévalence de la discrétion et du pouvoir discrétionnaire de l'administration dans la commande publique. Il s'agit d'une volonté formellement consacrée dans les textes. Cette volonté établit l'acte administratif unilatéral au centre du traitement et confère d'emblée à l'administration qui applique ledit traitement, une puissance

---

[409] GIRARD Anne-Laure, La formation historique de la théorie de l'acte administratif unilatéral, Thèse, Droit, Dalloz, Nouvelle bibliothèque de thèses, Vol. 124, 2013, 607 p.

[410] *Ibidem,* pp. 115-132.

[411] DUGUIT Léon, Les transformations générales du droit privé depuis le Code Napoléon, Paris, La mémoire du droit, reproduction de l'ouvrage paru en 1920, 2ème éd., 1999, p. 84.

[412] PONTOIZEAU Pierre-Antoine, De l'impossible neutralité axiologique à la pluralité des pratiques, *In :* Et si la recherche scientifique ne pouvait pas être neutre ? de Laurence Brière, Mélissa Lieutenant-Gosselin et Florence PIRON (*Sous la dir.*), 2019, Québec, éd., science et bien commun, chapitre 3, pp. 39-54.

discrétionnaire que les textes n'encadrent pas rigoureusement pour ne pas réduire l'« oxygénation des procédures »[413] mises en œuvre.

187. L'administration a alors un pouvoir manifeste. Un pouvoir discret. Celui-ci corrobore ainsi la possibilité que la personnalité morale soit un obstacle à la transparence[414] des procédures que le juge[415] et le législateur peuvent permettre de franchir[416], d'autant plus qu'elle est constitutionnellement protégée[417]. C'est donc sur le fondement de cette discrétion que l'administration se livre à la « gestion occulte des recettes minières et des produits pétroliers[418] » résultant de la commande publique de ces secteurs clés. Cette discrétion est d'ailleurs consolidée par le fait que l'administration compétente s'est abstenue de publier[419] le décret moyennant lequel elle s'est investie dans la gestion de fait et dévoyée des deniers publics. Cette abstention procède bien d'une volonté. Celle de garder discrète la gestion des deniers publics résultant de la commande publique. L'administration peut donc avoir une volonté subjective qui échappe à la volonté consensuelle et formelle

---

[413] BRACONNIER Stéphane, HECKENROTH Jean-Luc, *op., cit.,* § n° 170.

[414] MASSON Florent, « La transparence et l'obstacle », Petites affiches, 9 février 2015, n° 28, p. 7.

[415] Cour de cassation française, civile, Chambre commerciale, 23 septembre 2014, n° 13-17.347, publié au Bulletin.

[416] MASSON Florent, précité.

[417] AUBIN Emmanuel, « La protection constitutionnelle de la transparence administrative », Les nouveaux Cahiers du Conseil constitutionnel, 1er avril 2018, n° 59, p. 35.

[418] Le contrôle de la Cour des comptes a révélé d'une part que : « les recettes recouvrées en application des dispositions du décret n° 00518/PR du 06 août 2002 incriminé, étaient déposés dans un compte n° 81009871011-02 ouvert dans les livres de la *BGFI Bank*, en violation des dispositions du décret n° 15/*PR/MINECOFIN* du 6 janvier 1976 portant règlement général sur la comptabilité publique qui précise, en son article 21, que « les fonds publics sont obligatoirement déposés au trésor, sauf dérogation autorisées par le Ministre de l'économie et des finances. Ils ne sont pas générateurs d'intérêt et ils sont insaisissables ». Et d'autre part, que « le Ministre du Pétrole s'est immiscé dans les fonctions de comptable public en gérant ledit compte, en violation des dispositions de l'article 2 alinéa 1 du décret n° 00110/*PR/MINECOFIN* du 23 janvier 1975 aux termes desquelles ''les comptables publics ont seuls la garde et la conservation des fonds et valeurs appartenant ou confiés aux organismes publics. Ils effectuent le recouvrement des recettes et le paiement des dépenses et centralisent sous leur responsabilité l'ensemble des opérations financières et la totalités des disponibilités publiques de trésoreries'' ». Au terme de son instruction, la Juridiction Financière a déclaré les ministres concernés comptables de fait des sommes en cause : Voir Cour des comptes, *op. cit.,* § n° 168, pp. 44-45.

[419] *Ibidem,* p. 43.

consacrée dans les textes. L'explication à la prévalence de cette volonté subjective est justement l'exclusion des principes rationnels de la commande publique qui requièrent la transparence dans la vie économique[420] en général, dans les relations économiques tissées avec les investisseurs directs étrangers particulier et permettent d'éviter l'augmentation de la fréquence contentieuse qui implique l'État, comme nombre de pays africains[421], y compris même lorsque l'État est l'auteur de la demande d'arbitrage[422].

B. Généralités sur les différents types d'actes unilatéraux

188. La législation des secteurs clés, dans les différents types d'actes qu'elle consacre ne reste pas moins fidèle à l'expression de puissance publique et du droit de propriété ferme de l'État sur les ressources minières et d'hydrocarbures. Au contraire, elle sauvegarde cet attachement à la discrétion qui requiert unilatéralité et pouvoir discrétionnaire de l'administration qui édicte lesdits actes. La pluralité d'actes n'induit donc pas changement de traitement et implique encore moins mise en concurrence, traitement égalitaire des investisseurs ou transparence des procédures. Le traitement reste le même, alors que les textes consacrent les actes administratifs unilatéraux d'utilité publique (**1**) qu'ils distinguent d'autres actes (**2**).

1. Les actes unilatéraux d'utilité publique

189. Les dispositions récentes et en vigueur sont claires : les conditions d'ouverture des carrières d'utilité publique sont fixées par voie règlementaire[423]. À cet effet, le ministre chargé des mines et le ministre chargé des Domaines ont la faculté d'ouvrir par arrêté conjoint, sur un terrain domanial, des carrières d'utilité publique où sont extraits

---

[420] DELAUNAY Benoît, « La transparence de la vie économique », Les nouveaux Cahiers du Conseil constitutionnel, 1er avril 2018, n° 59, p. 23.
[421] BEN HAMIDA Walid, « La transparence », Cahiers de l'arbitrage, 1er juillet 2012, n° 3, p. 617.
[422] CIRDI, affaire *Gabon c/ Société Serete SA,* 1976, n° ARB/76/1. L'affaire porte sur la construction d'un hôpital. Elle a été enregistrée le 5 octobre 1976. C'est la seule affaire soumise au *CIRDI* en 1976. Elle a été réglée à l'amiable. Par un ordre du 27 février 1978, le tribunal arbitral a pris note de ce règlement.
[423] Loi n° 017/2014 du 30 janvier 2015 portant réglementation du secteur minier en République Gabonaise, article 94, alinéa 3 : Journal officiel n° 254 *bis* spécial du 29 mai 2015.

des matériaux de construction ou des pierres ornementales destinés aux infrastructures d'utilité publique ou d'intérêt social général[424]. Si ces dispositions de la loi n° 017/2014 du 30 janvier 2015 portant réglementation du secteur minier en République Gabonaise, semblent réduire les actes d'utilité publique ou d'intérêt social général aux seules ressources d'ornement, il n'est pas moins consacré que ces actes vont bien au-delà de ce cadre ornemental.

190. Car, les titres pétroliers ou autorisations comprenaient tout d'abord l'autorisation de prospection, l'autorisation exclusive d'exploration, l'autorisation exclusive de développement et d'exploitation[425], avant que cette liste ne soit reformulée et étendue aux autorisations exclusives de prospection, aux autorisations exclusives d'exploration, aux autorisations exclusives de développement et de production, aux autorisations exclusives de production, et aux permis d'exploitation[426]. Et en confirmation de ce caractère d'utilité publique, en 2014, les activités couvertes par une autorisation exclusive constituaient des activités d'utilité publique[427]. En 2019, les activités couvertes par une autorisation exclusive et le permis d'exploitation sont aussi d'utilité publique[428]. Outre ces autorisations initiales d'utilité publique, la délivrance du permis d'exploitation engage l'État, en cas de besoin, à initier la procédure d'expropriation pour cause d'utilité publique en ce qui concerne les zones couvertes par ces autorisations[429].

191. Quant au contenu auquel ces actes administratifs et réglementaires renvoient, il résulte que l'autorisation exclusive d'exploration conférait depuis 2014 et confère encore depuis juillet 2019, à son titulaire, le droit exclusif de réaliser, dans une zone délimitée, dite zone d'exploration, et pour le compte de l'État, les

---

[424] *Ibidem*, article 94, alinéa 1.

[425] Loi n° 011/2014 du 28 août 2014 portant réglementation du secteur des hydrocarbures en République Gabonaise, article 97 : Journal officiel n° 221 du 8 au 15 septembre 2014.

[426] Loi n° 002/2019 du 16 juillet 2019 portant réglementation du secteur des hydrocarbures en République Gabonaise, article 74 : Journal officiel n° 27 *ter* du 22 juillet 2019.

[427] Loi n° 011/2014 du 28 août 2014 portant réglementation du secteur des hydrocarbures en République Gabonaise, article 98 : Journal officiel n° 221 du 8 au 15 septembre 2014.

[428] Loi n° 002/2019 du 16 juillet 2019 portant réglementation du secteur des hydrocarbures en République Gabonaise, article 73.

[429] Loi n° 017/2014 du 30 janvier 2015 portant réglementation du secteur minier en République Gabonaise, article 148 : Journal officiel n° 254 *bis* spécial du 29 mai 2015.

travaux d'exploration, notamment la sismique, les forages d'exploration et d'appréciation tels que prévus dans le contrat d'exploration[430]. De son côté, il en va tout autant pour l'autorisation exclusive de développement et d'exploitation qui confère à son titulaire le droit exclusif d'effectuer, au nom et pour le compte de l'État, les travaux de développement et de production des hydrocarbures dans la zone d'exploitation[431].

192. Toutes ces considérations révèlent par exemple dans le secteur minier depuis la loi n° 05-2000 du 12 octobre 2000 que dès lors que le droit de rechercher les substances minières non concessibles ne pouvait être acquis qu'en vertu d'un permis de recherche dit permis de carrière[432], celui-ci était et reste accordée par décret[433] et il permet de conférer avec la concession minière à son titulaire, dans les limites de son périmètre et indéfiniment en profondeur, le droit exclusif de prospection, de recherche, d'exploitation et de la libre disposition des substances concessibles pour lesquelles il est délivré. L'utilité publique sur laquelle il est fondé s'étend également sur l'ensemble des limites couvertes par le titre. C'est - à-dire, tous les aspects affectés par le titre accordé, allant de la prospection à l'exploitation tel que le confirme la loi n° 017/2014 du 30 janvier 2015 portant réglementation du secteur minier en République Gabonaise en ses articles 3, 53 et 94. Finalement, que les actes administratifs et réglementaires pris soient d'utilité publique, ils restent soumis à l'empire de la puissance publique, de la discrétion, de l'absence de mise en concurrence, d'égalité de traitement et de transparence des procédures.

2. Les autres types d'actes unilatéraux

193. Traiter des autres actes administratifs et réglementaires sous-entend que ces deniers comportent une caractéristique majeure ou mineure, mais significative qui les différencie des actes administratifs et réglementaires d'utilité publique. Il est bien là le paradoxe de la

---

[430] *Ibidem,* article 148 et Loi n° 002/2019 du 16 juillet 2019 portant réglementation du secteur des hydrocarbures en République Gabonaise, article 81.

[431] Loi n° 002/2019 du 16 juillet 2019 portant réglementation du secteur des hydrocarbures en République Gabonaise, article 84.

[432] Loi n° 05-2000 du 12 octobre 2000 portant réglementation du secteur miner en République Gabonaise, article 49 : Voir Journal hebdomadaire d'informations et d'annonces légales n° 437 du 14 au 28 avril 2001, Numéro spécial, pp. 57-68.

[433] *Ibidem*, article 50.

législation des secteurs clés. Car, le caractère d'utilité publique n'a d'utilité publique que le nom dès lors qu'il n'implique pas un traitement transparent à l'égard et au profit du public, des investisseurs directs étrangers qui exercent dans la commande publique des secteurs concernés. Dans un tel cadre, alors que la transparence fiscale du contribuable vise à structurer la nouvelle gouvernance fiscale en vue d'éliminer l'opacité[434] des pratiques, la prévalence de la marge de discrétion dont dispose l'administration affaiblit la perspective de rationalisation du traitement de l'investissement direct étranger dans la commande publique.

194. Dès lors que cette doctrine de l'opacité, du pouvoir discrétionnaire excessif prévaut, la création par arrêté ministériel d'une cellule interministérielle chargée de l'évaluation, de la négociation et du suivi des traités et accords internationaux relatifs aux investissements et à la fiscalité[435], les formations organisées concernant la « gouvernance des entreprises publiques : les bonnes pratiques de gestion du portefeuille de l'État[436] », le partenariat public-privé[437] ou encore l'arbitrage[438] qui participe aussi à la lutte contre la corruption[439], perdent de leur utilité pratique, en dépit du rôle[440] que peut jouer l'État. Ces formations prendraient pleine utilité en s'appuyant sur un régime juridique fondé sur des principes qui rationalisent les procédures appliquées et les pratiques administratives établies ; d'autant que dans la catégorie des autres actes administratifs ici abordée, figurent d'une

---

434 PELLAS Jean-Raphaël, « La transparence fiscale du contribuable : l'éloge d'une norme éthique », Revue française de finances publiques, 1er novembre 2017, n° 140, p. 75.

435 Arrêté n° 1367/*PM* du 3 novembre 2017 modifiant et complétant l'arrêté n° 302/*PM* du 8 avril 2014 portant création et attributions de la cellule interministérielle chargée de l'évaluation, de la négociation et du suivi des traités et accords internationaux : Journal officiel n° 375 *bis* du 4 décembre 2017, p. 7.

436 Formation *ERSUMA* sur la gouvernance des entreprises publiques, L'essentiel Droits africains des affaires, 1er novembre 2019, n° 10, p. 8.

437 Formation de l'*ERSUMA* sur les partenariats public-privé, L'essentiel Droits africains des affaires, 1er juin 2018, n° 06, p. 8.

438 Formation de l'*ERSUMA* « Maîtriser le nouveau cadre de l'arbitrage et de la médiation dans l'espace *OHADA* » L'essentiel Droits africains des affaires, 1er mars 2018, n° 03, p. 8.

439 LIGNEUL Nicolas, « L'arbitrage et la lutte contre la corruption », Revue juridique de l'Océan Indien, Association " Droit dans l'Océan Indien " (LexOI), 2017, pp. 65-74.

440 OHADA, « Le Gabon à la présidence de l'*OHADA* pour 2018 », communiqué, 22 janvier 2018, L'essentiel Droits africains des affaires, 1er janvier 2018, n° 02, p. 8.

part, les autorisations ouvrant droit à l'exercice d'une activité *aval* qui comprennent, notamment : l'autorisation de transformation des hydrocarbures, l'autorisation d'importation et exportation d'hydrocarbures, de produits pétroliers, de produits gaziers et de leurs dérivés, l'autorisation de transport de produits pétroliers, de produits gaziers et de leurs dérivés, l'autorisation d'entreposage et de stockage de produits pétroliers, de produits gaziers et de leurs dérivés, l'autorisation de distribution de produits pétroliers, de produits gaziers et de leurs dérivés[441]. En somme, divers actes qui se fondent sur le pouvoir discret et discrétionnaire de l'administration.

195. S'ajoutent, d'autre part, à ces précédentes autorisations, celles qui ouvrent droit à l'exercice d'une activité *amont*. En d'autres termes, cela désigne toutes les activités qui révèlent par exemple dans le secteur minier, depuis la loi n° 05-2000 du 12 octobre 2000, que dès lors que le droit de rechercher les substances minières non-concessibles ne pouvait être acquis qu'en vertu d'un permis de recherche dit permis de carrière, celui-ci reste accordé par décret[442]. Ainsi, par le décret, la gestion de la commande publique est assurée directement sous l'impulsion et la sensibilité de l'administration sur des ressources naturelles aussi sensibles et importantes pour l'État et l'intérêt général que les mines et les hydrocarbures. En considérant par ailleurs que le recours au décret permet de conférer avec la concession minière à son bénéficiaire et titulaire, dans les limites du champ qu'il détermine et indéfiniment en profondeur, une étendue de droits, il établit donc la catégorie des autres actes qui ne sont pas d'utilité publique qu'il autorise, comme de valeur toute aussi importante que ceux qui sont d'utilité publique. Car, leur aboutissement est finalement le même et ce, parce que leur régime d'émanation est le même.

196. Il y a donc un croisement entre les activités *amont* et les activité *aval*. Elles sont toutes régies par l'empire de la puissance publique et du pouvoir discrétionnaire, omniprésent et omnipotent qui y fait régner dans les unes comme dans les autres, la discrétion, l'inégalité de

[441] Loi n° 011/2014 du 28 août 2014 portant réglementation du secteur des hydrocarbures en République Gabonaise, article 139 : Journal officiel n° 221 du 8 au 15 septembre 2014.

[442] La Cour des comptes a relevé que la discrétion de l'administration va jusqu'à la possibilité de cette dernière de s'abstenir de publier un décret qui engage des deniers publics importants. Et cette discrétion a demeuré pendant plus de 15 ans jusqu'à ce qu'elle cesse par l'instruction diligentée par la Cour et la publication de son rapport : précité, § n° 168.

traitement, le défaut de transparence. Par conséquent, la catégorisation distinguant les actes administratifs et réglementaires d'un côté et les autres actes de l'autre perd tout fondement utile, mais confirme manifestement qu'il est constant et consubstantiel dans le régime de gestion des secteurs clés que les actes unilatéraux utilisés sont rattachés et expriment le droit de propriété de l'État sur les ressources des secteurs clés avec une fermeté qui s'oppose à la mise en concurrence, à la transparence, à l'égalité de traitement des investisseurs directs étrangers qui opèrent dans la commande publique des secteurs en cause.

C. Déclinaison des types d'actes unilatéraux

197. L'objet des différents types d'actes unilatéraux au moyen desquels l'État conduit la commande publique des secteurs clés peut varier selon qu'il s'agit de la prospection, de l'exploration ou encore de l'exploitation. Mais au-delà de l'objet, la règlementation des secteurs clés consacre deux principaux types d'actes unilatéraux classés sous la catégorie plus générale des « titres » pétroliers, miniers ou encore forestiers, à travers lesquels sont évincés les principes de la commande publique. Il s'agit des permis (**1**) et des autorisations (**2**). C'est à partir desdits actes unilatéraux que se forment les relations économiques irrationnelles entre l'État et les investisseurs directs étrangers. Car, l'obtention de ces actes doit au préalable faire l'objet d'une demande appréciée dans la discrétion de l'administration, hors des principes rationnels de la commande publique.

1. L'éviction par les permis

198. Le recours aux permis n'est pas une nouveauté dans le régime juridique de gestion des secteurs clés et de la commande publique qui en résulte. Le terme « permis » a simplement remplacé celui d'« agrément » que consacrait notamment l'article 16 de l'ordonnance n° 21/67 modifiant les dispositions de la loi n° 55/61 du 4 décembre 1961 portant code des investissements en République Gabonaise. En effet, aux termes de cet article, la demande d'agrément devait être adressée au ministre de l'Économie nationale, en vingt exemplaires. Dans cette demande devait notamment figurer certains éléments au titre des conditions à remplir[443]. Ainsi, la conduite de l'action publique

[443] Voir *infra*, § n° 208 et suivants.

économique moyennant permis a été reconduite dans la règlementation de manière constante. Par conséquent, en matière minière, sous l'empire de la loi n° 05-2000 du 12 octobre 2000 portant code minier en République Gabonaise, un permis pouvait être accordé à titre exclusif [444]à un investisseur ou même à titre collectif[445], par décret[446] du ministre compétent, afin de pouvoir exercer une activité dans ce secteur. Le même régime a été maintenu par la loi n° 017/2014 du 30 janvier 2015 portant réglementation du secteur minier en République Gabonaise qui consacre également le permis comme le titre minier fondamental qui ouvre droit à l'exercice d'une activité dans le secteur minier. Qu'il s'agisse d'un permis de recherche ou d'exploitation, ce titre est le deuxième type de titre que consacre ce texte à côté de la concession minière[447]. Un investisseur qui ne dispose pas d'un permis ou d'une concession ne peut entreprendre une quelconque activité dans ce secteur.

199. La même démarche a été suivie en matière d'hydrocarbures. En effet, les sources étant les mêmes que celles du permis minier telles que le consacrait l'ordonnance n° 21/67 de 1967, la règlementation du secteur clé pétrolier s'est inscrite dans le même sillage en faisant recours au permis et même avec beaucoup plus de considération. Car, la loi n° 011/2014 du 28 août 2014 portant réglementation du secteur des hydrocarbures en République Gabonaise ne faisait référence au permis que dans ses dispositions transitoires en se limitant à énoncer la fin alors envisagée de ce type d'acte[448]. En revanche, l'adoption de la loi n° 002/2019 du 16 juillet 2019 portant réglementation du secteur des hydrocarbures en République Gabonaise a fait davantage de place au permis en consacrant expressément le recours à cet instrument parmi les titres pétroliers[449] à côté des autorisations. Ainsi, le permis constitue un acte unilatéral dont peut disposer l'administration pour conduire la commande publique des secteurs clés. C'est à cet effet qu'avait été adopté l'arrêté n° 136-*MEF* du 10 octobre 2011 fixant les modalités d'attribution et de gestion du permis de gré à gré en matière pétrolière.

---

[444] Article 19.
[445] Article 33.
[446] Article 32.
[447] 2015, article 106.
[448] Loi n° 011/2014 du 28 août 2014 portant réglementation du secteur des hydrocarbures en République Gabonaise, article 256.
[449] Loi n° 002/2019 du 16 juillet 2019 portant réglementation du secteur des hydrocarbures en République Gabonaise, article 73.

L'unilatéralité de cet instrument d'action publique repose fondamentalement sur le pouvoir discrétionnaire de l'administration qui peut, à tout moment et partout ou besoin est, sur toute l'étendue du territoire national, décider d'en suspendre la délivrance[450].

2. L'éviction par les autorisations

200. Les autorisations constituent à côté des permis, la deuxième catégorie d'actes unilatéraux dont dispose l'administration pour mettre en œuvre le traitement qu'elle applique à l'investissement direct étranger exerçant dans la commande publique des secteurs clés. Elles émanent, comme les permis, du régime consacré par l'ordonnance n° 21/67 modifiant les dispositions de la loi n° 55/61 du 4 décembre 1961 portant code des investissements en République Gabonaise. La règlementation postérieure à ce texte a conséquemment réservé une place importante à l'autorisation. En effet, la loi n° 05-2000 du 12 octobre 2000 portant code minier en République Gabonaise consacrait une place particulière à l'autorisation en la distinguant de la catégorie générale des titres miniers. Car, sous l'empire de ce texte, pour exercer une activité dans le secteur minier, l'investisseur devait soit disposer d'un titre minier, soit d'une autorisation d'exploitation. À cet effet, aux termes de l'article 7 dudit texte, nul ne pouvait, y compris les propriétaires du sol, rechercher ou extraire des substances minérales utiles sur toute l'étendue du territoire national s'il n'était titulaire d'un titre minier ou d'une autorisation d'exploitation. Ainsi, l'autorisation constituait une catégorie autonome différente de la catégorie des titres miniers qui comprenaient alors les permis et concessions. Cette articulation faisait alors de l'acte unilatéral de l'autorisation un instrument réfugié dans l'entière discrétion de l'administration compétente. Les autres actes administratifs l'étaient aussi.

201. Mais cette distinction procédait de la volonté d'affirmer davantage les pouvoirs de l'administration sur la conduite de la commande publique du secteur concerné. D'ailleurs, la loi n° 017/2014 du 30 janvier 2015 portant réglementation du secteur minier en République Gabonaise n'a pas rompu avec cette conception. En effet, au-delà de ce qu'elle consacre divers types d'autorisations[451], ce

---

[450] Décret n° 666-*PR* du 09 août 2004, portant suspension provisoire d'attribution de nouveaux permis en matière forestière.

[451] Loi n° 017/2014 du 30 janvier 2015 portant réglementation du secteur minier en République Gabonaise, article 53.

nouveau texte énonce comme celui qui l'a précédé que constitue un « opérateur », tout titulaire soit d'un titre minier, soit d'une autorisation[452]. Cette dernière est alors définie comme l'« acte délivré par l'autorité compétente et conférant à son titulaire le droit de prospecter, d'exploiter temporairement une carrière, une carrière d'utilité publique, des rejets ou de réaliser des terrassements sur un périmètre donné ». Cela confirme donc la place du recours à l'autorisation dans la conduite de la commande publique et le traitement applicable à l'investissement direct étranger.

202. Il en va autant en matière pétrolière et des hydrocarbures où l'autorisation occupe également une place majeure en tant qu'elle y était d'abord consacrée comme titre pétrolier[453] sous l'empire de la loi n° 011/2014 du 28 août 2014 portant réglementation du secteur des hydrocarbures avant d'être confirmée comme telle par la loi n° 002/2019 du 16 juillet 2019 portant réglementation du secteur des hydrocarbures. Cette dernière l'inclut alors expressément parmi les titres pétroliers en précisant notamment qu'un titre pétrolier est un « acte administratif par lequel l'État autorise une ou plusieurs personnes morales à réaliser les activités *amont*, constituant une autorisation de prospection, une autorisation exclusive d'exploration, ou une autorisation exclusive de développement et de production, une autorisation exclusive de production ou un permis d'exploitation[454] ». Ainsi, le recours à l'autorisation constitue pour l'administration le moyen de conduire en toute discrétion la commande publique des secteurs clés en traitant l'investisseur direct étranger sans contrainte de mise en concurrence ou encore de transparence.

[452] *Ibidem,* article 3.
[453] Loi n° 011/2014 du 28 août 2014 portant réglementation du secteur des hydrocarbures en République Gabonaise, article 97.
[454] Loi n° 002/2019 du 16 juillet 2019 portant réglementation du secteur des hydrocarbures en République Gabonaise, article 9.

D. La valeur de l'acte unilatéral

203. L'acte administratif permet de créer des droits et des situations effectives qui ont notamment pour conséquence de contribuer à la formation du droit international[455] y compris celui qui concerne particulièrement l'investissement direct étranger. Dès lors, l'importance accordée par la législation à l'administration dans la gestion des secteurs clés et la commande publique qui en résulte influe sur l'importance donnée aux actes pris par elle, quel que soit leur type ; qu'ils soient d'utilité publique ou pas[456]. Eu égard à cela, s'interroger finalement sur la valeur juridique des actes administratifs et réglementaires unilatéraux devient une évidence. Déterminer la valeur juridique que la législation attache à ces actes est donc fondamental pour comprendre par suite, le lien entre la puissance publique, la fermeté du droit de propriété étatique sur les ressources des secteurs clés et l'opposition entre ces derniers aspects et les exigences de transparence, de traitement égalitaire des investisseurs et de mise en concurrence. Sur cet aspect aussi, l'interrogation est clairement évacuée.

204. La réponse apportée par les textes est claire et précise. En effet, considérant notamment que la surface de l'autorisation de prospection est déterminée par l'acte qui l'institue[457] et que le droit de rechercher les substances minérales utiles ne peut être acquis qu'en vertu d'un permis de recherche minière[458], l'État[459] ou l'administration compétente[460] ayant en outre seul(e) qualité et pouvoir pour délivrer les titres pétroliers, la législation réaffirme avec fermeté la conséquence

---

[455] ROBIN Denys-Sacha, Les actes unilatéraux des États comme éléments de formation du droit international, Thèse, Droit, Université Paris 1 Panthéon Sorbonne, 2018, p. 111.

[456] Voir *supra*, § n° 189 et suivants.

[457] Loi n° 011/2014 du 28 août 2014 portant réglementation du secteur des hydrocarbures en République Gabonaise, article 104 : Journal officiel n° 221 du 8 au 15 septembre 2014.

[458] Loi n° 05-2000 du 12 octobre 2000 portant réglementation du secteur minier en République Gabonaise, article 31 : Voir Journal hebdomadaire d'informations et d'annonces légales n° 437 du 14 au 28 avril 2001, Numéro spécial, p. 57 à 68.

[459] Loi n° 011/2014 du 28 août 2014 portant réglementation du secteur des hydrocarbures en République Gabonaise, article 100 : Journal officiel n° 221 du 8 au 15 septembre 2014.

[460] Loi n° 002/2019 du 16 juillet 2019 portant réglementation du secteur des hydrocarbures en République Gabonaise, article 78 : Journal officiel n° 27 *ter* du 22 juillet 2019.

rigoureuse selon laquelle : tout titre pétrolier dont l'attribution est non conforme aux dispositions en vigueur, c'est-à-dire lois et textes d'application, est nul[461]. En d'autres termes, les actes administratifs relatifs notamment à l'attribution, au renouvellement, au retrait, à l'amodiation, à l'affermage, au transfert, à la mutation et à la cession des autorisations et titres miniers prévus par la loi, n'ayant pas été instruits et visés par les seuls services compétents du ministère concerné encourent la peine de nullité[462]. Par conséquent et plus loin encore, nul ne peut se livrer aux opérations d'élaboration ou de transformation des substances précieuses, ni même de fabrication d'ouvrages à partir de substances naturelles, s'il n'est titulaire d'une autorisation délivrée par arrêté du ministre chargé des mines[463].

205. Ainsi, lorsque Léon Duguit soutenait que l'administration ne peut agir que dans les limites qui lui sont tracées par une règle législative et qu'il doit en être toujours ainsi[464], il soulignait utilement la nécessité d'un encadrement de l'action administrative, afin que celle-ci ne verse pas dans l'excès de pouvoir, dans l'illégalité, dans l'inconstitutionnalité ; qu'elle ne soit pas en totale mesure de déterminer son champ de compétence, son pouvoir. Or, au regard du caractère incontournable des actes administratifs et réglementaires dans la commande publique des secteurs clés, ces derniers sont le fondement et la fin de toute activité dans les secteurs clés. Sans eux, il ne se passe rien notamment dans le secteur minier et dans celui des hydrocarbures. Par conséquent, les actes administratifs et réglementaires ont une valeur juridique fondamentale et centrale qui fait d'eux le centre de gravité du traitement des investisseurs directs étrangers dans la commande publique des secteurs clés. Dans ces conditions, il est indéniable que ces actes, rattachés à l'expression du droit de propriété étatique sur les ressources naturelles concernées et, immanquablement à l'affirmation de la puissance publique, marquent fortement l'opposition entre l'unilatéralité, la discrétion, la variabilité des traitements qu'ils

---

[461] Loi n° 011/2014 du 28 août 2014 portant réglementation du secteur des hydrocarbures en République Gabonaise, article 101.

[462] Loi n° 017/2014 du 30 janvier 2015 portant réglementation du secteur minier en République Gabonaise, article 27 : Journal officiel n° 254 *bis* spécial du 29 mai 2015.

[463] Décret d'application de la loi n° 005/2000 du 12 octobre 2000 portant réglementation du secteur minier en République Gabonaise, article 162.

[464] CARRÉ DE MALBERG Raymond, Contribution à la théorie générale de l'État, 1920, Dalloz 2004, p. 478.

accordent et qui les caractérise et toute perspective de transparence, de traitement égalitaire des investisseurs et de mise en concurrence.

PARAGRAPHE 2 : Le rôle de l'acte unilatéral

206. Au regard de la place consacrée à l'administration, de l'importance des actes administratifs et réglementaires unilatéraux dans la gestion et l'exécution de la commande publique des secteurs clés et de la valeur juridique que leur confèrent les textes, ces actes constituent *in fine* une source essentielle du traitement. Cela est d'autant plus fondé en ce qu'ils constituent non seulement des outils de précision du traitement (**A**), mais s'imposent aussi comme le fondement direct du traitement des investissements directs étrangers opérant dans la commande publique des secteurs clés (**B**), marquant ainsi de manière manifeste leur impact sur ledit traitement (**C**). Cela établit, finalement la continuité du régime historique[465] de la commande publique minière et pétrolière. Celle-ci s'est construite autour de la propriété de l'État sur les ressources naturelles avec la contribution tant du droit international que du droit interne[466]. La nécessité pour l'État de s'affirmer sur le plan international n'a pas été sans conséquence sur le plan interne. L'une des principales sources d'erreur dans l'appréciation du rôle de l'État et de la qualité de la norme de traitement qu'il édicte se situe sur ce point. Car, cela s'est traduit par sa volonté de maîtriser tout usage de ses ressources naturelles et ce, moyennant une conception excessive de la puissance publique qui aurait dû être limitée aux rapports de l'État avec d'autres États ou organisations extérieures. En conséquence, le régime de l'autorisation est né. Il s'appuie alors sur l'acte administratif unilatéral qui se caractérise par l'expression, sans conditions de recours limitant ou filtrant[467], de la puissance de l'administration et donc de son pouvoir discrétionnaire, sur la gestion de la commande publique des secteurs clés ; d'autant plus que le mécanisme conditionnel modifie les

---

[465] EL KAILANI-CHARIAT Ebtissam, *op. cit.*, § n° 95, p. 193.

[466] *Ibidem*, p. 121.

[467] BROC Renaud, LINOTTE Didier, « Le décret du 27 novembre 2009 relatif aux procédures de recours applicables aux contrats de la commande publique », Gazette du Palais, 9 février 2010, n° 40, p. 17.

faits et les comportements en droit[468] et en particulier en matière administrative.

A. Un instrument de précision

207. Les actes administratifs unilatéraux sont des outils de précision du traitement en raison des implications fondamentales qu'ils occasionnent ; lesquelles permettent d'identifier l'articulation qui porte le traitement. Il s'agit de deux implications majeures qui révèlent dans le même temps le niveau de précision en cause. Le premier niveau de précision concerne les conditions ou critères préalables qu'ils fixent (**1**) aux investisseurs avant que ces derniers n'accèdent au deuxième niveau qu'est le contrat ou la convention (**2**).

1. La précision des conditions à remplir

208. Au-delà de l'article 47 de la Constitution[469] et en cohérence avec la thèse développée notamment par Raymond Carré de Malberg, selon laquelle l'administration constitue et se définit comme l'agent d'exécution des lois[470], cette dernière se confirme en effet dans ce rôle à travers la précision qu'elle apporte par ses actes administratifs et réglementaires, conformément aux divers renvois[471] énoncés dans les textes. Par la consécration de ces renvois, les textes posent clairement le cadre. Ils fixent les conditions préalables à remplir par tout opérateur, tout investisseur direct étranger. Ces conditions sont à double tour en ce qu'elles sont fixées tant en *amont* qu'en *aval*. Ainsi, dans le cadre de toute activité *amont*, toute personne morale souhaitant soumissionner ou participant à une consultation directe doit notamment disposer des capacités techniques et financières[472]. De même, dans le cadre de toute

---

[468] THERON Sophie, La notion de condition : contribution à l'étude de l'acte administratif, Thèse, Droit, L'Harmattan, 2001, pp. 91-93.

[469] Cet article constitue le fondement de la répartition des compétences entre les pouvoirs exécutif et législatif.

[470] CARRÉ DE MALBERG Raymond, *op., cit.,* § n° 205, p. 478.

[471] Loi n° 002/2019 du 16 juillet 2019 portant réglementation du secteur des hydrocarbures en République Gabonaise, articles 131, 144, 184 : Journal officiel n° 27 *ter* du 22 juillet 2019 ; Loi n° 017/2014 du 30 janvier 2015 portant réglementation du secteur minier en République Gabonaise, articles 23, 54, 94, 104, 107, 120, 121, 125, 132, 139, 158 : Journal officiel n° 254 *bis* spécial du 29 mai 2015.

[472] Loi n° 002/2019 du 16 juillet 2019 portant réglementation du secteur des hydrocarbures en République Gabonaise, article 38.

activité *aval*, les autorisations ne sont délivrées qu'aux seules personnes physiques ou morales de droit gabonais justifiant de compétences techniques et de capacités financières requises, dans les conditions et selon les modalités fixées par les textes en vigueur[473].

209. Le régime est ainsi organisé en une échelle de précisions qui sauvegarde la place de l'administration dans le traitement. Pour illustration, le secteur minier, à travers l'article 135 du décret d'application de la loi n° 005/2000 du 12 octobre 2000, donnait un exemple parfait. En effet, cet article résultait d'un renvoi fait par l'article 104 de la loi et renvoyait à son tour à un arrêté ministériel. Dans le même sillage, la loi n° 002/2019 du 16 juillet 2019 portant réglementation du secteur des hydrocarbures en République Gabonaise énonce également à son tour deux types de renvois. L'un en son article 172 qui consacre directement dans la lettre du texte, la précision des modalités et conditions par arrêté du ministre compétent. L'autre en son article 184 qui renvoie à un décret. Et, logiquement, parallélisme des formes obligeant, le titre d'exploitation ne peut être refusé à son demandeur que pour les raisons d'insuffisance en capacités techniques et financières, d'insuffisance des preuves de l'existence d'un gisement économiquement exploitable ou encore d'insuffisance de l'étude d'impact environnementale[474]. Mais il n'y a là aucune disposition innovatrice au regard de ce que sous l'empire de l'ordonnance n° 21/67 du 23 mars 1967 portant code des investissements en République Gabonaise, la demande d'agrément était déjà adressée au ministre de l'Économie nationale.

210. Dans les éléments ou conditions que le ministre devait apprécier figuraient notamment l'importance des investissements qui reste prise en compte, tout comme la participation à l'exécution du plan économique et social[475] qui regroupe la création d'emplois, la

---

[473] *Ibidem*, article 131.

[474] Décret d'application de la loi n° 005/2000 du 12 octobre 2000 portant réglementation du secteur minier en République Gabonaise, article 62 : Voir Journal hebdomadaire d'informations et d'annonces légales n° 437 du 14 au 28 avril 2001, Numéro spécial, pp. 57-68.

[475] Loi n° 002/2019 du 16 juillet 2019 portant réglementation du secteur des hydrocarbures en République Gabonaise, articles 168 et 169 : Journal officiel n° 27 *ter* du 22 juillet 2019 ; Loi n° 017/2014 du 30 janvier 2015 portant réglementation du secteur minier en République Gabonaise, articles 241 et suivants : Journal officiel n° 254 *bis* spécial du 29 mai 2015.

participation de nationaux gabonais dans la répartition des emplois[476], l'utilisation de matériels donnant toutes garanties techniques ou technologiques[477], l'utilisation en priorité des matières premières locales et, d'une façon générale, le siège social en République Gabonaise[478] désormais remplacé par l'obligation faite à certains investissements directs étrangers de transformer leur filiales en sociétés de droit gabonais[479]. Ce n'est qu'après instruction, que le ministre transmettait le dossier, pour avis, à la Commission des investissements[480]. Il n'y a donc pas eu de changement fondamental. L'administration reste au cœur de la précision des conditions d'appréciation et, conséquemment, des conditions de traitement des investissements directs étrangers, réaffirmant par-là, le maintien de son pouvoir discrétionnaire, de son rejet de la transparence et de la mise en concurrence.

2. La précision de l'accès au contrat

211. La prévalence de l'administration, des actes administratifs et réglementaires dans le régime de traitement des opérateurs économiques agissant dans les secteurs clés, caractérise le lien entre la puissance publique exprimée dans l'unilatéralité des actes pris et les relations contractuelles ou conventionnelles conclues avec les investisseurs. Ce lien caractéristique se confirme et est mis en évidence par les textes. En effet, par l'abrogation de la loi n° 05-2000 du 12 octobre 2000 portant réglementation du secteur minier par la loi n° 017/2014 du 30 janvier 2015 ayant le même objet, ce dernier texte a révélé que les contrats conclus par l'État dans les secteurs clés n'étaient

---

[476] Loi n° 002/2019 du 16 juillet 2019 portant réglementation du secteur des hydrocarbures en République Gabonaise, articles 163 et suivants ; Loi n° 017/2014 du 30 janvier 2015 portant réglementation du secteur minier en République Gabonaise, article 350.

[477] Loi n° 002/2019 du 16 juillet 2019 portant réglementation du secteur des hydrocarbures en République Gabonaise, article 163.

[478] Ordonnance n° 21/67 du 23 mars 1967 portant code des investissements en République Gabonaise, article 15.

[479] Loi n° 002/2019 du 16 juillet 2019 portant réglementation du secteur des hydrocarbures en République Gabonaise, article 296 ; Loi n° 017/2014 du 30 janvier 2015 portant réglementation du secteur minier en République Gabonaise, articles 9 et 23.

[480] Ordonnance n° 21/67 du 23 mars 1967 portant code des investissements en République Gabonaise, article 16.

que la continuité des actes administratifs unilatéraux édictés en *amont*. Car, la loi n° 05-2000 du 12 octobre 2000 concentrait quasiment dans un article, l'essentiel du régime de traitement appliqué dans le secteur.

212. L'article 35 dudit texte posait le régime selon lequel la délivrance d'un permis de recherche minière devait être accompagnée d'une convention établie dans les mêmes formes et conditions prévues à l'article 11[481] de cette loi. Cette convention ou ses avenants devaient nécessairement comporter des dispositions relatives aux garanties et obligations essentielles d'exploitation en cas de découverte d'un ou de plusieurs gisements commercialement exploitables, aux prescriptions financières, fiscales, douanière et foncières spécifiques à la recherche des substances concessibles et applicables à la date de la signature de la convention ou de ses services, au régime des effets personnels pendant une période de six mois suivant leur établissement au Gabon pour les personnel expatriés employés par le titulaire et résident au Gabon, aux obligations relatives à la formation des et à l'emploi de la main-d'œuvre nationale, aux obligations relatives à la protection de l'environnement, à l'urbanisme, à l'hygiène et à la sécurité, aux règles concernant la cession ou transfert des droits et obligations du titulaire, à la participation de l'État ou d'une entreprise public à tout ou partie des opérations de recherche ou d'exploitation minière.

213. Cela devait être fait sous réserve de la législation en vigueur, de l'obligation de fourniture à l'administration chargée des mines et de la géologie des informations, documents et échantillons afférents aux opérations de recherche et d'exploitation, aux obligations relatives au suivi par les agents de l'administration chargée des mines et de la géologie des travaux pour lesquels le permis a été attribué, au règlement des conflits nés, le cas échéant, de l'application de la convention, au programme des travaux et des dépenses pour la durée du permis de recherche. Cette obligation s'étendait également aux renouvellements, ainsi qu'aux conditions de ces renouvellements, à la liste de matériels et d'équipements admis sur le territoire sous régimes douaniers suspensifs accordés au titulaire pendant la phase de recherche. De même, elle s'appliquait aux mesures particulières pouvant résulter d'une association avec un tiers pour la réalisation des travaux et des

---

[481] Cette article introduit par la loi de ratification n° 007/2002 du 22 août 2002, fixant les taux des taxes et droits fixes applicables aux titres et autorisations du régime minier et du régime des carrières, donnait une certaine définition de la convention minière qui y était consacrée comme un document évolutif qui se complète au moyen d'avenants intervenant à certaines occasions.

études portant sur les potentialités du permis, le développement d'un projet industriel. Lesdites obligations prenaient également en compte les conditions dans lesquelles ce tiers pouvait bénéficier des dispositions de ladite loi relative à l'annulation du permis de recherche ou, le cas échéant, au retrait du permis d'exploitation ou de la concession.

214. Cette longue énumération des composantes de la convention était due à la volonté de poser un régime complet ou du moins étendu qui prenne en compte les aspects fondamentaux du traitement et surtout, un régime qui marque bien la continuité soulignée dans la lettre même du texte aux termes de laquelle, « la délivrance d'un permis de recherche minière devait être accompagnée d'une convention ». En d'autres termes, le permis précédait la convention, la convention dépendait de l'octroi du permis ; consécration d'ailleurs reprise et même désormais inversée par les textes en vigueur[482], en dépit de l'éloignement de celle-ci des nécessités de mise en concurrence, de transparence et de traitement égalitaire des investisseurs.

B. Le fondement du rôle de l'acte unilatéral

215. Si la promotion de l'investissement direct étranger ne s'est pas toujours concentrée dans le régime des secteurs clés[483], il n'en demeure pas moins que la valorisation de ces derniers en vue d'accueillir davantage d'investisseurs étrangers s'est accrue avec la découverte de ressources minières et pétrolières[484]. Il est d'ailleurs sur cet aspect récurrent que la définition du Gabon en matière économique ne se fasse généralement que sur la base de ces ressources issue des domaines miniers et d'hydrocarbures[485]. Plus particulièrement, les considérations économiques établissent les secteurs clés comme vecteurs de l'économie, en l'état actuel du dispositif. Ainsi, la découverte des

---

[482] Loi n° 002/2019 du 16 juillet 2019 portant réglementation du secteur des hydrocarbures en République Gabonaise, article 96 : Journal officiel n° 27 *ter* du 22 juillet 2019.

[483] Le secteur agricole ayant également et conséquemment fait l'objet d'un dispositif juridique d'incitation de l'investissement direct étranger tel qu'en disposait l'article 14 dans ses 1°, 2° et 3° de l'ordonnance n° 21/67 du 23 mars 1967 portant code des investissements en République Gabonaise.

[484] Les ressources forestières étant exploitées bien avant cette découverte.

[485] C'est d'ailleurs ce qui justifie le fait que l'économie nationale soit qualifiée de rentière. La rente issue des secteurs clés caractérise conséquemment l'économie au point d'imposer cette qualification.

ressources naturelles a, en partie essentielle, contribué à la consécration du régime juridique des secteurs concernés, et permis de manière plus générale de consolider la souveraineté sur les aspects économiques et juridiques de l'État[486].

216. La puissance publique définie à partir de plusieurs aspects ou composantes, n'exclut donc pas la souveraineté[487]. L'État gabonais trouve ainsi, dans la définition de sa souveraineté économique, la prise en compte fondamentale des secteurs clés, qui sont la principale source d'attractivité des investissements directs étrangers. La puissance publique tant sur le plan interne qu'externe prendrait, au moins en partie, son appui sur les potentialités économiques des secteurs clés. Cette puissance est basée sur l'existence d'un organe unifié à la tête de l'État, qui monopolise la totalité des pouvoirs. Elle permet donc d'assurer l'unité du système juridique et politique[488].

217. Ainsi, le régime juridique qui régit ces secteurs s'articule autour de la logique suivant laquelle, la puissance publique ou la souveraineté manifestée sur les plans interne et externe est fortement tributaire des ressources naturelles porteuses de l'économie et des secteurs clés. Pour établir cette souveraineté qui, finalement est consolidée par les ressources naturelles, les textes qui gouvernent les secteurs clés consacrent donc le choix du traitement par discrétion qui traduit le mieux la force unilatérale de l'État qui n'admet pas de contradiction[489]. Cette force n'admet pas davantage de concertation, de discussion en ce qu'elle fragiliserait l'expression de sa puissance qui consiste à s'imposer, à imposer[490], à prescrire. Elle conduit l'État à faire le choix

---

[486] LAAZOUZI Malik, Les contrats administratifs à caractère international, éd. Economica, 2008, p. 138. L'auteur relève, dans sa thèse la primauté de l'administrativité du contrat conclu par l'État avec une entreprise étrangère. Cette administrativité résulte et renforce la puissance de l'État et son droit sur les ressources naturelles objet du contrat.

[487] Les sentences *Aminoil c./ Koweit* du 24 mars 1982, A.F.D.I., 1982, pp. 454-470 et *Texaco/ Catalistic c./ Gouvernement libyen,* J.D.I, 1977, p. 319-389 ont contribuer à la précision du droit de propriété de l'État sur les ressources naturelles.

[488] COHEN Jean L., "Globalization and Sovereignty Rethinking Legality, Legitimacy, and Constitutionalism", Cambridge University Press, Cambridge, 2012, p. 27; BEAUD Olivier, « La Puissance de l'État », PUF, 1994, p. 38 et suivantes.

[489] COHEN Jean L., *op. cit.,*.

[490] L'exemple est donné dans la décision *Compagnie d'exploitation du Chemin de fer Transgabonais (Demanderesse) c/ République gabonaise (Défenderesse)*, affaire n° ARB/04/5, Sentence finale envoyée aux parties le 7 mars 2008. Dans cette décision, l'État a notamment imposé à l'investisseur un sous- traitant qui, bien que national, ne

d'un renforcement économique et institutionnel de la puissance publique[491] pour sauvegarder des leviers d'action permettant d'exprimer sa souveraineté.

218. Elle suppose en revanche, une expression unilatérale dans la gestion des secteurs concernés ; voie qui garantirait une expression adaptée de la souveraineté revendiquée sur le plan économique. À cet effet, la prescription par les actes administratifs et réglementaires unilatéraux vise à répondre à cet enjeu d'expression de la souveraineté économique en matière juridique. En d'autres termes, la gestion des secteurs clés par les actes administratifs et réglementaires unilatéraux est considérée comme la voie de mise en œuvre de la puissance unilatérale de la souveraineté sur les ressources naturelles. Les textes applicables aux secteurs clés chercheraient donc à prescrire la modalité qui exprimerait le mieux la force de la puissance publique tirée de la souveraineté sur les ressources naturelles. Or, il apparaît que la puissance ou la souveraineté que traduit celle - ci n'est exprimée de manière efficace et optimale, *a fortiori* en matières économique et juridique que dès lors qu'elle se soumet à une logique d'autolimitation[492], d'équilibre dans sa mise en œuvre. Car, le dépassement de la marginalisation de ce besoin d'autolimitation participe de l'expression la plus adaptée de la souveraineté en ce qu'elle permet une conduite de l'action publique économique sous l'empire de la rationalisation et de l'optimisation. D'ailleurs, force est d'admettre que « ce dogme de la souveraineté de l'État-nation a subi quelques limitations et autres aménagements[493] » visant à le rendre compatible avec l'idée de l'ouverture à la concurrence.

219. La contractualisation n'est donc pas un obstacle à l'action publique économique, encore moins lorsqu'elle y introduit des principes qui contribuent à rendre cette action plus efficace par le traitement des investisseurs. Car, alors qu'ailleurs, le droit gouvernemental est davantage soumis à l'épreuve de la déontologie au moyen de l'exigence renforcée de la transparence, afin de prévenir et

---

remplissait pas objectivement les conditions utiles à l'exécution de la convention de concession, mettant ainsi à mal le concessionnaire.

[491] FELIX Arnaud, « L'État est-il au-dessus des règles de marché ? », Bulletin Joly Bourse, 1er novembre 2014, n° 11, p. 572.

[492] CARRÉ DE MALBERG Raymond, *op. cit.*, § n° 205, pp. 228-231.

[493] LEROY Christophe, « Existe-t-il un marché du droit public ? », Petites affiches, 19 mai 2016, n° 100, p. 6.

sanctionner le conflit d'intérêts[494], le régime gabonais récuse ou feint d'insérer et d'appliquer strictement cette exigence et ses corollaires que sont la mise en concurrence et le traitement égalitaire. Cette application devrait au contraire le dynamiser, en le modernisant, en le démocratisant et en le rationalisant[495].

220. Traiter les investisseurs, opérateurs ou candidats sous l'empire de la transparence, de l'égalité ou encore en les mettant en concurrence n'est donc qu'une voie qui permet d'assurer une expression de la puissance publique et de la souveraineté sur les ressources naturelles plus optimale[496], conforme à l'intérêt général[497], plus attractive et économiquement plus avantageuse[498]. Telle n'est pas la conception qui prévaut dans le régime juridique de traitement actuel de l'investissement qui se fonde sur l'incitation et donc sur la discrétion. Il apparaît ainsi que le maintien de l'incitation comme voie principielle de traitement des investisseurs trouve ses fondements dans la revendication et l'expression de la souveraineté sur les ressources naturelles ; laquelle, à défaut d'autolimitation sur le plan interne, s'exprime de manière rigide par la prépondérance de l'unilatéralisme qu'elle revendique, s'auto-fragilisant et s'auto-contrariant.

C. L'impact de l'acte unilatéral

221. La propriété de l'État sur les ressources que comportent les secteurs clés constitue le fondement du régime juridique de traitement de l'investisseur direct étranger[499], aspect majeur de cette étude. La propriété sur les ressources naturelles ne saurait souffrir d'aucune

---

[494] KERLEO Jean-François, « Le droit gouvernemental à l'épreuve de la déontologie », AJDA n° 34/2018 du 15 octobre 2018, Dalloz, pp. 1944-1949.

[495] GUGLIELMI Gilles J., KOUBI Geneviève, LONG Martine, Droit du service public, LGDJ, Lextenso éditions, 4ème éd., 2016, pp.127-135.

[496] BONTRON Marie-Charlotte, *op., cit.,* § n° 181, p. 60.

[497] BOURDON Pierre, Le contrat administratif illégal, Thèse, Droit, décembre 2012, Dalloz, 2014, p. 108.

[498] BRACONNIER Stéphane, « Le nouveau code des marchés publics : entre responsabilisation et libéralisation », JCPE, n° 18, avril 2004, p. 647.

[499] C'est sur le fondement de la souveraineté et de la propriété sur les ressources naturelles que la loi n° 011/2014 du 28 août 2014 portant code des hydrocarbures énonce dans ses articles 3 et 4 que l'État lui-même peut non seulement entreprendre les activités d'hydrocarbures, mais aussi « prendre une participation maximale de 20 % dans le capital social de toute société sollicitant ou titulaire d'une autorisation exclusive d'exploitation ».

ambigüité[500] et ce d'autant plus que la pratique est répandue[501]. En revanche, il paraît nécessaire de s'interroger sur le déploiement de ce droit de propriété sur le régime de gestion des secteurs en cause et, partant, sur le régime de traitement qui s'y applique[502], c'est-à - dire sur le principe de discrétion qui y est prépondérant. Dans ce cadre, il apparaît une circonvolution majeure qui permet également de caractériser le régime juridique étudié. La circonvolution résulte de ce que la propriété que tient l'État sur les ressources naturelles établit conséquemment son autorité, sa puissance[503] tant sur le plan international que national. C'est en ce deuxième champ de manifestation de la puissance publique que repose la principale source de circonvolution.

222. Ce champ constitue la base de légitimation de la puissance publique dans la gestion des secteurs clés et, partant, de la consécration des mécanismes de discrétion comme règles de traitement des investisseurs, opérateurs ou candidats. En effet, la puissance publique revendiquée et fondée sur la propriété des ressources naturelles est, fondamentalement, la source à partir de laquelle les personnes publiques déterminent, souverainement, discrétionnairement, les modalités de gestion des ressources en cause et, conséquemment les mécanismes ou procédures qui accompagnent l'orientation de cette puissance. Plus particulièrement, le revers viendrait de ce que cette

---

[500] La loi n° 05-2000 du 12 octobre 2000 portant code minier en République gabonaise réaffirme en son article 4 que « Toutes les substances minérales utiles contenues dans le sol et le sous-sol de la République Gabonaise sont propriété de l'État ».

[501] SUZIKI Marie, Les principes directeurs du régime juridique, *In :* Droit de l'économie internationale, DAILLIER Patrick, DE LA PRADELLE Géraud, GHÉRARI Habib (*Sous la dir.*), Centre de droit international de l'Université Paris X – Nanterre (CEDIN Paris X), éd. Pedone, 2004, p. 675.

[502] MAUGUIN-HEGELSON Murielle, La souveraineté permanente sur les richesses et ressources naturelles, *In :* Droit de l'économie internationale, pp. 651-656. L'auteur y relève qu'en dépit de ce que ce droit de propriété soit « un principe à géométrie variable » au regard de son contenu, de ses titulaires ou encore des intérêts souvent contradictoires qu'il regroupe, il n'en demeure pas moins « un principe matrice et adaptable ».

[503] CARRÉ DE MALBERG Raymond, *op. cit.,* § n° 205, pp. 69-156. Dans sa contribution l'auteur traite de différentes théories du droit qui tentent d'appréhender la souveraineté étatique à travers sa puissance. Que ce soit la théorie du droit propre de domination, celle du droit incontrôlable, celle de l'autonomie ou de la puissance originaire de domination ou encore, la doctrine qui définit l'État par sa souveraineté, elles appréhendent toutes l'expression de l'autorité de l'État gabonais sur les ressources naturelles de ses sols et sous-seul.

puissance se traduit sur le plan interne avec quasiment autant de force qu'elle tente de la faire sur le plan international.

223. Ainsi, les personnes publiques sont investies d'une autorité dont la puissance est faiblement tempérée. Elles ont donc la latitude de déterminer les modalités de traitement et de gestion des ressources naturelles, proportionnellement à leur puissance. C'est fondamentalement ce qui explique, la place de l'acte administratif unilatéral dans le régime juridique. De la puissance publique est non seulement tiré le choix juridique de l'acte administratif comme voie d'action publique de principe, au détriment du contrat de commande publique, mais également consacré le traitement par discrétion comme principe accompagnant ce choix. C'est ce traitement par discrétion qui, revendiquant la confidentialité, la prestation de serment comme corollaires majeurs, parachève la circonvolution du régime juridique.

224. La gestion des secteurs clés serait donc encombrée par la puissance publique émanant de la propriété sur les ressources naturelles. L'encombrement consiste à contrarier les objectifs essentiels escomptés, par le principe de discrétion choisi. En effet, si la propriété sur les ressources naturelles n'est pas en soi remise en cause, c'est la manière d'exercer ce droit de propriété qui est problématique. La propriété souveraine devrait permettre à l'État de mieux gérer les ressources naturelles des secteurs clés, moyennant des principes qui permettent véritablement d'aboutir à cette finalité. Cela requiert donc une cohérence permanente entre le droit de propriété, les ressources naturelles et les principes qui gouvernent le traitement juridique des investisseurs directs étrangers, des opérateurs ou des candidats.

225. La cohérence signifierait une logique suivant laquelle, lorsque l'État consacre dans les textes applicables des orientations essentielles telles que la promotion, la garantie ou encore la protection des investissements dans les secteurs porteurs de l'économie, les principes de traitement, à court, moyen et long terme concourent à ce que les investisseurs, opérateurs ou candidats soient traités de manière égalitaire, dans un cadre transparent et de mise en concurrence, qui enracinerait dans le régime juridique des valeurs cardinales de nature à assurer la viabilité de telles orientations. Car, ces différentes orientations sont interdépendantes et interconnectées[504]. Le défaut dans l'une conduirait à la dégradation des autres. Ainsi, il serait difficile

[504] BONTRON Marie-Charlotte, *op. cit.*, § n° 181, p. 183 : L'auteure y révèle une conception temporelle des fonctions des principes de la commande publique.

d'espérer construire un cadre d'affaires attractif, rassurant juridiquement les investisseurs, en maintenant, en même temps, un dispositif de traitement qui se fonde sur l'incitation telle que relevée.

226. Ce dernier principe de traitement n'engendre, à terme, que des effets dont la potentialité est de nature à dégrader le cadre normatif des affaires, à décourager les investisseurs, à accroître le risque économique, le risque pays et, partant, éloigner les objectifs escomptés. Il apparaît donc inadapté de poursuivre la gestion des secteurs clés en se fondant sur le principe d'incitation ce d'autant plus qu'il déforme la manifestation de la puissance publique tirée du droit de propriété sur les ressources naturelles. Dès lors, cela conforte l'urgence d'introduire un traitement différent susceptible de refonder le traitement juridique de l'investissement direct étranger en instaurant, comme voie de principe la mise en concurrence, la transparence, l'égalité de traitement des candidats. Le cadre des affaires en serait, au moins sur le plan juridique balisé de sorte que l'investissement direct étranger puisse être traité de manière systématique, sous l'empire de principes objectifs et rationnels.

SECTION 2 :
La définition du contrat comme un acte unilatéral

227. Le régime juridique de traitement de l'investissement direct étranger dans la commande publique des secteurs clés a été orienté vers la convention d'établissement spécifiquement conclue en matière économique. La considération de celle-ci permet d'évincer les principes rationnels de la commande publique (***Paragraphe 1***) et fait ressortir les liens qu'il y a entre cet instrument, les effets récurrents sur les ressources financières de l'État y compris celles dues à l'impôt[505], décidées par le juge[506], et la capacité de l'État à satisfaire ses besoins. Les relations économiques tissées en matière économique n'ont pas consacré au profit du régime, le recours au traitement égalitaire comme

[505] DEROUIN Philippe, « Imposition des sociétés étrangères détenant un immeuble en France et clause d'égalité de traitement contenue dans un traité d'établissement », Bulletin Joly Sociétés, 1er mars 1992, n° 3, p. 332.
[506] Conseil d'État français, 7ème et 8ème sous-sections réunies, 16 décembre 1991, n° 64611, *SA Ressources management corporation*, Inédit au recueil Lebon.

il a pu être le cas pour celles relatives à d'autres matières[507]. Cela est d'autant plus manifeste et constant que la convention d'établissement reste depuis les textes qui l'ont consacrée, utilisée comme cadre de négociation directe entre l'État et les investisseurs directs étrangers (***Paragraphe 2***).

PARAGRAPHE 1 :
La considération de la convention d'établissement[508]

228. Fidèles à la prévalence de l'administration dans la gestion des secteurs clés, les premiers textes qui ont régi le traitement de l'investissement direct étranger ont, pour cadrer avec la nécessité d'étendre la manifestation de la puissance publique dans tous les aspects de ces secteurs, créé et consacré la convention d'établissement au moyen de laquelle l'État se garantit la possibilité d'agir, en continuité de ce qu'il fait déjà à travers les actes administratifs et réglementaires. Cet instrument contractuel a pour vocation de servir à la mise en œuvre des mesures incitatives au même titre que les actes unilatéraux. Ainsi, aux termes de l'article 42 de l'ordonnance du 23 mars 1967 qui abroge la loi n° 55/61 du 4 décembre 1961, il était notamment clair que le régime *IV* qui comportait, outre les avantages douaniers et fiscaux définis au régime *III* et notamment l'application de la taxe unique, consacrait également « le bénéfice d'une convention d'établissement ». Les mesures incitatives étaient donc liées à l'instrument conventionnel nouvellement créé. Celui-ci constituait l'un des avantages octroyés au titre de l'incitation. La création de la convention d'établissement (**A**), sans aucun doute, avait vocation d'en faire, comme les actes unilatéraux, un instrument d'octroi d'avantages (**B**), c'est-à-dire du traitement inégalitaire, non-transparent et sans mise en concurrence des investisseurs.

---

507 GODFRAIN Jacques, Rapport fait au nom de la Commission des affaires étrangères sur le projet de loi (n° 520), autorisant l'approbation de la convention d'établissement entre le Gouvernement de la République Française et le Gouvernement de la République Gabonaise, Document mis à distribution le 8 avril 2003, n° 767, 12ème législature, p. 5.

508 Il est uniquement fait référence à la convention d'établissement à vocation économique et non à celle relative à la sécurité sociale telle que l'État a pu en signer avec l'État français sur laquelle le juge s'est récemment prononcé : Voir Cour de cassation française, civile, Chambre civile 2, 10 octobre 2019, 18-20.725, Inédit au Bulletin.

A. Un instrument de traitement

229. Certaines études traitant de l'intervention étatique dans l'économie en Afrique subsaharienne qui ont précédé la présente se sont limitées au constat qui confirme, sans aucun doute que les conventions d'établissement ont, par nature vocation à s'affranchir de toute perspective de mise en concurrence, de transparence et de traitement égalitaire des investisseurs. Cela pour la raison simple que ces conventions sont, en Afrique comme au Gabon en particulier, considérées comme des méthodes d'administration[509]. Elles sont à ce titre exclues de la catégorie de contrats par lesquels l'administration, soit, confie la gestion d'un service public à un tiers, c'est-à-dire des délégations de services publics, soit achète les prestations nécessaires à la gestion courante, c'est-à-dire, les marchés publics[510]. Elles ont, en revanche un point commun avec l'acte unilatéral, ce sont des actes d'administration et de gestion des affaires publiques. Les conventions d'établissement, en tant qu'actes administratifs « permettent à l'administration d'obtenir l'accord et l'engagement de son partenaire pouvant être une entreprise privée ou semi-publique moyennant des avantages qui peuvent être fiscaux, douaniers, règlementaires[511] ». Les racines de cette articulation sont historiques.

230. La période de création des conventions d'établissement était caractérisée de manière générale par le fait que le droit administratif africain était au service d'une administration de souveraineté[512]. Autrement dit, ce droit était tourné vers la volonté d'affirmer l'autorité de l'État et de consolider l'unité nationale. Le maintien de l'ordre public et la mise en place d'une stratégie de développement captait toute action étatique. C'est la raison pour laquelle le droit applicable dans ce contexte a aussi été qualifié de droit administratif du développement[513]. En conséquence, l'État agissait davantage par voie d'acte administratif unilatéral[514].

---

509 SAMB Seynabou, *op. cit.,* § n° 169, p. 24.

510 *Ibidem.*

511 BOCKEL Alain, « Les contrats administratifs », *In :* BOYE Abdel Kader, (*Sous la dir.),* Encyclopédie juridique de l'Afrique, vol. 9, Abidjan Dakar, Lomé, Nouvelles éditions africaines, 1982, p. 215 et suivantes ; SY Demba, *op. cit.,* § n° 134.

512 BINYOUM Joseph, *op. cit.,* § n° 170.

513 SY Demba, « L'évolution du droit administratif sénégalais », Revue EDJA, décembre 2005, p. 52.

514 FERAL François, *op. cit.,* § n° 170.

231. C'est donc sur le fondement de leur nature d'actes de gestion que l'article 58 de l'ordonnance n° 21/67 du 23 mars 1967 a consacré que les conventions d'établissement conclues sous l'empire de la loi n° 55/61 du 4 décembre 1961 du 4 décembre 1961 pourront, à l'initiative soit du Gouvernement, soit des entreprises intéressées, faire l'objet de négociations en vue de leur adaptation aux dispositions de ce texte de 1967. Cela éclaire davantage la compréhension de l'article 38 du même texte qui disposait que « toute entreprise agréée à l'un des régimes *IB* ou *II* ou considérée comme particulièrement importante dans les plans de développement économique et social de la nation et satisfaisant aux conditions requises par les articles 13 à 15 peut conclure avec le Gouvernement une convention d'établissement lui accordant certaines garanties et lui imposant certains engagements ». Ainsi, bien qu'établies par consentement mutuel[515], les conventions d'établissement demeurent dans le pouvoir discrétionnaire de l'administration qui jouit de toute latitude de traiter, au gré du niveau d'incitation qu'elle considère, les investisseurs, sans garantie de transparence, de mise en concurrence ou de manière égalitaire. La nature des conventions d'établissement qui n'est donc pas fondamentalement différente de celle des actes purement unilatéraux tels que les autorisations, les permis, en fait, *in fine* et par destination un instrument d'expression de la puissance publique unilatérale.

232. Mettre en œuvre la politique nationale adoptée dans les secteurs clés consiste donc à sauvegarder la logique unilatérale d'intervention publique qui, rattachée à l'orientation incitative, s'exerce au moyen du droit de propriété de l'État sur les ressources naturelles. À partir de ce droit, l'État se met en position de force et de maîtrise du traitement appliqué aux investisseurs directs étrangers. Pour ce faire, il fait usage d'un instrument central, la convention d'établissement dont les caractéristiques continuent d'influencer l'ensemble du régime juridique appliqué dans les secteurs concernés. Ainsi, la convention d'établissement si elle n'a pas fondamentalement et originellement été conçue et pensée comme un modèle à pérenniser, joue, au moins de fait ce rôle.

233. C'est un instrument qui pérennise le traitement fondé sur le refus des règles de la commande publique telles que la mise en concurrence, la transparence, l'égalité de traitement des candidats. Sa

[515] Ordonnance n° 21/67 du 23 mars 1967 portant code des investissements en République Gabonaise, article 41.

logique s'est perpétuée et rythme manifestement le traitement des investissements directs étrangers dans les secteurs concernés. L'octroi d'avantages reste d'actualité tout comme les considérations incitatives laissées à l'appréciation discrétionnaire de l'administration qui continue de dicter le traitement applicable aux investisseurs. Dans cette logique règnent l'absence de transparence, le défaut de traitement égalitaire des investisseurs et la précarité de la mise en concurrence préalable de ces derniers.

B. Un instrument d'octroi d'avantages

234. Serge Abessolo dans sa thèse, relevait déjà, parlant de la loi n° 55/61 du 4 décembre 1961 portant code des investissements, non seulement que ce texte prévoyait des exonérations fiscales et douanières sur l'intégralité ou une partie seulement du montant de l'impôt normalement dû à l'État[516], mais aussi qu'une disposition particulière du code des investissements prévoyait que les entreprises qui sont agréées au régime *II* et dont le secteur d'activité était jugé prioritaire ou d'une importance stratégique pour le développement du pays, pouvaient bénéficier de conventions particulières conclues avec l'État[517]. Ce texte de 1961 n'a pas totalement disparu de l'ordonnancement juridique de traitement des investissements directs étrangers. L'ordonnance n° 21/67 du 23 mars 1967 qui l'a succédée a réaffirmé son régime et sa logique.

235. Dans ce dernier texte, il était clair que les entreprises susceptibles de bénéficier d'un régime privilégié devaient appartenir à l'une des catégories d'entreprises exerçant des activités minières d'extraction, d'enrichissement ou de transformation de substances minérales et des activités connexes, des entreprises de recherche pétrolière, des entreprises de production d'énergie[518]. Les conventions d'établissement que ces entreprises pouvaient conclure avec l'État définissaient non seulement leur durée, les conditions générales d'exploitation, les programmes d'équipement et de production *minima*, les engagements des entreprises quant à la formation professionnelle ou quant aux réalisations de caractère social prévues auxdits programmes.

---

[516] ABESSOLO Serge, Éléments de fiscalité internationale des entreprises au Gabon, Thèse, Droit, Université Panthéon-Assas, 5 juillet 1995, p. 17.

[517] *Ibidem.*

[518] Ordonnance n° 21/67 du 23 mars 1967 portant code des investissements en République Gabonaise, article 14.

Il en allait autant de leurs obligations particulières concernant la part de leur production destinée à la satisfaction du marché intérieur, ainsi que diverses garanties de la part de l'État, notamment la stabilité de certaines conditions juridiques, économiques et financières, en particulier en ce qui concerne les transferts de fonds et la non-discrimination dans le domaine de la législation et de la réglementation applicables aux sociétés.

236. De même, y figuraient la stabilité de la commercialisation des produits et de l'écoulement de leur production, la circulation de la main-d'œuvre, la liberté de l'emploi, le libre choix des fournisseurs et prestataires de services, la priorité d'approvisionnement en matières premières et tous produits ou marchandises nécessaires au fonctionnement des entreprise. Cela incluait également la priorité d'attribution de devises, de même que l'évacuation des produits et l'utilisation des installations existantes ou à créer au lieu d'embarquement. L'utilisation des ressources hydrauliques, électriques et autres nécessaires à l'exploitation, les modalités de prorogation de la convention ainsi que les motifs susceptibles de constituer des cas d'annulation de la convention ou de déchéance de tous droits dont l'origine est extérieure à la convention et les modalités de sanction des obligations des parties[519] étaient également pris en compte.

237. C'est d'ailleurs sur le fondement de ce régime centré sur l'octroi d'avantages que la Commission des communautés européennes, dans la quatrième édition du recueil des codes des investissements dans les États africains, des Caraïbes et du Pacifique (*ACP*), signataires de l'Accord de Lomé[520], qu'elle a présentée au 1er août 1978, n'a pas contredit la version précédente dudit recueil datant du 30 septembre 1971, dans laquelle elle relevait notamment que les mesures incitatives que traduisaient l'octroi de ces divers avantages, « dans bien des cas, elles donnent, en plus, la possibilité de conclure une convention d'établissement entre l'investisseur et l'État d'accueil qui définit très précisément les droits et les obligations des deux parties et qui peut comporter d'autres avantages supplémentaires comme, par exemple, la

---

[519] *Ibidem*, article 42.

[520] L'État gabonais fait partie de ces États. Les éditions précédentes (1966/1971/1974) rassemblaient les codes des investissements des États Africains, Malgache et Mauricien Associés, signataires des deux Conventions d'association successives de Yaoundé I (1963) et Yaoundé II (1969), ainsi que de l'Union Douanière et Économique de l'Afrique Centrale (*UDEAC*). La Convention de Lomé (1975), rassemble un nombre d'États plus que doublé.

non-admission d'entreprises concurrentes au régime privilégié pendant une certaine période, la possibilité d'une protection douanière pour les produits dont on envisage la fabrication, etc.[521] ». Cette présentation permet à tout le moins de saisir le contexte qui a fait de la convention d'établissement un instrument de gestion des secteurs clés, de traitement des investissements directs étrangers en leur accordant les avantages qui visaient à exprimer l'orientation incitative du régime juridique fondé hors de la transparence, de l'égalité de traitement et de la mise en concurrence.

PARAGRAPHE 2 :
Un cadre de négociation du traitement

238. Faire du contrat ou de la convention d'établissement, un instrument de continuité des actes administratifs et réglementaires a requis et requiert encore que le contenu de celle-ci soit négocié sous l'empire de la prévalence de l'administration, du pouvoir discrétionnaire de cette dernière. Cela tend donc à définir le contrat ou la convention d'établissement comme un cadre majeur de négociation du traitement applicable aux investisseurs directs étrangers dans la commande publique des secteurs clés, en dépit des rédactions évasives[522], excessives et substantielles que comporte un tel instrument. Les formations[523] en matière de négociation et rédaction des contrats pétroliers et miniers ne permettent pas de changer la doctrine de la discrétion. Cela est saisissable depuis les textes originels (**A**) jusqu'aux consécrations en vigueur à la date de la présente étude (**B**).

A. Cadre de négociation dans les textes initiaux

239. En matière pétrolière, trois (3) sociétés exerçant leurs activités en République Gabonaise sont détentrices de conventions d'établissement. Il s'agit des sociétés *Total Gabon*, *Shell Gabon* et

---

[521] Commission des communautés européennes, précitée, § n° 24, introduction, point 2, 1971.

[522] FEKL Matthias, « Les contestations de l'arbitrage d'investissement et les négociations commerciales internationales contemporaines », Cahiers de l'arbitrage, 1er janvier 2019, n° 3, p. 413.

[523] Formations de l'ERSUMA, L'essentiel Droits africains des affaires, 12 février 2019, n° 02, p. 8.

Perenco Gabon[524]. Ces conventions ont été conclues sous l'empire de l'incitation amorcée dès les années 60. C'est ce qui explique que la fiscalité pétrolière gabonaise, notamment celle relevant des conventions d'établissement soit réglementée au-delà de celle-ci par la loi n° 15/62 du 2 juin 1962 portant institution du code minier en République Gabonaise, et l'ordonnance n° 38/79/*PR* du 23 décembre 1979 modifiant la loi n° 14/65 du 4 décembre 1965 portant réforme de la fiscalité minière et surtout la loi n° 14/74 du 21 janvier 1975 portant réglementation des activités de recherche et d'exploitation pétrolières.

240. La Commission des communautés européennes présentant le recueil précité[525], relevait que l'examen de l'ensemble desdits codes faisait ressortir qu'ils constituaient le plus souvent une législation très souple, réservant de larges possibilités aux Gouvernements pour rechercher, dans chaque cas, un arrangement satisfaisant avec les promoteurs. Le cas échéant, les conventions d'établissement offraient la possibilité d'étendre les dispositions en faveur de l'investisseur au-delà des limites définies par les divers régimes du code[526]. En d'autres termes, en dernier ressort, c'est l'intérêt qu'un gouvernement ressent pour un projet qui détermine les avantages accordés ; d'autant que la demande d'agrément était faite au ministre de l'économie nationale et après instructions, ce dernier transmettait le dossier, pour avis, à la Commission des investissements, après que le projet de convention ait été établi par consentement mutuel avec l'investisseur, conformément à l'article 41 de l'ordonnance n° ordonnance n° 21/67 du 23 mars 1967.

241. C'est le cadre dans lequel s'exprimait ce consentement qui a suscité, encore récemment des critiques vives et pertinentes dans la doctrine. Car de ce cadre résultaient notamment des incitations fiscales de nature à écarter manifestement l'insertion de la transparence, de la mise en concurrence et du traitement égalitaire des opérateurs économiques des secteurs concernés ; d'autant que ces incitations, qu'elles soient contractuelles ou légales, permettent aux sociétés pétrolières de négocier des exonérations fiscales et douanières dans le cadre de conventions d'établissement[527]. Or, la fiscalité pétrolière restant marquée par la prégnance des sources contractuelles, malgré l'adoption de la loi continue de permettre à l'État et aux sociétés pétrolières de négocier les termes fiscaux, dans l'indifférence des

---

524 ZOLO TOMO Tristan Pamphile, *op. cit.*, § n° 12, p. 33.
525 Commission des communautés européennes, *op. cit.*, § n° 24.
526 *Ibidem.*
527 ESSONO OVONO Alexis, *op. cit.*, § n° 19, pp. 12-13.

représentants des contribuables[528]. Cela ne fait que mettre à l'actualité le constat déjà fait qu'une disposition particulière du code des investissements de 1967 prévoyait notamment que les entreprises qui étaient agréées au régime *II* et dont le secteur d'activité était jugé prioritaire ou d'une importance stratégique pour le développement du pays, pouvaient bénéficier de conventions particulières conclues avec l'État[529].

B. Cadre de négociation dans les textes en vigueur

242. Lorsque le Professeur Alexis Essono Ovono relevait que les incitations fiscales, qu'elles soient contractuelles ou légales, elles permettent aux sociétés pétrolières de négocier de concert avec l'administration compétente des exonérations fiscales et douanières, que ce soit dans le cadre de conventions d'établissement ou des contrats de partage et de production[530], il touchait là un aspect majeur du traitement de l'investissement direct étranger dans les secteurs clés. Il faisait là, un constat utile qui n'est que la conséquence pratique de la législation en vigueur en la matière. En effet, la loi n° 011/2014 du 28 août 2014 portant code des hydrocarbures a consacré cette possibilité de négociation. Ce texte en a même fait la voie unique hors de laquelle aucune activité ne saurait être poursuivie dans le secteur pétrolier[531]. Pour en arriver à un tel cadre, la législation a concilié le principe de préférence à celui de la négociation.

243. Elle a considéré pour le cas du contrat d'exploration par exemple non seulement que la découverte d'un gisement d'hydrocarbures conférait au contractant le droit de préférence sur la négociation du contrat de production et de partage de production pendant un délai d'un an[532], mais également qu'en cas de déclaration de commercialité de la découverte, les modalités de négociation du contrat de production et de partage de production s'appliquaient[533]. Et si et seulement si la négociation aboutissait à un succès, ce n'est qu'à

---

[528] *Ibidem.*

[529] ABESSOLO Serge, *op. cit.*, § n° 234, p. 17.

[530] ESSONO OVONO Alexis, *op. cit.*, § n° 19, p. 12-13.

[531] Loi n° 011/2014 du 28 août 2014 portant code des hydrocarbures en République gabonaise, article 62, alinéa 3 : Journal officiel n° 221 du 8 au 15 septembre 2014. Cet article dispose qu'« En cas d'échec de la négociation le cocontractant doit immédiatement libérer la zone. En conséquence, l'État négocie avec les tiers ».

[532] *Ibidem*, article 45.

[533] *Ibidem*, article 48.

cette condition qu'un contrat de partage de production pouvait, de plein droit, être signé[534]. Ce n'est qu'après signature que ledit contrat ouvrait à nouveau de plein droit au contractant, la délivrance d'une autorisation exclusive de développement et d'exploitation[535]. La loi n° 002/2019 du 16 juillet 2019 portant réglementation du secteur des hydrocarbures telle que promulguée par le décret n° 00112/*PR* du 16 juillet 2019[536] reprend d'ailleurs quasi-fidèlement la même orientation[537].

244. Sous une forme bien plus explicite encore, l'article 62 de la loi n° 011/2014 du 28 août 2014 a accordé, comme la loi n° 002/2019 du 16 juillet 2019 après elle, au cocontractant, à l'expiration de la période d'exploitation, un droit de préférence pour la négociation d'un nouveau contrat de production et de partage de production relatif à la zone de l'autorisation exclusive de développement et d'exploitation échue. Le cocontractant doit exercer ce droit au plus tard deux (2) ans avant cette échéance, et la négociation entreprise dans ce cas doit être conclue au plus tard un (1) an avant l'expiration de l'autorisation exclusive de développement et d'exploitation.

245. Ainsi, les textes en vigueur et postérieurs à la loi n° 55/61 du 4 décembre 1961, en rassemblant principe de préférence et négociation reconduisent le même régime de traitement d'antan et révèlent notamment en cela son actualité dans l'encadrement des investisseurs directs étrangers dans les secteurs clés concernés. Bien qu'un bon usage de la négociation dans les contrats administratifs soit possible[538], il n'en demeure pas moins que la négociation constitue encore « la question la plus paradoxale du droit de la commande publique[539] » au regard, notamment de « ses externalités négatives, déjà rencontrées par le passé[540] » tels que les risques de sélection non-fondée sur des critères rationnels et objectifs. À cet effet, qu'il s'agisse de la concession[541], des

---

[534] *Ibidem*, article 49.

[535] Ce mécanisme qui permet à un contrat de donner droit à un acte administratif et réglementaire et inversement est traité *infra*, § n° 267 et suivants.

[536] Voir Journal officiel n° 27 *ter* du 22 juillet 2019.

[537] Loi n° 002/2019 du 16 juillet 2019 portant réglementation du secteur des hydrocarbures en République Gabonaise, articles 51 et 65 : Journal officiel n° 27 *ter* du 22 juillet 2019.

[538] VILA Jean-Baptiste, « Du bon usage de la négociation dans les contrats administratifs », Contrats publics, n° 193, décembre 2018, p. 3.

[539] *Ibidem.*

[540] *Ibidem.*

[541] RICHER Laurent, « La négociation de la concession », Contrats Publics n° 193, Décembre 2018, p. 60.

conventions d'occupation du domaine public[542] le recours à la négociation dans les contrats publics doit faire l'objet d'un encadrement strict. La convention d'établissement n'y échappe pas.

[542] BOULLAULT Astrid, « La place de la négociation dans les conventions d'occupation du domaine public », Contrats Publics n° 193, Décembre 2018, p. 64.

CHAPITRE 2 :
La sauvegarde de l'assimilation irrationnelle

246. Le traitement de l'investissement direct étranger marqué par la discrétion est conservé moyennant deux mécanismes. Le premier consiste au renouvellement du contrat ou de la convention conclue hors des principes rationnels de la commande publique (***Section 1***). La relation économique contractuelle n'est pas seulement renouvelée sous l'empire de la discrétion. Elle est aussi pérennisée (***Section 2***) sous cet empire en ce qu'elle s'appuie sur la liaison faite entre l'acte administratif unilatéral et le contrat. Le traitement peut ainsi être, à l'origine, consacré par acte administratif unilatéral et s'achever par contrat. Et dans un cas ou dans l'autre, la discrétion et l'exclusion des principes de la commande publique prévalent. L'inter-influence entre les deux types d'actes administratifs exprime ainsi l'existence d'un traitement de l'investissement direct étranger qui induit une confusion de nature à obscurcir la perspective escomptée d'une rationalisation du régime juridique.

SECTION 1 :
Le renouvellement de la convention irrationnelle

247. Le traitement introduit par la loi n° 55/61 du 4 décembre 1961 portant code des investissements en République Gabonaise reste d'actualité, contrairement au réaménagement opéré ailleurs[543], sous le contrôle du juge[544], non seulement parce que les conventions d'établissement sont encore en vigueur à la date de la présente étude[545],

[543] LEKEBE OMOUALI Daphtone, « Congo : feu vert de la Cour suprême sur l'adoption du Code des hydrocarbures et la modification des contrats en cours ! », L'essentiel Droits africains des affaires, 1er janvier 2018, n° 01, p. 5.
[544] Cour suprême congolaise, avis n° 034/CS.17, 4 oct. 2017, *Avant-projet de loi portant approbation de l'avenant n° 1 au contrat de partage de production Kayo*, signé le 25 juin 2007 entre la République du Congo, la Société Nationale des Pétroles du Congo et la Société Wing Wah Petrochemical Joint Stock Company Limited.
[545] Loi n° 002/2019 du 16 juillet 2019 portant réglementation du secteur des hydrocarbures en République Gabonaise, article 294 : Journal officiel, n° 27 *ter* du 22 juillet 2019 ; Loi n° 017/2014 du 30 janvier 2015 portant réglementation du secteur

mais surtout parce que cette vigueur est due à la prévalence du mécanisme du chevauchement des contrats (***Paragraphe 1***). C'est-à-dire, le fait pour l'État de conclure des contrats, concessions ou conventions d'établissement de longues durées, au cours desquelles d'autres, à durées plus courtes sont à leur tour conclus. Les longues durées englobent les plus courtes et assurent, *in fine*, ensemble la gestion des secteurs clés et le traitement des investissements directs étrangers.

248. En d'autres termes, les contrats de courtes durées sont signés dans l'intervalle défini par les contrats de longues durées. Finalement, les contrats de longues durées servent de garantie de traitement aux contrats de courtes durées conclus postérieurement. Il n'y a donc en réalité qu'un seul traitement qui, survivant au temps, connaît quelques modifications par avenants[546], mais demeure d'actualité dans le régime juridique. Par conséquent, les modifications apportées par les réformes introduites après la signature de ces contrats de longues durées ne refondent pas ledit traitement, d'autant qu'elles conservent le traitement initial, et se circonscrivent à faire un artificiel et simple changement terminologique à travers les nouveaux types de contrats qu'elles consacrent (***Paragraphe 2***).

PARAGRAPHE 1 :
Le mécanisme du chevauchement des contrats

249. La pérennisation du traitement et partant, sa systématisation part de ce que dans les années 60, l'État a conclu pour des raisons diverses, des contrats avec des investisseurs directs étrangers. Ces contrats, concessions ou conventions d'établissement sont de durées si longues (**A**) que le régime de traitement et de gestion de la commande publique des secteurs clés continue, dans les contrats de courtes durées signés postérieurement (**B**) à être influencé par les premiers contrats qui leur offrent garantie et avantages. Cette influence n'est pas sans impacter la concurrence dans les secteurs concernés. Au contraire, c'est d'ailleurs en raison de l'impact restrictif sur la concurrence du fait de la

---

minier en République Gabonaise, article 336 : Journal officiel n° 254 *bis* spécial du 29 mai 2015.

[546] La provision pour investissements diversifiés (*PID*) fut introduite en 1974 par les avenants n° 7 et n° 9 à la convention d'établissement d'Elf Gabon et par l'avenant n° 5 à la convention d'établissement de Shell Gabon : Voir ZOLO TOMO Tristan Pamphile, *op. cit.*, § n° 12, p. 80.

durée longue de certains contrats de la commande publique que le choix de la limitation de ces derniers et de leur encadrement plus strict dans le temps a été adopté à l'occasion d'une réforme des contrats publics[547]. Il est alors nécessaire d'exhumer la mutabilité des contrats[548] en y introduisant les principes rationnels de la commande publique et en la conciliant avec l'exigence que « faire jouer la concurrence ne consiste pas seulement à mettre les entreprises en concurrence. Cela suppose aussi que les résultats obtenus par le jeu de la concurrence soient préservés une fois le contrat signé[549] ».

A. La durée longue des contrats initiaux

250. En 2009, pour maintenir ses recettes pétrolières, l'État décide d'aller à l'encontre de sa loi n° 14/82 du 24 janvier 1983 portant réglementation des activités de recherche et d'exploitation des hydrocarbures en République Gabonaise qui interdit la conclusion de nouvelles conventions d'établissement[550]. Il révise ainsi les conventions d'établissement des sociétés *Total Gabon* et *Shell Gabon*[551]. C'est ce qui explique, pour ce qui est de la fiscalité pétrolière gabonaise proprement dite, que l'impôt sur les sociétés pétrolières (*ISP*) soit versé uniquement pour les gisements en production régis par le régime de la convention d'établissement ou concession[552]. Ce régime d'imposition concerne plus précisément les sociétés *Total Gabon, Shell Gabon, Perenco Gabon*[553]. Une amélioration a d'ailleurs été perçue à la suite de la renégociation opérée lors de cette intervention étatique. Elle a permis de parler des conventions d'établissement dites « améliorées »[554].

---

[547] TERNEYRE Philippe, « La durée des contrats », Revue française de droit administratif, mars-avril 2016, pp. 276-279.

[548] Conseil d'État français, 2 février 1983, *Union des transports publics urbains et régionaux*, req. n° 34027 ; - 10 janvier 1902, *Compagnie nouvelle du gaz de Déville-Lès-Rouen*, req. n° 94624 ; - 11 mars 1910, *Compagnie générale française des tramways*, req. n° 16178.

[549] LAGUERRE Alain, Concurrence dans les marchés publics, éd. Berger-Levrault, L'administration nouvelle, 1989, p. 117.

[550] ZOLO TOMO Tristan Pamphile, *op. cit.,* § n° 12, p. 79.

[551] *Ibidem,* p. 79.

[552] *Ibidem,* p. 72.

[553] *Ibidem.*

[554] *Ibidem,* p. 78.

251. Pour comprendre cette conséquence, il est essentiel d'en appréhender les causes. Elles sont d'ordre historique. En effet, tels que relevés *supra*[555], les débuts des premières missions françaises de reconnaissance et de recherche pétrolière datant de 1931 non pas seulement permis aux investissements français de s'implanter dans le secteur clé des hydrocarbures. Ces missions ont aussi permis à ces capitaux de mailler le territoire gabonais de manière à détenir des gisements pétroliers importants au moyen desquels, ils ont perduré jusqu'à la production de la présente étude. Cette implantation n'est d'ailleurs pas près de cesser. Car, la durée des contrats et permis signés et obtenus leur assure une durabilité qui s'étendra sur plusieurs décennies à venir[556]. Cela a particulièrement été favorisé par le fait que ces investissements ont été les premiers à être engagés dans l'exploration et l'exploitation des ressources naturelles du secteurs des hydrocarbures et des mines. Cela n'a pas manqué de leur ouvrir droit, outre l'influence du passé et du contexte colonial dans lequel ils ont été engagés, à un régime de traitement particulièrement avantageux. Bien au-delà d'être avantageux, le contexte de leur engagement ne faisait pas l'objet d'un aménagement particulier. Car, ces investissements étaient menés en régie, au regard de ce que le Gabon était encore un territoire français.

252. La perspective d'une mise en concurrence n'était alors pas envisageable. Une référence à la transparence ou au traitement égalitaire encore moins. Surtout qu'à cette période, les capitaux français sont considérés comme investis dans le domaine public naturelle de l'État français. Par conséquent, les avantages tirés après la déclaration d'indépendance ont été et demeurent considérables. Cela s'explique en ce que ce contexte historique particulièrement avantageux a servi de base à la conclusion et à l'octroi d'une série de titres pétroliers qui assurent à ce jour, la prévalence de ces investissements dans les secteurs clés. Ce n'est que bien plus tard, en 1983 qu'intervient la loi n° 14/82 du 24 janvier 1983 portant réglementation des activités de recherche et d'exploitation des hydrocarbures en République Gabonaise qui interdit la signature de nouvelles conventions d'établissement.

253. Pourtant, les conventions signées par ces investisseurs en 1964 ont été renégociées à nouveau en 2009 parce que la loi de 1983, à l'instar de ce qu'ont fait successivement après elle, la loi n° 011/2014

---

[555] Voir *supra,* § n° 10 et suivants.
[556] Voir *infra,* § n° 254 et suivants.

du 28 août 2014 et la loi n° 002/2019 du 16 juillet 2019 portant toutes réglementation du secteur des hydrocarbures, en renvoyant à chaque fois à plus tard, à des échéances chaque fois renouvelées, la suppression ou la cessation effective et nécessaire de ces conventions, n'a pas refondé le régime de traitement des investissements directs étrangers et de gestion de la commande publique des secteurs clés. Ainsi, de 1964 à 2020, c'est-à-dire 56 ans après la signature des premières conventions et concessions, seules quelques « améliorations » ont été apportées à ces contrats. En d'autres termes, la durée de 75 ans conclue dans les premiers contrats suit son cours. Ces contrats sont encore en vigueur. Par conséquent, le régime de traitement fondé sur la prévalence de l'administration, le pouvoir discrétionnaire de celle-ci ainsi que les privilèges et avantages qu'elle a consentis depuis 1964 continuent de caractériser le traitement des investissements directs étrangers dans le secteur des hydrocarbures. Cela signifie donc que les 7 contrats conclus le 8 août 2014 par l'État pour l'offshore profond et très profond sur les sites de *Likwale*, *Osulu*, *Douk Dak*[557] s'inscrivent dans cette longue durée et n'échappent pas à l'influence de cette dernière.

254. Quelques conventions et contrats détenus par les opérateurs historiques peuvent illustrer le régime de traitement ici traité. En effet, l'investisseur minier et pétrolier *Total* exploite encore plusieurs sites, plus d'une dizaine dont la durée est de 75 ans[558] et qui ont été obtenus dans les années 60, c'est-à-dire après l'indépendance formelle de l'État et même avant[559]. C'est notamment le cas du site de *Pointe Clairette-Cap Lopez* G6-5 dont la convention a été signée le 31 août 1960 et qui expire le 30 août 2035 ; *M'Bega* G6-6 signé 03 septembre 1960 et qui expire le 2 septembre 2035 ; celui de *Ntchengué* G6-9 signé le 24 janvier 1963 et qui expire le 23 janvier 2038 ; celui de *Ntchengué Océan* G6-14 signé le 2 février 1968 et qui expire le 7 février 2043 ; celui de *Grand Anguille Marine* G6-16 signé le 8 février 1968 et qui expire le 7 février 2043 ; celui de *Port-Gentil Océan* G6-15 signé le 3 octobre 1968 et qui expire le 2 octobre 2043 ; celui de *Torpille* G6-17 signé le 18 avril 1969 et qui expire le 17 avril 2044 ; celui de *Grondin-Mandaros Marine* G6-21 signé le 2 août 1972 et qui expire le 27 août

---

[557] ZOLO TOMO Tristan Pamphile, *op. cit.*, § n° 12, p. 64.

[558] Ces informations sont publiées par la société Total Gabon sur son site internet accessible via le lien suivant : https://www.total.ga/activites/domaine-minier-et-exploration

[559] C'est le cas du site d'Ozouri C-14 dont la convention a été signée le 13 octobre 1958 et qui expire le 12 octobre 2033.

2047 ; celui de *Girelle Marine* G6-22 signé le 2 juillet 1974 et qui expire le 2 juillet 2049 ; celui de *Barbier Marine* G6-24 signé le 2 juillet 1974 et qui expire le 1er juillet 2049.

B. La courte durée des contrats subséquents

255. Les liens entre les actes unilatéraux pris par l'administration omniprésente dans les secteurs clés et les contrats qui en résultent permettent de saisir les conséquences sur ces derniers. Dès lors que les actes unilatéraux sont convertibles en contrats[560], à partir de ces actes unilatéraux, la durée des contrats peut être appréhendée ou tout au moins comprise. Aux termes de la loi n° 002/2019 du 16 juillet 2019 portant réglementation du secteur des hydrocarbures en République Gabonaise, les contrats d'hydrocarbures doivent notamment fixer dans leurs dispositions la durée, les modalités d'exécution, de suivi et de contrôle ainsi que la durée des opérations pétrolières ou des prestations[561] qui s'étendent à la période d'exploitation. Selon l'article 9 de ce même texte, il faut entendre d'une part, par période d'exploration, la durée accordée pour la conduite des opérations pétrolières en vue de la réalisation des travaux d'exploration. Et d'autre part, par période d'exploitation, la durée accordée pour la conduite des opérations pétrolières en vue de la réalisation des travaux de développement et de production. Cette disposition définit également les phases d'exploration et d'exploitation. La première correspond à la durée accordée à l'intérieur de la période d'exploration, pour l'exécution des engagements des travaux souscrits. La deuxième quant à elle correspond à la durée accordée à l'intérieur de la période d'exploitation, pour la réalisation des travaux de développement et la mise en production d'un gisement.

256. L'autorisation exclusive de prospection est délivrée au titulaire d'un contrat d'évaluation technique. Cette autorisation lui confère le droit exclusif de réaliser les travaux prévus dans la zone délimitée objet du contrat et sa durée ne peut excéder dix-huit (18) mois[562]. Quant à la période d'exploration, elle a une durée de huit (8) ans. Elle est décomposée en phases dont les durées sont déterminées par le contrat.

---

[560] ZOLO TOMO Tristan Pamphile, *op. cit.*, § n° 12, p. 82.

[561] Loi n° 002/2019 du 16 juillet 2019 portant réglementation du secteur des hydrocarbures en République Gabonaise, article 41 : Journal officiel, n° 27 *ter* du 22 juillet 2019.

[562] *Ibidem,* article 80.

Dans tous les cas, la durée de la période d'exploration ne peut excéder dix (10) ans[563]. L'autorisation exclusive de développement et de production, en ce qui concerne les hydrocarbures liquides, est délivrée pour une durée de dix (10) ans, pour la zone conventionnelle, renouvelable pour trois phases d'une durée de cinq (5) ans chacune, pour une durée de quinze (15) ans, pour la zone offshore profond et très profond renouvelable pour deux phases d'une durée respective de huit (8) ans et sept ans (7)[564]. L'autorisation exclusive de développement et de production, en ce qui concerne les hydrocarbures gazeux, est délivrée pour une durée de quinze (15) ans, pour la zone conventionnelle, renouvelable pour trois phases d'une durée de cinq (5) ans chacune, pour une durée de vingt (20) ans, pour la zone offshore profond et très profond, renouvelable pour deux phases de durées respectives de huit (8) ans et sept (7) ans[565].

257. En matière minière, la concession minière était jusqu'en 2015 accordée par décret du Président de la République sur proposition du ministre chargé des mines pour une durée de vingt-cinq (25) ans, après enquête publique et étude d'impact de l'exploitation et des activités annexes sur l'environnement et les populations locales[566]. L'autorisation de prospection est délivrée par le ministre chargé des mines pour une durée d'un an non renouvelable, dans les formes et conditions fixées par voie réglementaire[567]. Le permis d'exploitation de la petite mine est délivré par arrêté du ministre chargé des mines, pour une durée de cinq (5) ans renouvelable[568]. Le permis d'exploitation est accordé pour une durée de dix (10) ans. Il peut être renouvelé pour une ou plusieurs périodes de cinq (5) ans au plus chacune dans les formes et conditions fixées par voie réglementaire[569]. La concession minière est accordée pour une durée de vingt-cinq (25) ans. Elle peut être renouvelée pour une ou plusieurs périodes de dix (10) ans au plus chacune dans les formes et conditions fixées par voie réglementaire[570].

---

[563] *Ibidem,* article 83.
[564] *Ibidem,* article 89.
[565] *Ibidem,* article 90.
[566] Loi n° 05/2000 du 12 octobre 2000 portant code minier en République Gabonaise, article 77 : Voir Journal hebdomadaire d'informations et d'annonces légales n° 437 du 14 au 28 avril 2001, Numéro spécial, pp. 57-68.
[567] Loi n° 017/2014 du 30 janvier 2015 portant réglementation du secteur minier en République Gabonaise, article 54 : Journal officiel n° 254 *bis* spécial du 29 mai 2015.
[568] *Ibidem*, article 132.
[569] *Ibidem*, article 158.
[570] *Ibidem*, article 159.

258. Quelques exemples[571] de contrats conclus et d'autorisations plus récemment accordées peuvent être indiqués. C'est le cas du site de *Mandji Sud-Ntchengué NE* G5-55[572] dont la convention a été conclue le 7 juillet 1993 et expire le 31 décembre 2021 ; du site *de Hylia II* G5-113 dont l'autorisation a été accordée le 1er janvier 2012 et expire le 31 décembre 2021 ou encore du site de *Baudroie-Mérou Marine* G5-90 dont l'autorisation a été accordée le 1er janvier 2003 et expire le 2 janvier 2023.

PARAGRAPHE 2 :
Le simple changement terminologique

259. La loi n° 55/61 du 4 décembre 1961 a posé, dans le cadre du régime qu'elle consacrait, l'octroi d'avantages, de régimes privilégiés autour de l'agrément, acte administratif et réglementaire. Celui-ci, notamment aux termes de l'article 16 de l'ordonnance n° 21/67 du 23 mars 1967 était d'une part, accordé par le ministre de l'Économie nationale et d'autre part, conformément à la loi n° 4/65 du 13 juillet 1965 portant ratification du Traité instituant une Union douanière et économique de l'Afrique centrale signé à Brazzaville le 8 décembre 1964, par les institutions communautaires intervenant dans l'analyse et l'appréciation des demandes des investisseurs.

260. La législation récente introduit des termes nouveaux. Il s'agit des autorisations, des titres et des permis. Pourtant tous ces termes ne traduisent qu'une même réalité. Ils portent un même sens. Ils ont la même signification. De la lecture du nouveau texte de 2019, il ressort que « la réforme de 2019 est davantage d'ordre financier que conceptuel, car les grands principes posés en 2014 restent intacts[573] ». En effet, qu'il s'agisse de l'autorisation de prospection[574], de

[571] Ces informations sont disponibles sur le site de la société Total Gabon accessible *via* le lien internet suivant : https://www.total.ga/activites/domaine-minier-et-exploration

[572] Dont la Licence est arrivée au terme des périodes d'exploitation. Négociation en cours avec la République Gabonaise pour définir les nouvelles conditions de gestion de ce permis.

[573] BUSTIN Olivier, « Gabon : adoption d'une nouvelle loi sur les hydrocarbures », L'essentiel Droits africains des affaires, 1er décembre 2019, n° 11, p. 5.

[574] Loi n° 011/2014 du 28 août 2014 portant réglementation du secteur des hydrocarbures en République Gabonaise, article 5 point 6 : Autorisation de prospection : l'acte administratif par lequel l'État autorise un contractant à réaliser, à

l'autorisation exclusive d'exploitation[575], de l'autorisation exclusive de développement et d'exploitation[576], de l'autorisation d'exercice d'une activité *aval*[577], elles restent conduites par la même logique de discrétion. Toutes ces autorisations renvoient à une signification unique, c'est-à-dire que pour tout aspect concerné par le champ définitionnel consacré par les textes en vigueur, l'État, l'administration compétente doit au préalable donner son accord. Cet accord constitue la condition *sine qua non* pour toute activité dans les secteurs clés. Il en est de même pour les permis. En effet, qu'il s'agisse d'un permis de recherche minière[578], d'un permis d'exploitation[579], d'un permis de carrière[580], tous ces termes signifient également, comme les autorisations, que l'État, l'administration compétente en la matière doit au préalable donner son accord avant toute activité dans le secteur minier.

261. C'est aussi le cas, qu'il s'agisse d'un titre pétrolier ou minier. Il en va tout autant pour les contrats. En effet, la loi n° de 1961 a consacré la convention d'établissement et les textes en vigueur quand

---

titre non exclusif, dans une zone délimitée, des travaux d'évaluation prévus dans le contrat d'évaluation technique.

[575] *Ibidem :* Autorisation Exclusive d'Exploration : l'acte administratif pat lequel l'État autorise le cocontractant à entreprendre, dans la zone délimitée, à titre exclusif, les travaux d'exploration, notamment la sismique, les forages d'exploration, les forages d'appréciation, les études et tout type de travaux nécessaires à l'exploration des hydrocarbures.

[576] *Ibidem :* Autorisation Exclusive de Développement et d'Exploitation : l'acte administratif par lequel l'État autorise le contractant à entreprendre, à titre exclusif, tous travaux de développement et de production d'hydrocarbures à l'intérieur d'une zone d'exploitation délimitée autour du gisement, étendue par défaut au plus aux deux courbes d'égale profondeur situées en dessous du gisement.

[577] *Ibidem* : Autorisation d'exercice d'une activité aval : l'acte administratif par lequel l'État autorise l'exercice d'une activité de transformation, d'importation ou d'exportation des hydrocarbures, ou d'une activité de transport, de stockage, d'entreposage, de distribution de produits pétroliers ou gaziers et de leurs dérivés. Une activité aval est, selon l'article 5 de la loi n° 011/2014 du 28 août 2014 portant réglementation du secteur des hydrocarbures en République Gabonaise, une activité de transformation d'hydrocarbures, d'importation, d'exportation, de transport, de stockage et de distribution de produits pétroliers, gaziers, leurs dérivés, ainsi que la formulation des lubrifiants.

[578] *Ibidem.*

[579] *Ibidem.*

[580] *Ibidem.*

ils ne reprennent pas les notions de convention[581], de concession[582], consacrent à leur tour la notion de contrat[583] qui remplace la première. Quant au traitement appliqué dans la commande publique de ces secteurs clés, aucun changement. C'est d'ailleurs ce qui permet encore de constater que les contrats conclus dans lesdits secteurs continuent de se faire sous l'empire de la discrétion « que ce soit dans le cadre de conventions d'établissement ou de contrats de partage de production[584] ». Quelques informations sur leur contenu, à défaut de pouvoir apparaître, comme le cas du Congo[585] ou encore de la République démocratique du Congo[586], à travers un recours devant le juge, restent alors marquées du sceau de la confidentialité. Ainsi, qu'il s'agisse d'un contrat d'hydrocarbure[587], d'un contrat d'évaluation technique[588], d'un contrat d'exploration[589], d'un contrat de services[590], d'un contrat d'exploration et de partage de production[591], d'un contrat

---

[581] Loi n° 017/2014 du 30 janvier 2015 portant réglementation du secteur minier en République Gabonaise telle que promulguée par le décret n° 0080/PR du 30 janvier 2015, article 3 : Journal officiel n° 254 *bis* spécial du 29 mai 2015.

[582] *Ibidem.*

[583] Loi n° 002/2019 du 16 juillet 2019 portant réglementation du secteur des hydrocarbures en République Gabonaise, article 9 : Journal officiel n° 27 *ter* du 22 juillet 2019.

[584] ESSONO OVONO Alexis, *op. cit.,* § n° 19, p. 12.

[585] Cour d'appel de Paris, 26 février 2020, n° 19/10433.

[586] Cour d'appel de Paris, 7 janvier 2020, n° 19/07260.

[587] Loi n° 011/2014 du 28 août 2014 portant réglementation du secteur des hydrocarbures en République Gabonaise, article 5. Aux termes de cet article, les contrats d'hydrocarbures sont : « les contrats portant sur les différentes activités du secteur des hydrocarbures ».

[588] *Ibidem.* Aux termes de cet article, le contrat d'évaluation technique est le contrat conclu entre l'État et un cocontractant en vue de réaliser tous travaux de prospection préliminaire de reconnaissance superficielle, notamment par l'utilisation de méthodes géologiques et géophysiques.

[589] *Ibidem.* Aux termes de cet article, le contrat d'exploration est : le contrat entre l'État et un cocontractant par lequel celui-ci s'engage à réaliser dans une zone délimitée, à ses frais et à ses risques, pour le compte de l'État, des activités de recherche aux fins de découverte d'hydrocarbures.

[590] Loi n° 011/2014 du 28 août 2014 portant réglementation du secteur des hydrocarbures en République Gabonaise, article 5. Aux termes de cet article, le contrat de services est : « le contrat entre l'État et un prestataire ou un contractant par lequel celui-ci s'engage à réaliser, au nom et pour le compte de l'État, des activités amont et reçoit à titre de rémunération un montant déterminé ou déterminable, payable en espèces ou en nature ».

[591] *Ibidem.* Aux termes de cet article, le contrat d'exploration et de partage de production est : « le contrat entre l'État et un cocontractant par lequel celui-ci s'engage

de production et de partage de production[592], le traitement irrationnel demeure.

262. Le contrat et la convention ne sont que des notions qui désignent le support, l'acte par lequel l'État ou l'administration compétente donne son accord dans le cadre de sa relation avec l'investisseur qui manifeste son intention et son engagement à, soit réaliser des travaux, livrer un bien, soit à fournir un service. Là encore, seul l'accord exprimé par l'État, l'administration compétence reste commun aux différents actes de gestion des secteurs clés. Cet accord reste préalable en toute hypothèse et s'affirme donc de manière permanente comme la condition impérative à toute activité dans les secteurs pétrolier et minier. Il en résulte donc que, qu'il s'agisse des actes administratifs et réglementaires unilatéraux ou des actes contractuels et conventionnels, seul importe l'accord donné par l'État, l'administration compétente.

263. Or, il apparaît, qu'un accord peut être soit la « déclaration par laquelle une personne privée, une collectivité reconnait approuver, permettre quelque chose[593] », soit la « rencontre des volontés dans le but de produire les effets de droit désirés par les parties[594] ». Ainsi, dans les deux cas, l'accord de l'État ou de l'administration compétente prend, dans la gestion des secteurs clés, la forme d'un agrément, d'un permis, d'un titre, d'une convention ou d'un contrat. Le changement de termes n'a donc pas d'influence majeure ou particulière sur la qualité du traitement appliqué aux investisseurs. Seul importe donc le contenu que renferme les termes utilisés et le régime qu'ils établissent.

264. Or, en ce sens, la présente étude révèle utilement la nature du traitement auquel renvoie le changement terminologique opéré avec

---

à réaliser dans une zone délimitée, à ses frais et à ses risques pour le compte de l'État, des activités de recherche aux fins de découverte d'hydrocarbures, du développement et d'exploitation, ouvrant droit au profit du cocontractant, en contrepartie du service rendu, des risques financiers et techniques assumés, à une rémunération représentée par l'attribution d'une part des hydrocarbures produits ».

[592] *Ibidem.* Aux termes de cet article, le contrat de production et de partage de production est : « le contrat entre l'État et un cocontractant par lequel celui-ci s'engage à réaliser dans une zone délimitée, à ses frais et à ses risques pour le compte de l'État, des activités de développement, d'exploitation ouvrant droit au profit du cocontractant, en contrepartie du service rendu, des risques financiers et techniques assumés, à une rémunération représentée par l'attribution d'une part des hydrocarbures produits ».

[593] Dictionnaire Larousse illustré, édition 2018.

[594] *Ibidem.*

l'adoption des textes en vigueur. Ce traitement n'opère aucune rupture majeure quant au traitement. Il s'inscrit dans la continuité du régime établi par la loi n° 55/61 du 4 décembre 1961. Dès lors, ce n'est pas tant le principe qui requiert l'accord de l'État ou de l'administration compétente qui est problématique. C'est au contraire la nature des accords donnés par l'État et ses démembrements qui est source de toute cette réflexion. La question est de savoir, quel (le) est le contenu, la nature et la portée des accords donnés dans la gestion des secteurs clés ? Ces accords sont-ils de nature à permettre d'atteindre la rationalisation de la gestion des secteurs clés ? Telle est la question fondamentale, à laquelle la réponse apportée ici est négative et ce d'autant plus que l'ancien régime perdure dans la législation en vigueur. Son empire n'a donc pas été déconstruit. Il demeure. Il continue de servir au traitement juridique des investisseurs dans les secteurs porteurs de l'économie.

SECTION 2 :
La pérennisation de l'assimilation irrationnelle

265. La pérennisation du traitement mis en œuvre au moyen de la prévalence de l'administration, des actes administratifs qu'elle édicte par son pouvoir discrétionnaire et leur continuité dans les conventions d'établissement repose sur un mécanisme cyclique. En effet, les textes consacrent tout d'abord le passage ou la transformation des actes administratifs unilatéraux en contrats ou conventions. Règne ainsi une influence réciproque permanente entre l'acte administratif unilatéral et le contrat (***Paragraphe 1***). Le contrat ou la convention une fois conclu(e) donne ensuite à son tour lieu au bénéfice d'actes administratifs unilatéraux. Ce cycle participe à la conservation du régime de traitement qui évince ainsi systématiquement les règles de la commande publique. Par ce mécanisme, le rejet ou l'exclusion de la transparence, de la mise en concurrence et du traitement égalitaire des investisseurs directs étrangers se perpétue en toute discrétion dans les secteurs clés, mettant ainsi en évidence une définition erronée de la notion de commande publique (***Paragraphe 2***) au sens de la réglementation de cette dernière matière.

PARAGRAPHE 1 :
L'influence réciproque des actes assimilés

266. Le régime juridique fait cohabiter l'acte administratif unilatéral et le contrat sous l'empire de la discrétion née de l'éviction des règles de la commande publique. Cette cohabitation est soutenue par les liens, par des mécanismes existants entre ces actes de l'action publique. En effet, comme c'est le cas dans des États de contextes proches, dans les secteurs clés, le contrat de concession est un contrat pétrolier attaché à un permis de recherche d'hydrocarbures et, s'il y a lieu, à une ou à des concessions d'exploitation[595]. Tel qu'articulé, le régime favorise le passage de l'acte administratif unilatéral au contrat (**A**). Puis le passage de ce dernier vers l'acte administratif unilatéral (**B**).

A. Le passage de l'acte unilatéral au contrat

267. La loi n° 55/61 du 4 décembre 1961 telle que modifiée par l'ordonnance n° 21/67 du 23 mars 1967[596] posait un cadre. Aux termes de son article 13, elle disposait notamment que sous réserve de satisfaire aux conditions requises, telles que déterminées par ses articles 14 et 15 qui en fixaient et en énuméraient les détails, toute entreprise désireuse de créer une activité nouvelle ou de développer une activité existante en République Gabonaise, à l'exclusion des activités du secteur commercial, pouvait bénéficier d'une décision particulière d'agrément à un régime privilégié. Ce cadre ayant le mérite d'être clair, mais peu rationnel, combinait l'acte administratif et réglementaire qu'était l'agrément à celui de la convention d'établissement qui n'en était qu'une conséquence. En d'autres termes, tout investisseur déjà à cette époque devait au préalable disposer d'un agrément accordé par l'État et l'administration compétente avant de pouvoir être admis dans l'un des régimes privilégiés qui ouvraient par suite, sous réserve de quelques conditions, le bénéfice et la signature d'une convention d'établissement, marquant l'ouverture d'une relation contractuelle entre les parties.

---

595 IRIRIRA NGANGA Dan, Le cadre juridique des investissements internationaux en République Démocratique du Congo, Thèse, Droit, Université d'Aix-Marseille, 2019, p. 29.

596 Ce texte n'a pas intégralement abrogé la loi n° 55/61 du 4 décembre 1961. En son article 1er, ce texte épargnait l'annexe de ladite loi.

268. En dépit du temps écoulé, force est de constater qu'au-delà des réformes opérées par les lois en matière d'hydrocarbures et minière, d'une part, et malgré le changement principiel de traitement annoncé par la loi n° 15/1998 instituant la charte des investissements en République Gabonaise, l'articulation permettant de transformer un acte administratif et réglementaire en contrat demeure d'actualité dans la législation et la pratique des secteurs clés. En effet, l'article 51 de la loi n° 011/2014 du 28 août 2014 portant code des hydrocarbures en République Gabonaise, fixait et rappelait tout d'abord la liaison entre l'acte administratif et réglementaire et le contrat qui en émane. Cet article énonçait que si dans un délai de cinq (5) ans de l'extinction du droit de préférence, les droits d'exploitation sont attribués à un tiers contractant sur cette découverte, les coûts pétroliers sont remboursés au cocontractant auteur de la découverte par l'administration par le biais de leur prise en charge dans « le contrat liant l'État au nouveau cocontractant titulaire de l'autorisation d'exploitation ».

269. Consacrant et relevant le caractère indéfectible qui existe entre ces deux types d'actes, le code minier confirmait son régime par la réforme intervenue en 2007. En effet, l'article 11 dudit code, tel que résultant de la loi n° 007-2002 du 22 août 2002 modifiée, disposait que la convention minière est un document évolutif qui se complète au moyen d'avenants signés soit à l'occasion de renouvellement du permis de recherche, « soit à l'occasion de la transformation du permis de recherche en permis d'exploitation ou en concession », alors même qu'il était expressément consacré, de manière constante dans tous les textes applicables qu'une concession était avant tout un acte contractuel, un acte soumis au droit de la commande publique[597].

270. Or, avec la réforme intervenue en 2018, la concession a été sortie du champ d'application du nouveau décret n° 00027/PR/*MEPPDD* du 17 janvier 2018. Cette sortie traduit et réaffirme le refus de la transparence, du traitement égalitaire des candidats et de la mise en concurrence préalable des investisseurs dans les secteurs clés. Cette sortie vise à en faire non pas des concessions au sens du droit de la commande publique, mais des concessions du domaine public gérées au moyen d'actes administratifs unilatéraux, même si l'expérience ailleurs donne une tendance contraire[598]. Le cadre

---

[597] Décret n° 0254 /*PR/MEEDD* du 19 juin 2012 portant code des marchés publics en République Gabonaise, article 2.

[598] Loi française n° 2016–1691 du 9 décembre 2016 relative à la transparence, à la lutte contre la corruption et à la modernisation de la vie économique, loi dite « Sapin

de traitement irrationnel de 1961 est plus que jamais réaffirmé car la délivrance d'un permis de recherche minière était jusqu'en 2015 accompagnée d'une convention[599]. L'illustration de la prévalence pratique de cette transformation d'actes administratifs et réglementaires en contrats est donnée par le fait constaté que la part du *profit oil*[600] revenant à de l'État dans le secteur minier notamment a fortement augmenté depuis 2003, c'est-à-dire, la date du basculement en contrat de partage de production du permis *Rabi Kounga*[601].

B. Le retour du contrat à l'acte unilatéral

271. Pour boucler et confirmer le mécanisme qui permet une prorogation automatique des concessions sur le domaine public et destinées à l'exercice d'activités économiques, alors que celles-ci à travers les conventions, contrats ou concessions qui servent à leur exécution présentent un intérêt économique essentiel et certain pour l'économie nationale, le régime de traitement permet, plutôt, la possibilité aux contrats d'aboutir à leur tour à des actes administratifs unilatéraux et réglementaires. En effet, si à première vue, les *bonus* de prorogation de la période d'exploration, d'extension d'une phase d'exploration et de renouvellement d'un titre pétrolier relatif à la

---

2 » ; Code général de la propriété des personnes publiques français, Article L2122-1-1 créé par l'ordonnance n° 2017-562 du 19 avril 2017, article 3 ; CJUE, 14 juillet 2016, *Promoimpresa SRL*, affaire n° C-458-14. Dans cette affaire la Cour a clairement dit pour droit d'une part, que L'article 12, paragraphes 1 et 2, de la directive 2006/123/CE du Parlement européen et du Conseil, du 12 décembre 2006, relative aux services dans le marché intérieur, doit être interprété en ce sens qu'il s'oppose à une mesure nationale, telle que celle en cause au principal, qui prévoit la prorogation automatique des autorisations en cours sur le domaine maritime et lacustre et destinées à l'exercice d'activités touristico-récréatives, en l'absence de toute procédure de sélection entre les candidats potentiels. Et d'autre part, que l'article 49 TFUE doit être interprété en ce sens qu'il s'oppose à une législation nationale, telle que celle en cause au principal, qui permet une prorogation automatique des concessions sur le domaine public en cours et destinées à l'exercice d'activités touristico- récréatives, dans la mesure où ces concessions présentent un intérêt transfrontalier certain.

[599] Loi n° 05-2000 du 12 octobre 2000 portant code miner en République Gabonaise, article 35 : Voir Journal hebdomadaire d'informations et d'annonces légales n° 437 du 14 au 28 avril 2001, Numéro spécial, p. 57 à 68.

[600] Après prélèvement d'hydrocarbures opéré par la société pétrolière au titre de la récupération des coûts pétroliers, la production restante appelée, en anglais, « profit oil » est partagée entre l'État et le cocontractant selon les modalités définies dans le contrat de production et de partage de production.

[601] ZOLO TOMO Tristan Pamphile, *op. cit.*, § n° 12, p. 82.

production d'hydrocarbures ne sont pas négociables et sont fixés dans les contrats d'hydrocarbures[602], il n'en demeure pas moins constant dans les textes en vigueur que le contrat ou la convention dans les secteurs clés peut conduire à l'acte administratif unilatéral et réglementaire qui l'a, *ab initio* institué.

272. En effet, si en matière minière la délivrance d'un permis de recherche donne lieu à la signature d'une convention minière de recherche, dans les trois mois qui suivent la délivrance dudit titre minier sauf prorogation expresse par le ministre chargé des mines[603], le renouvellement de l'autorisation exclusive de développement et de production donne également lieu en matière d'hydrocarbures au paiement d'un *bonus* dont le montant et les modalités de paiement sont fixés dans le contrat de partage de production[604]. Il s'agit en matière pétrolière de la sauvegarde de la logique poursuivie par la loi n° 011/2014 du 28 août 2014 portant réglementation du secteur des hydrocarbures en République Gabonaise. Pour ce texte, en effet, l'autorisation exclusive d'exploration conférait à son titulaire le droit exclusif de réaliser, dans une zone délimitée, dite zone d'exploration, et pour le compte de l'État, les travaux d'exploration, notamment la sismique, les forages d'exploration et d'appréciation tels que prévus dans le contrat d'exploration[605].

273. Il en allait tout autant de l'autorisation de prospection qui conférait à son titulaire le droit non exclusif de réaliser les travaux prévus dans le contrat de prospection dans une zone délimitée, dite zone de prospection[606]. Le contrat constituait ferment la base de départ ou le fondement de toute prétention à un titre minier, c'est-à-dire à un acte administratif et réglementaire. Les textes sont d'autant plus explicites à ce propos que la délivrance d'une autorisation exclusive de développement et d'exploitation était conditionnée à l'approbation par le ministère en charge des hydrocarbures du plan de développement

---

[602] Loi n° 002/2019 du 16 juillet 2019 portant réglementation du secteur des hydrocarbures en République Gabonaise, article 206 : Journal officiel n° 27 *ter* du 22 juillet 2019.

[603] Loi n° 017/2014 du 30 janvier 2015 portant réglementation du secteur minier en République Gabonaise, article 110 : Journal officiel n° 254 *bis* spécial du 29 mai 2015.

[604] Loi n° 002/2019 du 16 juillet 2019 portant réglementation du secteur des hydrocarbures en République Gabonaise, article 91.

[605] Loi n° 011/2014 du 28 août 2014 portant réglementation du secteur des hydrocarbures en République Gabonaise, article 105 : Journal officiel n° 221 du 8 au 15 septembre 2014.

[606] *Ibidem,* article 102.

conformément aux stipulations du contrat[607]. Plus encore, le renouvellement d'une autorisation exclusive de développement et d'exploitation était notamment conditionné par le respect par le cocontractant de ses engagements contractuels et par le paiement d'un *bonus* dont le montant et les modalités de paiement étaient fixés dans le contrat[608].

274. Sous le régime des textes en vigueur, ce lien est tout aussi vif que le contrat d'exploration et de partage de production confère au cocontractant le droit exclusif d'exercer les activités d'exploration dans la surface couverte par l'autorisation exclusive d'exploration et, en cas de découverte, le droit exclusif sur les activités d'exploitation sur la surface couverte par l'autorisation exclusive de développement et de production[609]. Dans ce même cadre, le contrat d'exploitation et de partage de production confère au cocontractant le droit exclusif d'exercer les activités de développement et de production dans la surface couverte par l'autorisation exclusive de développement et de production[610]. La délivrance d'un permis d'exploitation est conditionnée à l'approbation, par l'administration des hydrocarbures, du plan de développement, conformément aux stipulations de la convention d'exploitation[611]. L'opérateur ou investisseur reste tenu d'adresser à l'administration des hydrocarbures une demande d'extension de la zone d'exploitation objet de la convention d'exploitation, dans le cas où une découverte d'un gisement d'hydrocarbures commercialement exploitable déborde sur une zone libre du domaine pétrolier[612].

275. Ainsi, la réglementation des secteurs clés donne à comprendre que de la même manière que les actes unilatéraux ont donné lieu à conclusion de contrats, conventions ou concessions par leur simple transformation ou leur conversion, les contrats, conventions et concessions à leur tour donnent également lieu au bénéfice, à la sollicitation d'actes administratifs et réglementaires unilatéraux. Par ce

---

[607] *Ibidem,* article 112.

[608] Loi n° 011/2014 du 28 août 2014 portant réglementation du secteur des hydrocarbures en République Gabonaise, article 114 : Journal officiel n° 221 du 8 au 15 septembre 2014.

[609] Loi n° 002/2019 du 16 juillet 2019 portant réglementation du secteur des hydrocarbures en République Gabonaise, article, 62 : Journal officiel, n° 27 *ter* du 22 juillet 2019.

[610] *Ibidem,* article 67.

[611] *Ibidem,* article 96.

[612] *Ibidem,* article 97.

mécanisme cyclique, l'exclusion de la transparence, du traitement égalitaire des opérateurs et de la mise en concurrence est confirmée et pérennisée automatiquement et systématiquement dans le traitement des investisseurs directs étrangers. Les instruments utilisés, les mécanismes qui y sont rattachés et la prévalence de l'administration entretiennent le règne du pouvoir discrétionnaire de l'État et de la puissance publique au point de donner à la commande publique des secteurs clés, une définition erronée, une définition qui échappe aux règles rationnelles de la commande publique qui requièrent plutôt transparence, égalité de traitement et mise en concurrence préalable des candidats, opérateurs ou investisseurs directs étrangers.

PARAGRAPHE 2 :
Une définition erronée de la notion de commande publique

276. Il ne subsiste plus de surprise. L'étude du régime juridique entre le droit de la commande publique et celui de l'investissement direct étranger révèle une pratique induite par la volonté étatique de maîtriser notamment par sa stratégie incitative, le traitement appliqué aux investissements directs étrangers. Cela donne de ce fait une définition erronée à la commande publique ainsi qu'au droit qui s'y applique et qui est bien plus large en ce que faisant appel à un traitement différent qui limiterait notamment la durée excessive de certains contrats, certaines clauses[613] d'occupation du domaine public[614] ou y introduire d'autres[615]. À travers la prévalence de l'administration dans les secteurs clés et de toutes les implications qui en résultent, il apparaît évident que le fait que la commande publique soit considérée comme un ensemble d'avantages pouvant être octroyés à un opérateur au titre de l'incitation, et que l'usage de conventions d'établissement qui s'inscrivent pourtant,

---

[613] Conseil constitutionnel français, 21 juillet 1994, Décision n° 94-346 DC, *Loi complétant le code du domaine de l'État et relative à la constitution de droits réels sur le domaine public*, AJDA 1994. 786, note GONDOUIN Geneviève ; D. 1995. 347, obs. PINI Joseph ; RDI 1994. 427, obs. AUBY Jean-Bernard et MAUGÜE Christine ; RFDA 1994. 1106, étude LAVIALLE Christian ; RTD civ. 1995. 656, obs. ZENATI Frédéric.

[614] RICHER Laurent, « Constitution, contrats et commande publique », Les nouveaux Cahiers du Conseil constitutionnel, 1er octobre 2012, n° 37, p. 37.

[615] Conseil constitutionnel français, 22 août 2002, Décision n° 2002-460 DC, *Loi d'orientation et de programmation sur la sécurité intérieure*, AJDA 2002. 1059, note CHÉROT Jean-Yves et TREMEAU Jérôme ; D. 2003. 1125, obs. RIBES Didier - à propos du crédit-bail.

du point de vue définitionnel dans le champ de la commande publique, mais auxquelles d'autres règles contraires à cette dernière continuent de s'appliquer, confère une définition incohérente à la commande publique des secteurs concernés.

277. Concernant la considération de la commande publique comme un avantage pouvant être octroyé au titre de l'incitation, cette approche a bien été insérée dans une stratégie incitative. En en effet, le code des investissements de 1967[616] aménageait la commande publique en faveur des investissements bénéficiant de régimes privilégiés. À cet effet, ce texte disposait au dernier alinéa de son article 22 que « les marchés de l'administration et de l'armée leur seront autant que possible réservés en priorité ». Ainsi, l'incitation a atteint une ampleur majeure. Car depuis cette période originelle, l'incitation est constante et quasi-généralisée. L'incitation devient le principe, c'est-à-dire la règle de droit et les secteurs qui lui échappent constituent des exceptions. C'est ce qui a expliqué *supra*[617], la persistance de l'entente et l'octroi de marchés publics de gré à gré.

278. Mais bien plus encore, c'est sur le fondement de l'incitation qu'a été adopté le recours à la convention d'établissement qui n'est qu'un instrument de la commande publique. Ce dernier point mérite tout d'abord d'être illustré. En effet, le dernier alinéa de l'article premier de l'ancien code des investissements de 1967 a consacré la convention d'établissement en disposant qu'« en outre des conventions d'établissement peuvent être conclues entre le Gouvernement et les entreprises ». Le caractère synallagmatique de ces conventions est confirmé à l'article 38 de ce même texte qui précise que « toute entreprise agréée à un régime privilégié ou considérée comme particulièrement importante dans les plans de développement économique et social de la nation peut conclure avec le gouvernement une convention d'établissement lui accordant certaines garanties et lui imposant certains engagements ». Ainsi, ces conventions emportent le caractère d'un contrat. Ce dernier, signé entre l'État représenté par le Gouvernement et un investisseur étranger constitue un marché de la commande publique dès lors qu'il vise à satisfaire un besoin en matière de travaux, fourniture ou de service. La question se pose donc de savoir si les activités de travaux, de fournitures ou de services réalisées par les

---

[616] Voir chapitre 2 intitulé « Avantages économiques », Section 1 : installations et approvisionnements, article 22.
[617] Voir *supra*, § n° 75 et suivants.

investisseurs privés permettent de répondre aux besoins de la personne publique partie à ce contrat.

279. À cette interrogation, la réponse est affirmative. Car, ce même code ne prévoyait l'octroi d'agrément d'entrée à un régime privilégié qu'à condition que l'investisseur étranger s'engageât à satisfaire aux éléments[618] pris en compte dans l'appréciation de son dossier de soumission[619]. Il s'agissait d'un régime de candidature en vue de satisfaire aux besoins comprenant le champ classique de la commande publique, mais non exclusivement. Car, d'autres besoins pouvant faire l'objet de contrats tels que la formation professionnelle, étaient déjà retenus comme éléments d'appréciation des dossiers des investisseurs souhaitant accéder à un régime privilégié. C'est le régime du contrat d'État[620] qui doit alors muter pleinement vers celui du marché de la commande publique et qui, au-delà des opérations préalables de candidature, pour ne pas conduire à l'inexistence d'un investissement en droit interne[621], doit être formalisé par un contrat[622]. Un contrat régi par les principes rationnels de la commande publique.

280. Au regard de ce qui précède, il ressort que la stratégie de la discrétion construite autour la prévalence de l'administration, des actes administratifs et réglementaires unilatéraux s'est faite autour de la

---

[618] Ordonnance n° 21/67 du 23 mars 1967 portant code des investissements, article 15 qui fixes comme éléments d'appréciation : l'importance des investissements, la participation à l'exécution du plan économique et social ; la création d'emplois et la participation des gabonais dans la répartition des emplois ; l'utilisation de matériels donnant toutes garanties techniques ; l'utilisation en priorité des matières premières locales et d'une façon générale, des produits locaux ; le siège social en République Gabonaise.

[619] *Ibidem,* article 16.

[620] C'est au regard du régime dérogatoire qui le caractérise que nous avons plus haut émis la réserve suivant laquelle ce type de contrat a été parmi les instruments ayant favorisé le développement du droit international de l'investissement et consolidé les rapports entre le droit de la commande publique et celui de l'investissement direct étranger à l'origine, mais pas sous l'empire du droit de la commande publique actuelle.

[621] CIRDI, affaire *ACP Axos Capital GmbH c./ Kosovo*, n° ARB/15/22, 3 mai 2018 : cette décision a soulevé la question pertinente de savoir si les opérations et autres dépenses préalables suscitées par la procédure de candidature constitue un investissement. Le Tribunal arbitral a répondu par la négative.

[622] FADLALLAH Ibrahim, LEBEN Charles, TEYNIER Éric, ACHTOUK-SPIVAK Laurie, BEN HAMIDA Walid, CAZALA Julien, CREPET DAIGREMONT Claire, FRAPPIER Mathilde, HERMET Alexandre, NANTEUIL (DE) Arnaud, POULAIN Bruno, « Investissements internationaux et arbitrage », Cahiers de l'arbitrage, 1er avril 2019, n° 4, p. 703.

convention d'établissement qui n'est rien d'autre qu'un contrat d'État, un contrat visant à satisfaire les besoins de la personne publique contractante. Cependant, cet instrument conventionnel déroge au régime de la commande publique auquel il devrait pourtant être soumis. Dès lors, cela permet d'observer, une fois de plus que l'incitation a particulièrement dénaturé le droit de la commande publique tel qu'il devrait être organisé en consacrant le contrat d'État, la convention d'établissement. Plutôt qu'une avancé de la notion de commande publique, cela a induit un recul[623] qui rend nécessaire la refonte complète[624] du régime juridique. Car, l'affranchissement de ce dernier des règles de transparence, d'égalité de traitement des candidats et de mise en concurrence, devrait pourtant être l'exception, mais finit par être le principe, alors même que les lois de finances des dernières années témoignent de ce que les secteurs concernés par ces conventions sont ceux qui contribuent majoritairement à la formation du budget de l'État.

281. Ainsi, au nom de la discrétion, un régime spécial et dérogatoire au droit devant régir la commande publique des secteurs clés persiste dans l'ordonnancement juridique. La commande publique elle-même constitue encore un levier entier de discrétion de l'investissement direct étranger. Cela ne manque donc pas de soulever quelques interrogations sur la portée de cette stratégie, tout en mettant en évidence la nécessité de restaurer cette dernière en valorisant le régime principiel de la commande publique qui doit y être prépondérant et non exceptionnel. Il faut donc partir de cette cohabitation pour tendre vers une assimilation des régimes de traitement qui s'opposent encore en l'état actuel du droit.

Conclusion de la partie 2 :

282. Restaurer l'attractivité du régime juridique par lequel s'opère le traitement de l'investissement direct étranger dans la commande publique requiert le dépassement des fondements de l'opposition classique[625] entre les principes et mécanismes rationnels de la commande publique qui s'appuient sur la transparence, la mise en

---

[623] GLATT Jean-Mathieu, « Le recul de la notion de marché public : Les contrats de mobilier urbain », Petites affiches, 11 juin 2015, n° 116, p. 4.

[624] MICHON Jérôme, *op. cit,* § n° 68.

[625] CAGNON Grégory, « Droit public et copropriété : duo ou duel ? », Revue du droit public, 1er janvier 2016, n° 1, p. 105.

concurrence des opérateurs économique ainsi que leur traitement égalitaire, d'une part. Et ceux rattachés à l'investissement direct étranger, basés sur la discrétion, d'autre part. Car, la conception classique de la promotion de l'investissement direct étranger, voire de la notion même de promotion[626] dans les relations contractuelles de l'État a révélé qu'elle est inefficace, inadaptée lorsqu'elle est conduite sous l'empire de la discrétion, sous la prévalence du pouvoir discrétionnaire de l'administration. C'est aussi ce que relève la décision de la Cour d'appel de Paris du 15 juin 2006[627], par laquelle l'État gabonais, pris en la personne du son ministre des Mines, de l'énergie du pétrole et des ressources hydrauliques d'alors, a été condamné. En l'espèce, l'État, dans un litige né à propos d'un contrat d'exploitation et de partage de production d'une zone d'exploitation pétrolière qui l'opposait à la société *Prodoil* n'a pas pu justifier ses demandes en annulation[628], en correction et interprétation[629], de sentences arbitrales rendues à son encontre. Il a même été condamné plus lourdement, en même temps que son cocontractant, aux termes d'un litige né de la négociation d'un avenant relatif à une convention de vente et d'achat de pétrole qui a soulevé une nécessité d'interprétation[630].

283. Bien plus lourde encore a été, plus récemment, la condamnation de l'État, dans l'affaire l'opposant lui et l'agence nationale des grands travaux (*ANGT*)[631] à la société turque *ENKA*, rendue par la Cour

[626] Cour de cassation française, civile, Chambre civile 1, 7 avril 1987, n° 85-12.101, Publié au Bulletin. Dans cet arrêt, la juridiction française a considéré « qu'il ne ressort pas de l'examen de la convention (…) que l'emploi du mot " *promotion* " dans le paragraphe réservé à l'exploitation…n'avait " aucune signification laudative s'imposant à Antenne 2 », cocontractant de l'État. La formation du contrat litigieux dans des conditions soumises aux principes de la commande publique auraient impliqué un dénouement différent. Car, les besoins précis de l'État auraient été mieux exprimés et explicités par appel d'offre et se seraient étendus à la clarification de la notion de « promotion » par laquelle l'État, devant le juge, a succombé.

[627] Cour d'appel de Paris, 15 juin 2006, n° 05/01597*, République Gabonaise c./ Société Prodoil Gabon SA*.

[628] Chambre de commerce international, Paris, n° 12226 *TE/MW/AVH* rendue le 1er septembre 2004.

[629] Chambre de commerce international, Paris, sentence du 13 décembre 2004.

[630] Chambre de commerce international, Paris, CCI n° 4727 du 16 juin 1988, *SWISS Oil corp. c./ République Gabonaise.*

[631] Cette agence est devenue l'agence nationale des grands travaux et des infrastructures *(ANGTI) en 2015* et a été réorganisée par le décret n° 00032/*PR/MITPAT* du 19 janvier 2018 avant que le décret n° 000153/*PR/MITPAT* du

internationale d'arbitrage de la Chambre commerciale internationale de Paris en 2018[632]. En effet, le 17 décembre 2015, la République Gabonaise (*maître d'Ouvrage*), l'*ANGT* (*maître d'ouvrage délégué*) et *ENKA* (*entrepreneur, investisseur direct étranger turc*) ont signé un protocole d'accord portant sur la résiliation du marché n° 12ZUA01-043/*PR/ANGT* relatif à la construction du Centre de conférences à la Cité de la démocratie à Libreville[633], du marché n° 12ZUA01-0532/*PR/ANGT* relatif à la construction du Palais Présidentiel à la Cité de la démocratie à Libreville[634] (conclu le 5 mai 2013) et du marché n° *ANGT/PR/MAUS*/01 relatif à la construction d'un mausolée, d'une mosquée, d'une bibliothèque et d'un musée à Franceville[635].

284. Tous ces trois marchés publics qui ont coûté aux deniers publics, aux termes de la sentence arbitrale, différentes condamnations cumulées[636], un montant s'élevant à plus de 32 milliards de Francs CFA, ont en commun d'avoir été conclus dans la discrétion, loin des exigences de mise en concurrence, de transparence et de traitement égalitaire de l'ensemble des investisseurs directs étrangers et des opérateurs économiques. Cela est d'autant plus manifeste que l'État et l'*ANGT*, défenderesses en l'espèce, dans un mémoire en défense produit devant la Cour d'arbitrage, reconnaissent et « expliquent que les marchés qui ont été conclus par la République Gabonaise ont été négociés entre *ENKA* et l'*ANGT*, qui, par la suite, les a administrés directement[637] ». Cela établit alors une certitude profonde : la conduite de la commande publique et le traitement discret rattaché à celle-ci est, à l'évidence, un gouffre financier pour les deniers publics et une source de préjudice à l'intérêt général.

---

17 mai 2018 ne vienne en fixer les statuts : Voir Journal officiel n° 397 *bis*, du 18 mai 2018.

[632] Chambre de commerce international, Paris, arbitrage CCI n° 22841/*DDA* du 19 septembre 2018, *ENKA INSAAT VE SANAYI A.S c./ République Gabonaise et Agence nationale des Grands Travaux*.

[633] Conclu le 4 juin 2013.

[634] Conclu le 5 mai 2013.

[635] Conclu le 13 mars 2013.

[636] L'État et l'*ANGT* ont été condamnés à payer l'investisseur direct étranger turc, outre la somme de 7.800.000 $ US déjà payée, les sommes de 44.550.752 $ US au titre de la créance résultant du protocole d'accord; 1.888.760.617 Francs CFA à la Caisse nationale de sécurité sociale au titre des obligations fiscales et des cotisations sociales ; 450.000 euros au titre des dommages et intérêts ; 25.000 euros au titre de frais de stockage de matériel et 1.036.082, 86 $ US au titre des frais d'arbitrage : Voir, p. 107 et 108 de la sentence.

[637] Voir page 132 de la sentence, point n° 133.

285. En conséquence, telle que l'ont exposé les principes et mécanismes de sauvegarde de ce type de relations contractuelles irrationnelles dans les deux précédents chapitres, le régime juridique qui les favorise doit être évincé, afin d'une part, de rationaliser le traitement de l'investissement direct étranger et d'optimiser d'autre part, les capacités d'action économique de l'État. Car, même si d'une part, l'administration n'a pas le droit de renoncer à son pouvoir de résiliation unilatérale aussi bien en droit[638], qu'en fait[639], et qu'elle peut, d'autre part, le faire sur le fondement du motif d'intérêt général qui ne fait généralement l'objet que d'un contrôle restreint du juge[640], il n'en demeure pas moins que ce pouvoir de résiliation qui est d'ordre public[641] est mieux employé et l'intérêt général mieux garanti, dans le choix de l'offre la plus objectivement avantageuse, sélectionnée à l'issue d'une mise en concurrence des investisseurs, dans des conditions de transparence des procédures et de traitement égalitaire.

638 Conseil d'État français, 6 mai 1985, *Association Eurolat et Crédit foncier de France*, AJDA 1985, p. 620, note FATÔME Étienne, MOREAU Jacques.
639 Cour administrative d'appel de Versailles, 7 mars 2006, *Commune de Draveil c./ Société Via Net Works*, n° 04VE01240, AJDA 2006, p. 1044.
640 Cour administrative d'appel de Marseille, 2 octobre 2001, *Société Immobilière Port de Miramas*, n° 00MA02080, Contrats et marchés publics, n° 43.
641 DUPRÉ DE BOULOIS Xavier, Le pouvoir de décision unilatérale : étude de droit comparé interne, LGDJ, 2006, p. 81.

CONCLUSION GÉNÉRALE

286. L'étude du traitement de l'investissement direct étranger dans la commande publique invite à une réforme, voire à une refondation profonde du régime juridique pour que soit absolument et urgemment rationalisé le cadre dans lequel s'exerce la contractualisation publique. Au niveau juridique, l'étude a révélé que deux leviers majeurs existent et doivent être consolidés et déployés dans la rationalisation du régime. Les deux leviers sont consécutifs l'un de l'autre. En effet, il est impératif dans un premier temps que le régime juridique soit pleinement et rapidement purgé des consécrations opposées à l'ouverture à la concurrence qui évincent conséquemment le recours et la mise en œuvre des principes rationnels de la commande publique. Parvenir à cela consisterait, plus précisément à abroger, abandonner le recours fréquent et constant au principe de l'entente, du gré à gré, à la discrétion et au pouvoir discrétionnaire omniprésent de l'administration censée mettre en application les principes de transparence, de mise en concurrence et de traitement égalitaire des candidats investisseurs directs étrangers.

287. À ce niveau se niche le paradoxe qui paralyse la rationalisation du régime juridique. Car, finalement, cela fait émerger un contraste, un fossé entre les consécrations juridiques et la pratique administrative. Ce d'autant que les textes expriment plus fortement l'ouverture de l'économie et de l'action publique économique à la concurrence et non un repli, un retour au dirigisme. Surtout que la période dans laquelle l'État avait besoin de s'affirmer économiquement et qui a été traversée avec le recours aux traitements préférentiels, aux avantages de toute nature accordés aux investisseurs directs étrangers a, somme toute, montré son incapacité à mener au rayonnement économique escompté et ce, alors même que les ressources pétrolières et minières étaient abondantes.

288. Maintenir le traitement fondé sur la discrétion affaiblit l'État et rend inefficace sa contractualisation alors que les contrats publics doivent être utilisés de manière stratégique[642] et rationnelle dans le contexte actuel de la globalisation des échanges. Cette utilisation

---

642 CHEN Tianhao, Le droit des marchés publics en France et en Chine dans le contexte de la globalisation : entre libéralisation et utilisation stratégique des marchés publics, Thèse, Droit, Université de Bordeaux, 2017.

commande notamment de saisir et de consolider la liaison principielle qui existe entre le droit international de l'investissement étranger et celui de la commande publique. En effet, ces deux matières font utilement émerger une convergence des principes qui encadrent le traitement des opérateurs économiques. Ainsi, elles exigent toutes deux, et de plus en plus pour le droit international de l'investissement, le traitement transparent de l'investisseur, et également son traitement égalitaire qui ne peut être efficient et mieux garanti que par le recours à une mise en concurrence effective. Cela aurait pour conséquences et avantages de purger le régime des foyers et mécanismes de corruption, d'enrichissement illicite, des lourdeurs administratives et d'induire une extension des principes rationnels dans la commande publique. Car la gouvernance publique actuelle reste un facteur de réduction de l'attractivité[643]. Les textes doivent fermement établir les principes rationnels de la commande publique comme instrument impératif de conduite des contrats publics, tous les secteurs confondus. En conséquence, le régime s'harmoniserait, l'unité des contrats publics[644] serait alors ancrée dans l'action publique économique.

289. Il en résulterait l'évidence de redéfinir la notion de commande publique, de la structurée et de l'encadrer en conséquence. Car, à l'issue du dépassement de la relativité normative, les principes rationnels de la commande publique devenant transversaux et communs à l'ensemble des contrats publics, émergerait alors la nécessité de mettre en forme le nouveau régime principiel et rationnel obtenu. Il s'agirait alors d'ouvrir le régime juridique à l'élaboration d'un code général, commun ou fondamental de la commande publique qui serait piloté et articulé par les principes de transparence, de mise en concurrence et de traitement égalitaire des opérateurs, candidats, investisseurs. Il est alors impératif de s'affranchir de certains mimétismes. Car c'est en s'inscrivant dans la droite ligne des paradigmes historiques désormais dépassables et dépassés que le régime juridique de traitement de l'investissement direct étranger et de conduite de la contractualisation publique, que l'action publique s'est perdue et dévoyée. Surtout que rien n'impose de rester cantonner à la conception des marchés publics qui exclut les secteurs clés tels que ceux des mines et des hydrocarbures.

290. La commande publique devrait alors être adaptée à la réalité économique de l'État. Celui-ci n'ayant pas une économie portée par un

---

643 ESSONO OVONO Alexis, *op. cit,* § n° 19.

644 MARCUS Laure, L'unité des contrats publics, Thèse, Droit, Dalloz, 2010.

maillage d'opérateurs nationaux toujours capables de répondre à ses commandes d'envergure en matière de travaux, services et fournitures, devrait en conséquence définir la notion de commande publique en incluant prioritairement les ressources naturelles et en adoptant les principes et procédures susceptibles d'encadrer cette orientation. Persister dans l'exclusion partielle ou totale des secteurs clés de la commande publique est irrationnel. Un nouveau régime inclusif et large des contrats publics repose fondamentalement, au-delà de l'insertion des principes rationnels dans le régime actuel, sur la construction d'un champ plus large de la notion de commande publique.

291. Élaborer et mettre en place ce nouveau régime requiert, dans un deuxième temps, de manière complémentaire, la consolidation des avancées institutionnelles amorcées. Car, pour rendre effective la rationalisation juridique obtenue, il est impératif que soit insérée dans le régime institutionnel, une culture forte et rigoureuse de la sanction. C'est son défaut, sa rareté qui affaiblit les consécrations juridiques, les vide de leur sens et de leur portée, faisant conséquemment succomber le traitement des opérateurs économiques dans les travers et méandres de l'irrationalité, de la discrétion et des dévoiements administratifs. La rationalisation exige donc le développement d'une culture de la sanction des écarts, fautes et irrégularités observés. Cela appelle alors une intervention des institutions compétentes[645].

* *
*

[645] Cet aspect fait l'objet d'une étude approfondie dans un autre ouvrage à paraitre.

INDEX DE JURISPRUDENCES UTILISÉES

I. Jurisprudence gabonaise :

- Cour constitutionnelle gabonaise, Décision n° 004/CC du 21 janvier 2020 *relative à la requête présentée par le Premier Ministre tendant au contrôle de constitutionnalité de la loi n° 014/2019 déterminant les ressources et les charges de l'État pour l'année 2020, validant la constitutionnalité de la loi n° 014/2019 du 22 janvier 2020 déterminant les ressources et les charges de l'État pour l'année 2020 telle que promulguée par le décret n° 00002/PR du 22 janvier 2020.*

- Cour constitutionnelle, Décision n° 16/CC du 15 septembre 1994 *sur la Cour administrative.*

- Cour constitutionnelle, Décision n° 144/CC du 28 octobre 2002 *sur le Conseil d'État.*

- Cour constitutionnelle, 3 décembre 1993, Décision n° 023-93-CC *sur l'arrêté n° 002373/PM/PRACOM/PT du 4 novembre 1993 fixant la répartition du temps d'antenne et de l'espace d'insertion dans les médias de l'État pendant la campagne pour l'élection présidentielle de décembre 1993.*

- Cour constitutionnelle, 28 janvier 1993, Décision n° 0002-CC *sur le décret n° 2056/PR/MDNSI du 27 novembre 1992 fixant les modalités de délivrance et de renouvellement de la carte nationale d'identité.*

- Cour constitutionnelle, 28 février 1992, Décision n° 001-CC *sur la loi 14/91 du 24 mars 1992 portant organisation et fonctionnement du Conseil national de la communication.*

II. Jurisprudence française :

A. Juge administratif :

1. Conseil d'État :

- Conseil d'État français, 7ème et 2ème sous-sections réunies, 10 février 2010, req. n° 329100, *M. Perez,* Publié au recueil Lebon.
- Conseil d'État français, Section du Contentieux, 30 janvier 2009, req. n° 290236, *ANPE,* Publié au recueil Lebon.
- Conseil d'État français, 8ème et 3ème chambres réunies, 10 mars 2020, req. n° 437592, Mentionné aux tables du recueil Lebon.
- Conseil d'État français, 3ème et 8ème chambres réunies, 19 décembre 2019, req. n° 434071, Inédit au recueil Lebon.
- Conseil d'État français, 7ème et 8ème sous-sections réunies, 16 décembre 1991, req. n° 64611, *SA Ressources management corporation,* Inédit au recueil Lebon.
- Conseil d'État français, 2 février 1983, *Union des transports publics urbains et régionaux*, req. n° 34027.
- Conseil d'État français, 10 janvier 1902, *Compagnie nouvelle du gaz de Déville-Lès-Rouen*, req. n° 94624.
- Conseil d'État français, 11 mars 1910, *Compagnie générale française des tramways*, req. n° 16178.
- Conseil d'État français, 6 mai 1985, *Association Eurolat et Crédit foncier de France.*

2. Cours administratives d'appel :

- Cour administrative d'appel de Paris, 4ème chambre, 21 décembre 2018, n° 18PA01480-18PA01485, Inédit au recueil Lebon.
- Cour administrative d'appel de Bordeaux, 5ème chambre, 10 mars 2020, n° 18BX01902, Inédit au recueil Lebon.

- Cour administrative d'appel de Versailles, 1ère Chambre, du 16 mars 2006, *Commune de Draveil c./Société Via Net Works*, n° 04VE01240, Inédit au recueil Lebon.

- Cour administrative d'appel de Marseille, 2 octobre 2001, *Société Immobilière Port de Miramas,* n° 00MA02080, Inédit au recueil Lebon.

B. Juge judiciaire :

1. Cour de cassation :

- Cour de cassation française, civile, Chambre commerciale, 23 septembre 2014, n° 13-17.347, publié au Bulletin.

- Cour de cassation française, civile, Chambre civile 2, 10 octobre 2019, 18-20.725, Inédit au Bulletin.

- Cour de cassation française, civile, Chambre civile 1, 7 avril 1987, n° 85-12.101, Publié au Bulletin.

2. Cours d'appel :

- Cour d'appel de Paris, 28 mars 2019, n° 11/07032.

- Cour d'appel de Paris, 25 juin 2019, *Kontinental Conseil Ingenierie c/. La République Gabonaise.*

- Cour d'appel de Paris, 26 février 2020, n° 19/10433.

- Cour d'appel de Paris, 15 juin 2006, n° 05/01597, *République Gabonaise c./Société Prodoil Gabon SA.*

- Cour d'appel de Paris, Chambre commerciale, 7 janvier 2020, n° 19/07260.

C. Conseil constitutionnel :

- Conseil constitutionnel français, 26 juin 2003, Décision DC, n° 2003-473, *Loi habilitant le Gouvernement à simplifier le droit.*

- Conseil constitutionnel français, 4 août 2017, Décision n° 2016-736 DC.

- Conseil constitutionnel français, 21 juillet 1994, Décision n° 94-346 DC, *Loi complétant le code du domaine de l'État et relative à la constitution de droits réels sur le domaine public.*

- Conseil constitutionnel français, 22 août 2002, Décision n° 2002-460 DC, *Loi d'orientation et de programmation sur la sécurité intérieure.*

III. Jurisprudence arbitrale :

A. CIRDI :

- CIRDI, *affaire Gabon c/Société Serete SA*, 1976, (n° ARB/76/1).

- CIRDI, *affaire ACP Axos Capital GmbH c./Kosovo*, (n° ARB/15/22), 3 mai 2018.

- CIRDI, *affaire Compagnie d'exploitation du chemin de fer Transgabonais c./La République Gabonaise*, (n° ARB/04/5), sentence finale envoyée aux parties le 7 mars 2008.

- CIRDI, *affaire Société d'énergie et d'eau du Gabon et Veolia Africa c/. République Gabonaise et Société de patrimoine du service public de l'eau potable, de l'énergie électrique et de l'assainissement* (n ° ARB/18/36).

B. Autres :

- Chambre de commerce international, Paris, arbitrage CCI n° 22841/*DDA* du 19 septembre 2018, *Enka Insaat Ve Sanayi A.S c./République Gabonaise et Agence nationale des Grands Travaux.*

- Chambre de commerce international, Paris, n° 12226, *TE/MW/AVH*, rendue le 1er septembre 2004.

- Chambre de commerce international, Paris, sentence du 13 décembre 2004.

- Chambre de commerce international, Paris, CCI n° 4727 du 16 juin 1988, *SWISS Oil corp. c./République Gabonaise.*

BIBLIOGRAPHIE

A. Ouvrages :

ASCENSIO Hervé, Droit international économique, PUF, 2018, p. 275.

BACCOUCHE Néji, Incitations aux investissements et concurrence entre États, *In* : Où va le droit de l'investissement, désordre normatif et recherche d'équilibre, HORCHANI Ferhat (Sous la dir.), éd. A. Pedone, 2006.

BATIFFOL Henri, La philosophie du droit, 1960, PUF, Paris.

BENCHENDIKH François, Droit de la commande publique, Dalloz, 2019.

BLANQUER Jean-Michel, MILET Marc, L'invention de l'État, Léon Duguit, Maurice Hauriou et la naissance du droit public moderne, éd. Odile Jacob, 2015, 394 p.

BOBBIO Norberto, De la structure à la fonction, Paris, Dalloz, 2012.

BOCKEL Alain, Les contrats administratifs, *In* : BOYE Abdel Kader, (Sous la dir.), Encyclopédie juridique de l'Afrique, vol. 9, Abidjan Dakar, Lomé, Nouvelles éditions africaines, 1982, p. 215 et suivantes.

BUI-XUAN Olivia, Le droit français entre universalisme et différencialisme, Economica, 2004, p. 281.

CARRÉ DE MALBERG Raymond, Contribution à la théorie générale de l'État, 1920, Dalloz, 2004.

CHAMPEIL-DESPLATS Véronique, Méthodologies du droit et des sciences du droit, Dalloz, 2014.

DIKOUME Albert Léonard, La Fiscalité pétrolière des États membres de la CEMAC, Cameroun, Congo, Gabon, Guinée équatoriale, Tchad, Centrafrique, Paris, L'Harmattan, 2008.

DUGUIT Léon, Les transformations générales du droit privé depuis le Code Napoléon, Paris, La mémoire du droit, reproduction de l'ouvrage paru en 1920, 2ème éd., 1999.

DUGUIT Léon, L'État, le droit objectif et la loi positive, Dalloz, 2003.

DUPRÉ DE BOULOIS Xavier, Le pouvoir de décision unilatérale : étude de droit comparé interne, LGDJ, 2006, p. 81.

ESSONO OVONO Alexis, *In* : La fiscalité pétrolière au Gabon, éd. Publibook, 2017, pp. 11-12.

GIANNONI Olivier, Stratégie et technique de l'achat public, éd. Berger-Levrault, 2020, p. 47.

GUGLIELMI Gilles J., KOUBI Geneviève, LONG Martine, Droit du service public, LGDJ, Lextenso éditions, 4ème éd., 2016.

HALPERIN Jean-Louis, Profils des mondialisations du droit, Dalloz, 2009.

HOEPFFNER Hélène, Droit des contrats administratifs, Dalloz, 2020, 2ème éd., p. 646.

JELLINEK Georg, L'État moderne et son droit, Deuxième partie, Théorie juridique de l'État, Traduction française par FARDIS Georges, éd. Panthéon-Assas, 2005.

JÈZE Gaston, Les principes généraux du droit administratif, M. GIARD, 3ème éd., 1934, p. 102.

KITAEFF Richard, Prendre les principes au sérieux : introduction à la théorie du droit de Ronald DWORKIN, *In* : Les principes et le droit, PONTIER Jean-Marie (Sous la dir.), PUAM, 2007, p. 304.

KOUBI Geneviève (Sous la dir.), La littérature grise de l'administration : La grammaire juridique des circulaires, éd. Berger-Levrault, 2015, 175 p.

LAAZOUZI Malik, Les contrats administratifs à caractère international, Economica, 2008.

LAGELLE Anaïs, Les standards en droit international économique. Contribution à l'étude de la normativité internationale, L'Harmattan, 2014.

LAGUERRE Alain, Concurrence dans les marchés publics, éd. Berger-Levrault, L'administration nouvelle, 1989, p. 117.

LAVIEC Jean-Pierre, Protection et promotion des investissements, Paris, PUF, 1985.

LEGRAND Pierre, Le droit comparé, PUF, 2009, Que sais-je ?, 3ème éd., 2009, pp. 31-32.

LEMAIRE Sophie, Les contrats internationaux de l'administration, LGDJ, 2005.

LE ROY Etienne, Les Africains et l'Institution de la Justice : Entre mimétismes et métissages, Dalloz, 2004.

LIGNEUL Nicolas, TAMBOU Olivia, Droit européen du marché, éd. Ellipses, 2006, p. 169.

LIGNEUL Nicolas, « L'intérêt du recours à l'arbitrage régional en droit de l'investissement privé étranger », *In* : Arbitrage, commerce international et investissement en Afrique et dans l'Océan Indien, JAY Nathalie, LIGNEUL Nicolas, (Sous la dir.), Centre de médiation et d'arbitrage de la Réunion (CMAR), LexisNexis, 2018, p. 23.

MARAIS (DU) Bertrand, Droit public de la régulation économique, Dalloz, 2004.

MAUGUIN-HEGELSON Murielle, La souveraineté permanente sur les richesses et ressources naturelles, *In* : Droit de l'économie internationale, Centre de droit international de l'Université Paris X – Nanterre (CEDIN Paris X), éd. Pedone, 2004.

MINKO Henri, La fiscalité gabonaise du développement, bibliothèque africaine et Malgache, Paris, 1981, pp. 47-53.

NANTEUIL (DE) Arnaud, Droit international de l'investissement, éd. A. Pedone, 2017.

NGANGO Georges Walter, Les investissements d'origine extérieure en Afrique noire francophone : Statut et incidence sur le développement, Présence africaine, Paris, 1972.

OBAME Sylvain-Ulrich, Gabon : la réforme administrative sans la réforme de l'État - Réflexions de 2009 à nos jours, L'Harmattan, 2020, 288 p.

OST François, À quoi sert le droit ? Usages, fonctions et finalités, Bruylant, 2016, 2ème éd., p. 431.

PHILIPPE Alice, Le monopole de fait, éd. L'Harmattan, 2020.

PONTOIZEAU Pierre-Antoine, De l'impossible neutralité axiologique à la pluralité des pratiques, *In* : Et si la recherche scientifique ne pouvait pas être neutre ? de Laurence Brière, Mélissa LIEUTENANT-GOSSELIN et Florence PIRON (Sous la dir.), 2019, Québec, éd., Science et bien commun, chapitre 3, pp. 39-54.

SCHWARTZ Joshua I., International Protection of Foreign Bidders Under GATT/WTO Law : Plurilateral Liberalization of Trade in the Public Procurement Sector and Global Propagation of Best Procurement Practices, *In* : Transnational Law of Publics Contracts, AUDIT Mathias, SCHILL Stephan W. (Sous la dir.), Bruylant 2016.

SUZIKI Marie, Les principes directeurs du régime juridique, *In* : Droit de l'économie internationale, DAILLIER Patrick, DE LA PRADELLE Géraud, GHÉRARI Habib (Sous la dir.), Centre de droit international de l'Université Paris X – Nanterre (CEDIN Paris X), éd. Pedone, 2004.

WEIL Prosper, Les clauses de stabilisation ou d'intangibilités insérées dans les accords de développement économique, *In* : Écrits de droit international, Théorie générale du droit international, Droit des espaces, Droit des investissements privés internationaux, PUF, 2000, p. 334.

ZOLO TOMO Tristan Pamphile, La fiscalité pétrolière au Gabon, éd. Publibook, 2017.

B. Mélanges :

CARTIER-BRESSON Anémone, La carence de l'initiative privée, *In* : L'intérêt général, Mélanges en l'honneur de TRUCHET Didier, Dalloz, 2015, pp. 67-81.

FERAL François, Contrat public et action publique : au cœur d'une administration régulatrice » , *In* : Contrats publics : Mélanges en l'honneur du professeur GUIBAL Michel, Montpellier, Presses de la Faculté de droit de Montpellier, 2006, vol. 1, pp. 529-532.

PIQUEMAL Alain, Le droit portuaire de la principauté de Monaco, un exemple de libéralisation conciliant l'intérêt général et l'efficacité concurrentielle, *In* : Les métamorphoses du droit, Ouvrage collectif, Hommage à RAINAUD Jean-Marie, L'Harmattan, 2009, pp. 323-337.

RACINE Jean-Baptiste, Sur l'idéologie de la transparence en droit de l'arbitrage, *In* : Mélanges en l'honneur du professeur Pierre MAYER, 2015, LGDJ, p. 727 et suivantes.

ROBINEAU Yves, Libres propos sur le ras-le-bol normatif, *In* : L'intérêt général, Mélanges en l'honneur de TRUCHET Didier, Dalloz, 2015, pp. 573-578.

VOGEL Louis, Intérêt général et concurrence : la guerre ou la paix ?, *In* : L'intérêt général, Mélanges en l'honneur de TRUCHET Didier, Dalloz, 2015, pp. 674-677.

WACHSMANN Patrick, But d'intérêt général visé, exigence de proportionnalité et responsabilité de l'État du fait des lois, *In* : L'intérêt général, Mélanges en l'honneur de TRUCHET Didier, Dalloz, 2015, pp. 679-688.

C. Thèses :

ABESSOLO Serge, Éléments de fiscalité internationale des entreprises au Gabon, Thèse, Droit, Université Panthéon-Assas, 5 juillet 1995.

ANANI Edem Thierry Géraud, Fluctuations des cours des matières premières : enjeux de soutenabilité. Application à l'Afrique de l'Ouest, Thèse, Sciences économiques, Université Paris-Saclay, 2019.

ATANASOV Ognyan, Recherche sur la notion d'investisseur protégé par le droit international, Thèse, Droit, Université paris 1 panthéon-sorbonne, 2017.

BATTOUE Laurent, Contrats publics et interventionnisme économique, Thèse, Droit, Université Paris XII, 2006.

BONTRON Marie-Charlotte, Les fonctions des principes fondamentaux de la commande publique, Thèse, Droit, Université de Montpellier, 2015.

BOURDON Pierre, Le contrat administratif illégal, Thèse, Droit, décembre 2012, Dalloz, 2014.

CHEN Tianhao, Le droit des marchés publics en France et en Chine dans le contexte de la globalisation : entre libéralisation et utilisation stratégique des marchés publics, Thèse, Droit, Université de Bordeaux, 2017.

DEAU Richard, Les actes administratifs unilatéraux négociés, Thèse, Droit, Université d'Angers, 2006.

EL KAILANI-CHARIAT Ebtissam, La stabilisation des contrats pétroliers, Thèse, Droit, Université Paris 1 Panthéon Sorbonne, 2017.

GIRARD Anne-Laure, La formation historique de la théorie de l'acte administratif unilatéral, Thèse, Droit, Dalloz, Nouvelle bibliothèque de thèses, Vol. 124, 2013.

IRIRIRA NGANGA Dan, Le cadre juridique des investissements internationaux en République Démocratique du Congo, Thèse, Droit, Université d'Aix-Marseille, 2019, p. 29.

JOYE Jean-François, Essai sur les mutations juridiques de l'action économique territoriale, Thèse, Droit, Université de Savoie, 2000.

KALFLÈCHE Grégory, Des marchés publics à la commande publique : L'évolution du droit des marchés publics, Thèse, Droit, Université Panthéon-Assas Paris 2, 2004.

KWAHOU Sylvestre, La justice administrative au Gabon. Essai sur l'exercice de la fonction juridictionnelle en matière administrative, Thèse, Droit, Université de Rouen, 2004.

LE ROY Marc, L'extension du bloc de légalité administrative, Thèse, Droit, Université François Rabelais de Tours, 2007, 535 p.

MACAYA LIZANO Ariana, Histoire, mémoire et droit : les usage juridiques du passés, Thèse, Droit, Université de Paris 1 Panthéon Sorbonne, 2014.

MARCUS Laure, L'unité des contrats publics, Thèse, Droit, Dalloz, 2010.

MBADINGA Michel, État, entreprises et développement au Gabon. Contribution à une étude géographique, Thèse, Université de Montpellier III, 2006.

NDJAMBOU Paterne, Diversification économique territoriale : enjeux, déterminants, stratégies, modalités, conditions et perspectives, Thèse, Université du Québec à Chicoutimi, 2013.

ONDO NGUEMA Nicaise Narcisse, Les institutions supérieures de contrôle des finances publiques au Gabon en référence à la Cour des comptes française au XXème siècle : approche historique et analyse du droit positif actuel, Thèse, Droit, Université Jean Moulin Lyon 3, 2009, p. 11.

PANGOU-TATY Alphonse, La transposition de la justice administrative française dans les pays d'Afrique noire francophone, Thèse, Droit, Université Paris 12, 2004, 708 p.

PINEL Florian, La participation du citoyen à la décision administrative, Thèse, Droit, Université de Rennes 1, 2018, p. 427.

SAMB Seynabou, Le droit de la commande publique en Afrique noire francophone : contribution à l'étude des mutations du droit des contrats administratifs au Sénégal, au Burkina Faso, en Côte d'Ivoire et au Cameroun, Thèse, Droit, Université de Bordeaux, 2015.

SINGLA Laure, L'approche juridique contemporaine de la gestion des ressources naturelles mondiales, Thèse, Droit, Université de Perpignan, 2016.

SOURANG Moustapha, La technique contractuelle dans les rapports États-entreprises étrangères : contribution à l'étude des conventions d'établissement conclues par les États africains, Thèse, Droit, Université Bordeaux 1, 1980.

SY Demba, La technique des contrats-plan au Sénégal : contribution à l'étude de la contractualisation des relations entre l'État et les entreprises du secteur parapublic, Thèse, Droit, Université Cheikh Anta Diop, Dakar, 1989.

THERON Sophie, La notion de condition : contribution à l'étude de l'acte administratif, Thèse, Droit, L'Harmattan, 2001, pp. 91-93.

ZAGAINOVA Anastassiya, La corruption institutionnalisée : un nouveau concept issu de l'analyse du monde émergent, Thèse, Économies et Finances, Université de Grenoble, 2012.

D. Articles et études :

AÏVO Frédéric Joël, « Les constitutionnalistes et le pouvoir politique en Afrique », Revue française de droit constitutionnel 2015/4, n° 104, p. 777.

AKOHOU Dossou Rodrigue, « Exploitation pétrolière en mer et droit international : aspects juridiques et environnementaux pour les États côtiers du Golfe de Guinée », Programme de Bourses de Recherche Nations Unies-Fondation Nippone du Japon, Division des affaires maritimes et du droit de la mer, Bureau des affaires juridiques, nations unies, New York, 2007-2008, p. 62.

AKOKA Fanette, « Le contrat de concession dans le patrimoine génétique de la commande publique », Petites affiches, 2 septembre 2019, n° 175, p. 9.

AMILHAT Mathias, « Le code, les principes fondamentaux et la notion de commande publique : Une copie à revoir ? », AJDA, n° 14/2019, 15 avril 2019, p. 793 à 799.

ANCEL Pascal, BAZY-MALAURIE Claire, « Table ronde : les réformes du droit des contrats civils et administratifs sont-elles inconstitutionnelles ? », Revue des contrats, 12 décembre 2018, n° 04, p. 655.

ATENGA Thomas, « Gabon : apprendre à vivre sans pétrole », éd. Karthala, 2003/4, n° 92, p. 117 à 128.

AUBIN Emmanuel, « La protection constitutionnelle de la transparence administrative », Les nouveaux Cahiers du Conseil constitutionnel, 1er avril 2018, n° 59, p. 35.

AYNÈS Laurent, « Réformer sans vision ? », Revue des contrats, 1er décembre 2014, n° 04, p. 585.

BARRAUD Boris, « La philosophie du droit ». La recherche juridique, L'Harmattan, 2016, p. 11.

BEAUD Olivier, « La Puissance de l'État », PUF, 1994, p. 38 et suivantes.

BEHAR-TOUCHAIS Martine, « Le contenu du contrat », Revue des contrats, 1er avril 2013, n° 2, p. 756.

BENSAUDE Denis, « Confidentialité du contrat et acceptation de sa clause d'arbitrage par un tiers », Gazette du Palais, 8 janvier 2013, n° 008.

BEN HAMIDA Walid, « La transparence », Cahiers de l'arbitrage, 1er juillet 2012, n° 3, p. 617.

BERLAUD Catherine, « Défaut de qualité de la loi ayant permis l'interception des communications d'un avocat turc », Gazette du Palais, 28 juin 2016, n° 24, p. 42.

BERNARDINI Piero, « Stabilization and Adaptation in Oil and Gas Investments », Journal of World Energy Law & Business, 2008, Vol. 1, n° 1.

BIKAI Jacques L., *In :* « Politique monétaire, stabilité monétaire et croissance économique dans la CEMAC : une approche SVAR bayésienne », janvier 2018, p. 9.

BINYOUM Joseph, « Bilan de 20 ans de jurisprudence de la Cour suprême du Cameroun, première partie, 1957-1965 », Revue camerounaise de droit, 1978, n° 15 et 16, p. 31.

BONNET Gilles, « Il n'y a pas de petites économies... », Defrénois, 18 juin 2020, n° 25, p. 1.

BOULLAULT Astrid, « La place de la négociation dans les conventions d'occupation du domaine public », Contrats Publics n° 193, Décembre 2018, p. 64.

BOUQUEREL Jacqueline, « Le pétrole au Gabon », *In :* Cahiers d'Outre-mer, n° 78, 20ème année, avril-juin 1967, pp. 189-190.

BOUSQUET Jérémie, « Les fondements de l'action en responsabilité en présence d'un contrat administratif », AJDA, 2019, pp. 2535-2540.

BRACONNIER Stéphane, « Le nouveau code des marchés publics : entre responsabilisation et libéralisation », JCPE, n° 18, avril 2004, p. 647.

BRACONNIER Stéphane, *In* : « Regards croisés : négociation dans les contrats de la commande publique », Contrats et Marchés publics, août 2019, n° 8-9, 7, pp. 1-3.

BROC Renaud, LINOTTE Didier, « Le décret du 27 novembre 2009 relatif aux procédures de recours applicables aux contrats de la commande publique », Gazette du Palais, 9 février 2010, n° 40, p. 17.

BROUSSOLLE Yves, « Ordonnance n° 2018-1074 du 26 novembre 2018 portant partie législative du Code de la commande publique », Petites affiches, 19 mars 2019, n° 056, p. 7.

BUSTIN Olivier, « Gabon : adoption d'une nouvelle loi sur les hydrocarbures », L'essentiel Droits africains des affaires, 1er décembre 2019, n° 11, p. 5.

CAGNON Grégory, « Droit public et copropriété : duo ou duel ? », Revue du droit public, 1er janvier 2016, n° 1, p. 105.

CAR Jean-Christophe, « Une dispense générale aux obligations de publicité et de mise en concurrence est contraire aux principes du droit de la commande publique », Petites affiches, 18 mars 2010, n° 55, p. 8.

CASANOVA Carlos, « Chine-Afrique : le mariage de raison va-t-il durer ? », *In :* Les publications économiques de COFACE, 2018, Classement de la dépendance des exportations vis-à-vis de la Chine, 2006 vs. 2016, Tableau 2, p. 9.

CAZALA Julien, *In :* « Investissements internationaux et arbitrage », Cahiers de l'arbitrage, 1er décembre 2019, n° 4, p. 705.

CAZALA Julien, *In :* « Investissements internationaux et arbitrage », Cahiers de l'arbitrage, 1er avril 2019, n° 4, p. 703.

CHAMARD-HEIM Caroline, « Domaine public naturel et décentralisation. Un patrimoine au service des missions de l'État », AJDA, Dalloz, 14 décembre 2009, p. 2335 à 2340.

CLAMOUR Guylain, « La codification des principes constitutionnels dans le Code de la commande publique », Revue des contrats, 12 décembre 2018, n° 04, p. 652.

CLAMOUR Guylain, « Le sort des contrats domaniaux », Revue française de droit administratif, mars-avril 2016, pp. 270-272.

COHEN Jean L., "Globalization and Sovereignty Rethinking Legality, Legitimacy, and Constitutionalism", Cambridge University Press, Cambridge, 2012, p. 27.

CREPET DAIGREMONT Claire, *In :* « Investissements internationaux et arbitrage », Cahiers de l'arbitrage, 1er décembre 2019, n° 4, p. 705.

CREPET DAIGREMONT Claire, « Investissements internationaux et arbitrage », Cahiers de l'arbitrage, 1er avril 2019, n° 4, p. 703.

DELAUNAY Benoît, « La transparence de la vie économique », Les nouveaux Cahiers du Conseil constitutionnel, 1er avril 2018, n° 59, p. 23.

DELVOLVÉ Pierre, « La dualité des normes, le cas des contrats », Revue du droit public, 1er janvier 2017, n° 1, p. 11.

DE LA ROSA Stéphane, « Les exclusions », Revue française de droit administratif, Mars-Avril 2016, p. 227.

DEROUIN Philippe, « Imposition des sociétés étrangères détenant un immeuble en France et clause d'égalité de traitement contenue dans un traité d'établissement », Bulletin Joly Sociétés, 1er mars 1992, n° 3, p. 332.

DEVEY Muriel, « Le partage des rôles » *In :* Entreprendre au Gabon, Gabon marchés tropicaux et méditerranéens, numéro hors-série, novembre 1996, p. 11.

DOUTEAUD Stéphanie, « Le contenu législatif de l'ordre public contractuel », Revue des contrats, 12 mars 2020, n° 01, p. 144.

DUBREUIL Charles-André, « La responsabilité contractuelle : quelle originalité du droit administratif ? », p. 2546 à 2552.

ENGONE Kénaelle Cyndie, Les mécanismes d'incitations fiscales à l'investissement des entreprises étrangères en France et au Gabon, Thèse, Droit, Université de Limoges, 2019.

ESSIANE Patrick-Nelson D., *In :* « Politique monétaire, stabilité monétaire et croissance économique dans la CEMAC : une approche SVAR bayésienne », janvier 2018, p. 9.

FADLALLAH Ibrahim, « Investissements internationaux et arbitrage », Cahiers de l'arbitrage, 1er décembre 2019, n° 4, p. 705.

FADLALLAH Ibrahim, « Investissements internationaux et arbitrage », Cahiers de l'arbitrage, 1er avril 2019, n° 4, p. 703.

FEFFER Marc-André, « L'engagement de Transparency dans la lutte contre la corruption », Revue française de finances publiques, 1er septembre 2019, n° 147, p. 131.

FEKL Matthias, « Les contestations de l'arbitrage d'investissement et les négociations commerciales internationales contemporaines », Cahiers de l'arbitrage, 1er janvier 2019, n° 3, p. 413.

FELIX Arnaud, « L'État est-il au-dessus des règles de marché ? », Bulletin Joly Bourse, 1er novembre 2014, n° 11, p. 572.

FERNÁNDEZ-ARMESTO Juan, « La transparence », Cahiers de l'arbitrage, 1er juillet 2012, n° 3, p. 583.

FEVILIYE Inès, « Le Congo abroge les conventions d'établissement de Total et Eni conclues en 1968 », L'essentiel Droits africains des affaires, 1er avril 2020, n° 04, p. 7.

FEVILIYE Inès, « Le nouveau Code des hydrocarbures du Congo-Brazzaville », L'essentiel Droits africains des affaires, 1er janvier 2017, n° 1, p. 4.

FRAPPIER Mathilde, « Investissements internationaux et arbitrage », Cahiers de l'arbitrage, 1er décembre 2019, n° 4, p. 705.

GLATT Jean-Mathieu, « Le recul de la notion de marché public : Les contrats de mobilier urbain », Petites affiches, 11 juin 2015, n° 116, p. 4.

GLENN H. Patrick, « Legal Traditions of the World, Sustainable Diversity in Law », Oxford University Press, 2ème éd., 2004, p. 44 et suivantes.

GRAVELEAU Philippe, « Conditions de modification par avenant d'une convention de délégation de service public », Gazette du Palais, 20 mars 2017, n° 11, p. 37.

HANSEN Philippe, « L'instabilité jurisprudentielle en matière d'occupation privative du domaine public », *In :* « Occupation privatives du domaine public : les hésitations de la jurisprudence », AJDA, 8 juin 2009, pp. 1078-1081.

HECKENROTH Jean-Luc, *In :* « Regards croisés : négociation dans les contrats de la commande publique », Contrats et Marchés publics, août 2019, n° 8-9, 7, pp. 1-3.

HERVOUËT François, « Le processus de concentration des pouvoirs par le Président de la République au Gabon », Penant 93, 1983, n° 779, pp. 5-35.

HERMET Alexandre, *In :* « Investissements internationaux et arbitrage », Cahiers de l'arbitrage, 1er décembre 2019, n° 4, p. 705.

HERMET Alexandre, *In :* « Investissements internationaux et arbitrage », Cahiers de l'arbitrage, 1er avril 2019, n° 4, p. 703.

HODGES Paula, « La transparence », Cahiers de l'arbitrage, 1er juillet 2012, n° 3, p. 589.

HOURSON Sébastien, « Les spécificités de la responsabilité contractuelles par rapport à la responsabilité extracontractuelle », AJDA, n° 43/2019, 16 décembre 2019, pp. 2541-2545.

JACQUEMET-GAUCHÉ Anne, « Le contrat, source de réflexion pour la responsabilité de la puissance publique », *In :* « Responsabilité et contrat administratif », AJDA, n° 43/2019, 16 décembre 2019, pp. 2528 à 2531.

KAMAL-GIRARD Mathilde, « Nouvelle posologie pour un remède ancien : l'autonomisation de la libre concurrence dans son versant subjectif », Gazette du Palais, 18 février 2020, n° 07, p. 26.

KERLEO Jean-François, « Le droit gouvernemental à l'épreuve de la déontologie », AJDA n° 34/2018 du 15 octobre 2018, Dalloz, pp. 1944-1949.

KOEBEL Bruno, « Marchés sans mise en concurrence », Contrats et Marchés publics, août 2019, n° 8-9, commentaire n° 287.

LABATUT Tifany, « Faut-il rendre publiques les sentences arbitrales ? », Petites affiches, 2 juillet 2020, n° 132, p. 11.

LANTERO Caroline, « Sécurité juridique et mutation des annulations platoniques », AJDA, n° 19/2019, 27 mai 2019. pp. 1100-1107.

LEBEN Charles, *In :* « Investissements internationaux et arbitrage », Cahiers de l'arbitrage, 1er décembre 2019, n° 4, p. 705.

LEBEN Charles, *In :* « Investissements internationaux et arbitrage », Cahiers de l'arbitrage, 1er avril 2019, n° 4, p. 703.

LEBEN Charles, « La théorie du contrat d'État et l'évolution du droit international des investissements », RCADI, vol. 302, 2003, pp. 197-386.

LE FUSTEC Yvonnick, « L'examen obligatoire et nécessaire de la capacité des candidats à un marché public », Contrats Publics n° 201, Septembre 2019, pp. 18-22.

LE HENRY Jonathan, « Industrialisation en Afrique : réaliser durablement le potentiel du continent », Strategy & pwc, 2019, p. 5.

LEKEBE OMOUALI Daphtone, « Réglementation des activités dans le secteur pétrolier », L'essentiel Droits africains des affaires, 1er février 2020, n° 02, p. 6.

LEKEBE OMOUALI Daphtone, « Congo : feu vert de la Cour suprême sur l'adoption du Code des hydrocarbures et la modification des contrats en cours ! », L'essentiel Droits africains des affaires, 1er janvier 2018, n° 01, p. 5.

LEROY Christophe, « Existe-t-il un marché du droit public ? », Petites affiches, 19 mai 2016, n° 100, p. 6.

LIGNEUL Nicolas, « L'arbitrage et la lutte contre la corruption », Revue juridique de l'Océan Indien, Association " Droit dans l'Océan Indien " (LexOI), 2017, pp. 65-74.

LOMBARD Frédéric, « Arbitrage et droit administratif : une incompatibilité de principe ? », Cahiers de l'arbitrage, 1er juillet 2015, n° 2, p. 209.

MAMOUDY Olga, « Une balance déséquilibrée », *In :* « Légalité et sécurité juridique, un équilibre rompu ? », AJDA, n° 19/2019, 27 mai 2019, pp. 1086-1097.

MAMOUDY Olga, « Sécurité juridique et hiérarchisation des illégalités dans le contentieux de l'excès de pouvoir », AJDA, n° 19/2019, 27 mai 2019, pp. 1108-1115.

MANIRUZZAMAN A. F. M., « The Relevance of public International Law in Arbitrations Concerning International Economic Development Agreements », Journal of World Inv. & Trade, 2005, n° 2, pp. 263-296.

MANN Frederick Alexander, « The Law Governing State Contracts », BYBIL, 1994, pp. 11-33.

MASSON Florent, « La transparence et l'obstacle », Petites affiches, 9 février 2015, n° 28, p. 7.

MAZEAUD Vincent, « Brefs regards sur la responsabilité et le contrat en droit privé », AJDA, n° 43/2019, 16 décembre 2019, pp. 2532-2524.

MENGUE BIDZO Médard, « Fiscalité et secteur informel au Gabon », Revue internationale des économistes de la langue française, 2018, Vol. 3, n° 1, p. 214.

MENGUE ME ENGOUANG Fidèle, L'intégration des États membres de la CEMAC, Cours polycopié, D.E.A de droit communautaire comparé en UDEAC/CEMAC, FSJP, Université de Dschang, 1996-1997, Inédit.

MICHON Jérôme, « Refonte complète du droit de la commande publique (*II*) », Petites affiches, 28 mars 2014, n° 63, p. 7.

MINSAT Arthur, « L'industrialisation de l'Afrique nécessite une approche continentale en association avec les entrepreneurs locaux », *In : «* Quel avenir pour l'économie africaine ? », Annales des mines, août 2019, p. 9.

MOREAU Joseph, « Le Temps selon Aristote », *In :* Revue philosophique de Louvain, Troisième série, tome 46, n° 9, 1948, pp. 57-84.

MOUSSONE Emmanuel, *In :* « Les opportunités d'investissements directs étrangers au Gabon », L'Harmattan, Revue Marchés et Organisations, 2011, n° 14.

NDZANA OLOMO Patrick, « Réformes de l'environnement des affaires au Gabon », L'Harmattan, 2011/2, n° 14, p. 103.

NIZARD Ruben, *In :* « Chine-Afrique : le mariage de raison va-t-il durer ? », *In :* Les publications économiques de COFACE, 2018, Classement de la dépendance des exportations vis-à-vis de la Chine, 2006 vs. 2016, Tableau 2, p. 9.

NOGUELLOU Rozen, « Tous les marchés publics sont soumis aux principes d'égalité et de transparence », L'essentiel Droit des contrats, 1er avril 2009, n° 04, p. 4.

N'DIMINA-MOUGALA Antoine-Denis, « La politique étrangère du Gabon de 1960 à 1967 », *In :* Guerres mondiales et conflits contemporains, n° 196, Dossier Afrique : partenariat international et conflits régionaux (Décembre 1999), PUF, pp. 65-88.

PAILLARD Christophe-Alexandre, « Matières premières africaines : Quels enjeux pour l'économie mondiale et les industries de défense ? », publié *In : Res Militaris,* Hors-série : "France : opérations récentes, enjeux futurs", décembre 2016, p. 19.

PELLAS Jean-Raphaël, « La transparence fiscale du contribuable : l'éloge d'une norme éthique », Revue française de finances publiques, 1er novembre 2017, n° 140, p. 75.

PEYRICAL Jean-Marc, CAILLOSSE Pierre, « Le juge et l'appréciation des candidatures dans le cadre de la commande publique », Contrats Publics n° 201, Septembre 2019, pp. 70-74.

PEZZINI Mario, *In :* « L'industrialisation de l'Afrique nécessite une approche continentale en association avec les entrepreneurs locaux », *In : «* Quel avenir pour l'économie africaine ? », Annales des mines, août 2019, p. 9.

POULET Florian, « Sécurité juridique et fermeture du prétoire », p. 1088 à 1094, AJDA, n° 19/2019, 27 mai 2019.

RAIMBAULT Philippe, *In :* « Nature et racines du principe de sécurité juridique : une mise au point », Revue internationale de droit comparé, Vol. 55 n° 1, Janvier-mars 2003. pp. 85-103.

RICHER Laurent, « Constitution, contrats et commande publique », Les nouveaux Cahiers du Conseil constitutionnel, 1er octobre 2012, n° 37, p. 37.

RICHER Laurent, « La négociation de la concession », Contrats Publics n° 193, Décembre 2018, p. 60.

RIGAUDEAU Pierre-Olivier, « Peut-on objectivement faire confiance à l'Administration », Gazettes du Palais, mardi 6 novembre 2018, n° 38, p. 13-14.

ROTOULLIÉ Jean-Charles, « Sécurité juridique et tolérance des illégalités », AJDA, n° 19/2019, 27 mai 2019, p. 1094 à 1099.

SASSOLAS Delphine, « La durée des clause de confidentialité », RTDCom., Juillet-Septembre 2015, p. 625.

SAUVÉ Jean-Marc, « L'entreprise et la sécurité juridique », Intervention lors du Colloque organisé par la Société de législation comparée au Conseil d'État le vendredi 21 novembre 2014 : Voir site internet du Conseil d'État français accessible *via* : https://www.conseil-etat.fr/actualites/discours-et-interventions/l-entreprise-et-la-securite-juridique

SENO Maxime, « La réforme du Code des marchés publics : libéralisation de la commande publique et nouvelles pratiques », Gazette du Palais, 1er octobre 2011, n° 274, p. 9.

SIRINELLI Jean, « La transposition de la directive Services, l'expression d'une nouvelle approche de l'intervention publique en matière économique », Revue du droit public, 11 juillet 2011, n° 4, p. 883.

SOULAS DE RUSSEL Dominique, *In :* « Nature et racines du principe de sécurité juridique : une mise au point », Revue internationale de droit comparé. Vol. 55 n° 1, Janvier-mars 2003. pp. 85-103.

STOFFEL-MUNCK Philippe, « L'après-contrat », Revue des contrats, 1er janvier 2004, n° 1, p. 159.

SUDRES Nelly, « Occupation du domaine privé, ordonnance du 19 avril 2017 et mise en concurrence », AJDA, n° 37/2017, 6 novembre 2017, p. 2113.

SY Demba, « L'évolution du droit administratif sénégalais », Revue EDJA, décembre 2005, p. 52.

TEKOU TENE Joël, « L'opposabilité de la clause de stabilisation dans les contrats d'investissements internationaux d'énergie (mines, pétrole et gaz) », Revue des Juristes de Sciences Po, Automne 2013, n° 8, p. 52.

TEYNIER Éric, *In :* « Investissements internationaux et arbitrage », Cahiers de l'arbitrage, 1er décembre 2019, n° 4, p. 705.

TEYNIER Éric, *In :* « Investissements internationaux et arbitrage », Cahiers de l'arbitrage, 1er avril 2019, n° 4, p. 703.

UBAUD-BERGERON Marion, « Impartialité du pouvoir adjudicateur : peu importe l'apparence... », Contrats et Marchés publics n° 11, Novembre 2018, commentaire 241.

USINIER Laurence, « Le rapport Doing Business 2012, la concurrence des systèmes juridiques et l'attractivité du droit français des contrats », Revue des contrats, 1er avril 2021, n° 2, p. 575.

VIBE CHRISTENSEN Benedicte, « L'Afrique face aux défis liés à la faiblesse des prix des produits de base », Banque des Règlements Internationaux, 2016, BIS Papers, n° 87, p. 13 : Accessible sur : www.bri.org

VILA Jean-Baptiste, « Du bon usage de la négociation dans les contrats administratifs », Contrats publics, n° 193, décembre 2018, p. 3.

WEILLER Laura, « L'information en matière d'arbitrage », Petites affiches, 30 avril 2019, n° 086, p. 40.

WENBIN Huang, WILKES Andreas, "Analysis of approvals for Chinese companies to invest in Africa's mining, agriculture and forestry sectors", Center for International Forestry Research, 2011: www.jstor.org/stable/resrep02314.13

WUNDER Sven, "When the Dutch Disease met the French Connection: Oil, Macroeconomics and Forests in Gabon", Center for International Forestry Research, JSTOR, 2003, p. 1.

YOLKA Philippe, « Le couteau de Lichtenberg. Remarques sur la protection pénale du domaine publique », AJDA, 14 décembre 2009, pp. 2341-2345.

ZAGREBELSKY Gustavo, « La doctrine du droit vivant », *In :* Annuaire international de justice constitutionnelle, 2-1986, 1988.

L'interruption volontaire de grossesse dans les jurisprudences constitutionnelles européennes. pp. 55-77.

E. Rapports :

ARTUS Patrick, AUTUME (D') Antoine, CHALMIN Philippe, CHEVALIER Jean-Marie, Rapport sur les effets d'un prix du pétrole élevé et volatil », Conseil d'Analyse Économique, France, Paris, 2010.

GODFRAIN Jacques, Rapport fait au nom de la Commission des affaires étrangères sur le projet de loi (n° 520), autorisant l'approbation de la convention d'établissement entre le Gouvernement de la République Française et le Gouvernement de la République Gabonaise, Document mis à distribution le 8 avril 2003, n° 767, 12ème législature, p. 5.

GAYMARD Hervé, Rapport au ministre de l'Europe et des Affaires Étrangères et au ministre de l'Économie et des Finances : relancer la présence économique française en Afrique : l'urgence d'une ambition collective à long terme, Avril 2019.

Banque mondiale, Rapport final portant sur l'Évaluation du système national des marchés publics suivant la méthodologie révisée "Methodology for Assessing Procurement System" (MAPS), Vol. 1, juin 2019.

Banque mondiale, Rapport, Analyse de la mobilisation des recettes fiscales en République du Togo, Novembre 2018.

Banque africaine de développement, Rapport sur les dynamiques du développement en Afrique, 2018.

Banque africaine de développement, Rapport sur les perspectives économiques en Afrique, 2018.

Conseil d'État français, Rapport public 2006, sécurité juridique et complexité du droit, études et documents, n° 57, Doc.fr.

Cour des comptes gabonaise, Rapport au Président de la République, 2018.

Initiative pour la transparence dans l'industrie extractive, Rapport sur le Gabon, 2010.

Rapport de la commission des lois française, Assemblée nationale, n° 752, avril 2003.

INDEX THÉMATIQUE :

A

C

D

E

TABLE DES MATIÈRES

Structures éditoriales du groupe L'Harmattan

L'Harmattan Italie
Via degli Artisti, 15
10124 Torino
harmattan.italia@gmail.com

L'Harmattan Hongrie
Kossuth l. u. 14-16.
1053 Budapest
harmattan@harmattan.hu

L'Harmattan Sénégal
10 VDN en face Mermoz
BP 45034 Dakar-Fann
senharmattan@gmail.com

L'Harmattan Congo
219, avenue Nelson Mandela
BP 2874 Brazzaville
harmattan.congo@yahoo.fr

L'Harmattan Cameroun
TSINGA/FECAFOOT
BP 11486 Yaoundé
inkoukam@gmail.com

L'Harmattan Mali
ACI 2000 - Immeuble Mgr Jean Marie Cisse
Bureau 10
BP 145 Bamako-Mali
mali@harmattan.fr

L'Harmattan Burkina Faso
Achille Somé – tengnule@hotmail.fr

L'Harmattan Togo
Djidjole – Lomé
Maison Amela
face EPP BATOME
ddamela@aol.com

L'Harmattan Guinée
Almamya, rue KA 028 OKB Agency
BP 3470 Conakry
harmattanguinee@yahoo.fr

L'Harmattan Côte d'Ivoire
Résidence Karl – Cité des Arts
Abidjan-Cocody
03 BP 1588 Abidjan
espace_harmattan.ci@hotmail.fr

L'Harmattan RDC
185, avenue Nyangwe
Commune de Lingwala – Kinshasa
matangilamusadila@yahoo.fr

Nos librairies en France

Librairie internationale
16, rue des Écoles
75005 Paris
librairie.internationale@harmattan.fr
01 40 46 79 11
www.librairieharmattan.com

Librairie des savoirs
21, rue des Écoles
75005 Paris
librairie.sh@harmattan.fr
01 46 34 13 71
www.librairieharmattansh.com

Librairie Le Lucernaire
53, rue Notre-Dame-des-Champs
75006 Paris
librairie@lucernaire.fr
01 42 22 67 13

www.ingramcontent.com/pod-product-compliance
Lightning Source LLC
LaVergne TN
LVHW011022061026
849535LV00006B/2004